中国绿色发展
理论创新与实践探索丛书
总编／权衡 王德忠

碳中和背景下海岸带蓝色碳汇交易法律问题研究

李海棠 ／ 著

Legal Study of Coastal Blue Carbon
Sink Trade in the Context of
Carbon Neutrality

上海社会科学院出版社
SHANGHAI ACADEMY OF SOCIAL SCIENCES PRESS

本书系 2021 年度上海市"科技创新行动计划"软科学重点项目
"碳中和视角下上海碳交易制度创新研究——以海岸带蓝色碳汇为视角"
（项目编号：21692194600）研究成果

中国绿色发展
理论创新与实践探索丛书
编审委员会

—— 编委会 ——

总　编

权　衡　王德忠

副总编

王玉梅　朱国宏　王　振　干春晖

委　员（按姓氏拼音排序）

程福财　杜文俊　李　伟　邵　建　汤蕴懿　于　蕾　周冯琦

—— 编著人员 ——

主　编

周冯琦

副主编

程　进　陈　宁　刘新宇

编写组人员（按姓氏拼音排序）

曹莉萍　陈　宁　程　进　李海棠　李立峰　刘新宇　刘召峰
彭伟斌　尚勇敏　吴　蒙　张文博　张希栋　周冯琦　周伟铎

总　　序

绿色发展是新发展理念的重要组成部分，党的十八大以来，中国深入贯彻绿色发展理念，绿色发展的理论创新和实践探索不断取得新的重大进展。党的十九届五中全会明确了"十四五"时期推动绿色发展、促进人与自然和谐共生的战略目标，对未来五年乃至更长时期的生态文明建设作出战略谋划：生活方式绿色转型成效显著，广泛形成绿色生产生活方式，碳排放达峰后稳中有降，生态环境根本好转，美丽中国建设目标基本实现。站在"两个一百年"奋斗目标的历史交汇点上，中国绿色发展表现出新的理论内涵和实践要求。

碳达峰、碳中和目标彰显了中国绿色发展的新使命。中国从"碳达峰"到"碳中和"的时间只有30年左右，与发达国家相比时间大大缩短，全球尚无成熟的碳达峰、碳中和经验可供借鉴，有必要探索速度快、成本低、效益高的中国碳达峰、碳中和道路。

生态环境治理体系和治理能力现代化彰显了中国绿色发展的新作为。生态环境治理体系和治理能力现代化是生态文明体制改革的具体体现，新时代中国迫切需要建立制度化、法治化、现代化的生态环境治理体系，以适应当今日益复杂的生态环境问题和公众对美好生态环境的新期待。

城市绿色转型彰显了中国绿色发展的新载体。城市是绿色发展的主战场，随着中国经济进入转型换挡的新常态，以要素投入、盲目扩张为特点的粗放发展模式已经难以为继，城市的发展方式、运行模式和空间布局都面临着转型升级的新任务，需要探讨人民城市、零碳城市背景下城市绿色转型的实现路径。

区域生态绿色一体化发展彰显了中国绿色发展的新空间。绿色发展不是一时一地的事情,新时代绿色发展必须发挥区域协同作用,构建完善有利于区域生态绿色一体化发展的体制机制和政策环境。

新时代提出新课题,新课题催生新理论,新理论引领新实践,在迈向全面建成社会主义现代化强国新征程中,深入研究新时代中国绿色发展的理论与实践逻辑,对于抓住百年未有之大变局下的绿色发展机遇,促进经济社会发展全面绿色转型,实现人与自然和谐共生的现代化,具有重要的理论和现实意义。在这样的大背景下,《中国绿色发展:理论创新与实践探索丛书》第二辑应运而生。恰如丛书名所言,这套丛书在第一辑的基础上,进一步将理论探讨和实践解析深度结合,从不同角度解读中国绿色发展的理论内涵与实践特征,为探索中国特色生态经济学学科理论体系建设、推动绿色发展、促进人与自然和谐共生贡献力量。

是为序。

编者

2021 年 12 月 10 日

目　　录

总序 …………………………………………………………………… 1

前言 …………………………………………………………………… 1

第一章　绪论 ………………………………………………………… 5
　　一、研究背景与意义 ………………………………………………… 5
　　二、文献综述和国内外研究概况 …………………………………… 8
　　三、研究思路与方法 ………………………………………………… 13
　　四、研究创新 ………………………………………………………… 15

第二章　海岸带蓝色碳汇交易的法律现状及存在问题 …………… 18
　第一节　海岸带蓝色碳汇交易概述 ………………………………… 18
　　一、海岸带蓝色碳汇的界定及其生态价值 ………………………… 19
　　二、海岸带蓝色碳汇交易市场机制的理论基础 …………………… 27
　　三、海岸带蓝色碳汇保护的国内实践 ……………………………… 34
　第二节　海岸带蓝色碳汇交易相关法律规范分析 ………………… 37
　　一、国际海岸带蓝色碳汇交易相关法律政策与标准梳理 ………… 38
　　二、中国海岸带蓝色碳汇交易相关法律政策与标准概览 ………… 47
　第三节　中国海岸带蓝色碳汇交易法律制度存在的主要问题 …… 56
　　一、海岸带蓝色碳汇交易权属不清 ………………………………… 56

二、海岸带蓝色碳汇交易运行法律机制不完善 …………… 59
三、海岸带蓝色碳汇交易立法规范不足 ………………………… 61

第三章 域外海岸带蓝色碳汇交易法律与实践分析 …………… 67
第一节 美国海岸带蓝色碳汇纳入现行市场机制的法律考量 …… 68
一、美国海岸带蓝色碳汇交易相关法律制度 ………………… 69
二、将海岸带蓝色碳汇交易纳入美国总量控制与交易政策的先决条件 ………………………………………………… 71
三、美国建立海岸带蓝色碳汇交易制度的主要建议及对我国的借鉴 ………………………………………………………… 76
第二节 澳大利亚海岸带蓝色碳汇交易纳入现行机制的法律考量 …… 77
一、澳大利亚海岸带蓝色碳汇相关法律制度 ………………… 78
二、将海岸带蓝色碳汇交易纳入澳大利亚《减排基金》的主要方法 ………………………………………………………… 83
三、澳大利亚建立海岸带蓝色碳汇交易制度的主要建议及对我国的借鉴 ………………………………………………… 96
第三节 域外海岸带蓝色碳汇交易项目实践分析 ………………… 98
一、域外海岸带蓝色碳汇交易项目典型案例 ………………… 99
二、域外海岸带蓝色碳汇交易案例分析与经验借鉴 ………… 108

第四章 海岸带蓝色碳汇权法律属性探析 …………………………… 113
第一节 海岸带蓝色碳汇权的法律构造 …………………………… 116
一、海岸带蓝色碳汇权的客体 ………………………………… 116
二、海岸带蓝色碳汇权的主体 ………………………………… 125
三、海岸带蓝色碳汇权的内容 ………………………………… 129
第二节 海岸带蓝色碳汇权"准物权"法律属性解构 …………… 131
一、海岸带蓝色碳汇权具有物权的基本特征 ………………… 134
二、海岸带蓝色碳汇权的"准物权"属性 …………………… 135

第三节　海岸带蓝色碳汇权法律属性争议与回应 ·········· 138
  一、对"用益物权说"的探讨与回应 ················· 139
  二、对"新型财产权说"的探讨与回应 ··············· 140
  三、对"行政特许权说"的探讨与回应 ··············· 142

第五章　构建我国海岸带蓝色碳汇交易法律制度 ············ 145
第一节　海岸带蓝色碳汇交易市场机制的法律构建 ········ 145
  一、海岸带蓝色碳汇交易法律模式的选择 ············ 147
  二、海岸带蓝色碳汇交易的主体资格 ··············· 148
  三、海岸带蓝色碳汇交易的对象及其来源 ············ 154
  四、海岸带蓝色碳汇交易的价格规则 ··············· 162
  五、海岸带蓝色碳汇交易的合同规则 ··············· 168
第二节　海岸带蓝色碳汇交易配套制度的法律构建 ········ 172
  一、海岸带蓝色碳汇交易监管制度的法律构建 ········ 172
  二、海岸带蓝色碳汇交易风险防范制度的法律构建 ···· 180

第六章　海岸带蓝色碳汇交易的立法建议 ··················· 186
第一节　海岸带蓝色碳汇交易立法路径选择 ················ 186
  一、海岸带蓝色碳汇交易的衔接性立法 ·············· 186
  二、海岸带蓝色碳汇交易的专项立法 ················ 192
  三、海岸带蓝色碳汇交易的地方立法 ················ 199
第二节　海岸带蓝色碳汇交易立法与其他法律规范的协调 ·· 201
  一、海岸带蓝色碳汇交易立法与国际环境法的协调 ···· 201
  二、海岸带蓝色碳汇交易立法与国家海洋环境保护法的协调
    ······································· 204
  三、海岸带蓝色碳汇交易立法与国家海域使用管理法的协调
    ······································· 205
第三节　海岸带蓝色碳汇交易立法的关键法律制度安排 ···· 210

一、海岸带蓝色碳汇交易环境影响评价制度 …………… 211
二、海岸带蓝色碳汇交易海洋自然保护区制度 …………… 214
三、海岸带蓝色碳汇交易综合生态系统管理法律制度 ………… 219

结论 ………………………………………………………… 225

参考文献 ……………………………………………………… 227

前　言

气候变化是 21 世纪人类所面临的重要环境问题之一。中国作为负责任的大国，始终致力于推动和引导建立公平合理、合作共赢的全球气候治理体系。这是可持续发展的内在要求，也是推动构建人类命运共同体的责任担当。正如习近平总书记多次强调，应对气候变化"不是别人要我们做，而是我们自己要做"。面对如何减缓和适应气候变化，许多国家都提出国家自主贡献（INDC）目标。2020 年 9 月，国家主席习近平在联合国大会一般性辩论上指出，"中国将提高国家自主贡献力度，采取更加有力的政策和措施，二氧化碳排放力争 2030 年前达到峰值，努力争取 2060 年前实现碳中和"。这为我国应对气候变化、绿色发展提供了方向指引。

碳中和主要通过两方面实现：一是减源，主要是通过技术升级、能源替代、绿色发展来实现二氧化碳等温室气体排放量的减少；二是增汇，即通过人工或者自然的方法，吸收和捕获二氧化碳，以减少大气中温室气体的总量。人工的方法，主要是碳捕集与封存，指将二氧化碳等收集起来，并用各种方法储存以避免其排放到大气中的一种技术手段。自然的方法，是指通过森林、海洋、湿地、草原等生态系统强大的二氧化碳吸附功能，达到长久储碳固碳的方法。通过减源控制温室气体排放，或者利用森林固碳的增汇方法，在很多国家已取得一定进展，但是对于如何科学高效地利用海岸带生态系统进行增汇，并将其纳入应对气候变化的各项法律和政策中，在国内外尚未受到足够重视。

海岸带蓝色碳汇吸收二氧化碳并将其储存在海岸带蓝碳生态系统中，从而起到减缓温室效应的作用,已得到学界的认同与关注,但囿于以往海岸带蓝色碳汇难以被监测和计量,致使相关法律制度规范的研究令人望而却步。随着绿色发展的推进与科技发展,目前已有官方和民间的多个相关组织机构研发了多种有关海岸带蓝色碳汇标准方法学。海岸带蓝色碳汇交易的市场机制,可有效激励多方主体开发和设计海岸带蓝色碳汇项目,并为其提供充分的资金保障。法律制度的建立与完善,为海岸带蓝色碳汇交易的顺利进行,提供法理基础和法治保障。

首先,海岸带蓝色碳汇交易法律制度是缓解全球气候变暖的压力以及实现《巴黎协定》的新路径。《巴黎协定》设定了缓解气候变化的硬指标,提出把全球平均气温升幅控制在工业化前水平以上2℃之内,并为控制在1.5℃之内而努力;推动各方以自主贡献的方式参与全球应对气候变化行动,积极向绿色可持续的增长方式转型。有效增汇是实现控制温升目标的重要途径。《巴黎协定》提出必须养护和加强碳汇和碳库,并明确了保护碳汇,特别是保护森林的重要性。虽然《巴黎协定》未就海岸带蓝色碳汇作出明确安排,但其所展现出的巨大固碳能力为实现《巴黎协定》所提出的目标提供了新的途径。大力保护和发展海岸带蓝色碳汇既符合《巴黎协定》提出的确保包括海洋在内的所有生态系统的完整性和保护生物多样性的要求,也能有效提高抵御极端天气事件和自然灾害对沿海社会威胁的能力,并极大地提高全球碳汇能力。

其次,海岸带蓝色碳汇交易法律制度是中国推进温室气体减排和完善碳交易市场的重要手段。通过市场的资源化配置进行海岸带蓝色碳汇交易并引导企业进行自主减排,是对我国现有节能减排管理体制的重要创新。2021年2月1日起施行的《碳排放权交易管理办法(试行)》规定,全国开展碳排放权集中统一交易,建立全国碳排放权注册登记机构和全国碳排放权交易机构,组织建设全国碳排放权注册登记和交易系统。虽然目前海岸带蓝色碳汇交易并未被纳入我国碳市场交易体系,但作为一种重要的补充机制,随着碳交易市场的逐步完善,海岸带蓝色碳汇最终将被逐步纳入碳交易市场。目前,中国政府就降低温室气体排放制定了一系列政策和约束性指标,明确碳交易机制,在北京等8个省市开展碳排放权交易试点工作,并在2021年7月,正式启动全国统一碳排放权交易市场。未来符合要求的海岸带蓝色碳汇项目可能通过国内碳市场抵消机制,进入中国碳交易体系,为海岸带蓝色碳汇发展提供可持续的财政激励机制。

最后,海岸带蓝色碳汇交易法律制度是保护海洋及海岸带生态系统、促进海洋经济健康发展的迫切需求。由于不合理的开发和利用,自20世纪40年代以来,海洋及海岸带生态环境遭受了巨大损害。目前,我国海岸带地区许多近海水域出现严重的富营养化问题、赤潮现象频繁发生、生态系统亦遭到破坏等。除了这些看得见的生态灾害之外,一个看不见的问题就是海岸带蓝色碳汇的不断减少。到目前为止,我国平均每年有2%—7%的海岸带蓝色碳汇消失,是50年前的数倍,其消失的速度甚至是雨林消失速度的4倍。海草、红树林、盐沼等数量的减少不仅使海洋及其海岸带生态环境发生变化,对生物多样性造成严重威胁,也从总体上削弱了全球生态系统消除二氧化碳的能力,这一困境是我们所无法忽视的。

本书通过对海岸带蓝色碳汇交易相关法律制度国际与国内两个层面的梳理,分析我国海岸带蓝色碳汇交易存在的主要法律问题,包括海岸带蓝色碳汇权属不清、海岸带蓝色碳汇交易运行法律规范缺失以及海岸带蓝色碳汇交易立法规范不足;在对主要国家海岸带蓝色碳汇交易的法律与实践分析的基础上,提出海岸带蓝色碳汇交易法律机制的完善对策,以期推进"碳达峰""碳中和"目标的早日实现。

在本书的写作过程中,尽管对国内外有关海岸带蓝色碳汇及交易法律制度的最新理论与实践开展了大量研究工作,力求研究成果能够为我国海岸带蓝色碳汇交易市场的构建提供合理可行的法律对策,但是肯定还存在疏漏和不足之处,敬请各位专家学者和同仁批评指正。

第一章 绪 论

一、研究背景与意义

随着《巴黎协定》的生效与实施,全球气候变暖再次引起人们的关注与讨论。地球温室效应、气候变暖的日益加剧,给环境与人类带来一系列危机,也为整个国际社会敲响了警钟。人类活动导致大气成分发生变化,特别是二氧化碳等主要温室气体浓度增加已是不争事实。国际社会已将控制二氧化碳排放作为对抗全球变暖的主要途径,由此出现了一系列减排政策。在生态学家眼里,通过增加植物光合作用以尽可能去除大气中的二氧化碳并将之储存在自然生态系统中是一个重要途径,即通常所指的绿碳。它是全球碳循环的重要组成部分,一直被认为是解决全球可持续发展危机的重要途径。目前,已知地球有45%的绿碳储存在陆地生态系统,而另外55%则储存在海洋,后者就是本书将讨论的蓝碳。

目前,我国对于林业碳汇项目以及林业碳汇交易的研究已颇有建树,但是海岸带蓝色碳汇作为近几年才出现的新生事物,对其固碳、储碳能力及其带来的生态与经济价值的研究仍需不断探索。海岸带作为全球生态系统的重要载体之一,在缓解全球气候变化方面一直发挥着"缓冲器"的作用。海岸带地区拥有广泛的生态和经济活动,虽然只占地球总土地面积的4%和海洋的11%,但它们是地球上生产力很高的生态系统之一。沿海生态系统提供了许多维持生命、惠及全人类的多种生态服务,同时也包括与此相关的生态价值。[①] 尽管如此,海岸带也是地球上受威胁严重的生态系统之一,人类以不断增长的速度在全球范围内降解和破坏这些生态系统,不仅损害当代人的生态利益,而且还危及后代人享有该生态服务的权利,[②]同时也违背了环境正义原则。只有更好地理解这些生态系统的运作,掌握它们所提供的生态系统服务和环境经济价值,并从法律层面制定相关的保护与风险防范机制,才能更好地保护和修复海岸带蓝色碳汇生态系统。

海岸带蓝色碳汇对缓解和适应气候变化具有非常重要的意义。海岸带蓝色碳汇的保存与修复,尤其是对盐沼、海草床、红树林的保护与修复,是运用基于自然的方法减缓和应对气候变化的最佳例证。例如,海岸带蓝色碳汇生态系统生长时会吸收碳,并将大部分转移到其根部所特有的丰富的有机土壤中。与此同时,海岸带生态系统也提供了一个特别有效、长期且极其稳定的碳汇,可使碳在土壤中保持数千年,从而持续从大气中消除二氧化碳。像这样高碳储存的能力也只是这些海岸带生态系统所提供的诸多生态服务之一。此外,海岸带生态系统还有助于固定海岸线,提供水过滤服务及鱼类栖息地。[③] 简言之,海岸带蓝色碳汇生态系统是一种非常重要的全球环境资源,对减缓和适应气候变化意义重大。

由于我国特殊的地理环境优势和一定的研究基础,使得海岸带蓝色碳汇交易成为我国生态文明建设法治必不可少的组成部分。此外,我国已推出《中国蓝碳计划》,该计划的产出将引领国际前沿(蓝碳形成过程调控机制),支撑碳交易体系(海洋碳汇标准),对外可服务于我国气候谈判和21世纪"海上丝绸之路"战略,对内可实现陆海统筹的定量化生态补偿,支撑海洋

[①] Barbier E B, Hacker S D, Kennedy C, et al. The value of estuarine and coastal ecosystem services[J]. *Ecological monographs*, 2011, 81(2): 169-193.

[②] Hussain S A, Badola R. Valuing mangrove ecosystem services: linking nutrient retention function of mangrove forests to enhanced agroecosystem production[J]. *Wetlands Ecology and Management*, 2008, 16(6): 441-450.

[③] Lau W W Y. Beyond carbon: Conceptualizing payments for ecosystem services in blue forests on carbon and other marine and coastal ecosystem services[J]. *Ocean & Coastal Management*, 2013, 83: 5-14.

生态文明建设和沿海经济社会可持续发展。[①] 本书研究具有理论和实践指导意义。

(一) 理论意义

首先,激励法则为海岸带蓝色碳汇交易提供了坚实的理论基础。海岸带蓝色碳汇交易的实质是通过市场机制鼓励社会公众对海岸带蓝色碳汇生态系统的保护和恢复,同时提供充足的资金保障。其次,经济学公共物品理论、稀缺性理论、外部性理论、利益平衡理论也为海岸带蓝色碳汇交易法律制度的构建提供重要理论支撑。例如,海岸带蓝色碳汇交易主要运用市场机制平衡海岸带蓝色碳汇的正外部性。最后,海岸带蓝色碳汇交易市场机制的建立,也是基于生态系统服务付费理论的具体运用。

(二) 实践意义

首先,海岸带蓝色碳汇交易法律制度的构建,有助于恢复和保护沿海生态环境。由于滩涂围垦、水产养殖、沿海土地开发、流域建库筑坝、工业污染、石油泄漏等不合理的开发和利用以及海岸带蓝色碳汇管理立法滞后、市场激励机制的缺失,导致海岸带蓝色碳汇消失现象日益严峻。海岸带蓝色碳汇交易法律制度的构建,有助于缓解目前严重的失碳汇问题,也有助于中国推进温室气体减排力度,促进我国社会经济绿色、低碳、可持续发展。其次,通过对其他主要国家海岸带蓝色碳汇项目运行及其制度的借鉴,有助于我国海岸带蓝色碳汇法律制度建立和完善。再次,海岸带蓝色碳汇交易市场法律制度的建立,有助于规范和丰富碳汇交易市场。最后,通过对海岸带蓝色碳汇交易的立法构建,例如衔接性立法、专项性立法、协调性立法等,可以进一步保障和完善海岸带蓝色碳汇交易法律问题解决机制。

[①] 王伟光,郑国光,巢清尘等.应对气候变化报告(2015)[M].北京:社会科学文献出版社,2015.

二、文献综述和国内外研究概况

对于海岸带蓝色碳汇概念及其生态价值的分析,学界近几年才开始关注。迄今为止,此领域的研究尚不全面。2009年11月,联合国环境规划署发布了对海岸带蓝色碳汇研究具有里程碑意义的研究报告——《蓝碳:快速反应评估报告》[1],强调海洋对于碳循环和其他生态系统服务的重要价值,提出建立致力于海岸带和海洋碳汇保护与管理的"世界蓝碳基金",并提出用气候融资、以国际市场为基础的方法减缓气候变化,实现社会生态系统的可持续发展。2010年,《蓝碳倡议》[2]提出将蓝碳行动作为减缓气候变化的重要内容,并与《气候变化框架公约》及现行市场机制融合。例如,将其纳入气候变化减缓机制的自愿碳排放市场。

(一) 国外学者研究

除以上两个报告外,国外学者还从各个方面对海岸带蓝色碳汇进行研究。

1. 关于碳交易与海岸带蓝色碳汇方面的研究

随着低碳减排已成为社会发展的新趋势,碳交易受到国内外学者的高度关注。关于碳交易的研究主要有以下几个方面:一是从碳定价机制的角度分析碳交易。例如,基于对影响碳定价的环境、社会、政治和经济因素的全面综述,[3]分析不同碳排放价格对中国能源消耗、碳减排和经济发展的影响。[4] 二是研究碳交易对经济和环境的影响。有学者认为,欧盟碳交易体系下的抵消

---

[1] Blue carbon: the role of healthy oceans in binding carbon: a rapid response assessment [R]. UNEP/Earthprint, 2009.
[2] 《蓝碳倡议》由联合国教科文组织政府间海洋委员会(IOC-UNESCO)与国际保护组织(CI)和自然保护联盟(IUCN)合作建立。
[3] Best R, Zhang Q Y. What explains carbon-pricing variation between countries? [J]. *Energy Policy*, 2020, 143.
[4] Lin B, Jia Z. Impacts of carbon price level in carbon emission trading market[J]. *Applied Energy*, 2019, 239: 157-170.

机制对减少碳排放有积极影响,[①]并就进一步研究该体系提出了建议。[②] 还有学者评估了碳交易对中国工业部门经济产出和二氧化碳排放减少的影响,[③]认为中国碳交易市场的统一和完善,有利于实现碳减排的总体目标。[④]

2. 关于海岸带蓝色碳汇基本现状与生态系统服务方面的研究

与陆地生态环境相比,海岸带蓝色碳汇吸收、存储更多二氧化碳。近半个世纪以来,蓝碳生态系统的消失速度高达50%,[⑤]而且由于全球变暖、农业灌溉与扩张、海平面上升等大大降低了蓝碳的储碳能力。[⑥] 同时,由于海岸带蓝色碳汇生态系统的生态服务价值较为显著,包括吸碳固碳、稳定海岸线、保护生物多样性和净化水质等,[⑦]可考虑将其纳入生态系统服务付费(PES)的范围,通过市场机制予以保护,将政府机关、海岸带土地所有者和使用者、工业企业、私人公司及社区纳入其中。[⑧]

3. 关于海岸带蓝色碳汇政策与规制方面的研究

首先,相关国际环保组织梳理了国际海岸带蓝碳法律政策概览,虽然专门针对海岸带蓝色碳汇生态系统减缓气候变化的政策设计和实施仍处于起步阶段。但REDD+、《2013湿地补充公约》以及《巴黎协定》已对海岸带蓝色碳汇作出相关规定。[⑨] 其次,以碳为导向的环境管理将对促进海岸带生态系统的保

[①] Carlén B, Dahlqvist A, Mandell S, et al. EU ETS emissions under the cancellation mechanism-Effects of national measures[J]. *Energy policy*, 2019, 129: 816-825.
[②] Zhang Y J, Wei Y M. An overview of current research on EU ETS: Evidence from its operating mechanism and economic effect[J]. *Applied Energy*, 2010, 87(6): 1804-1814.
[③] Zhang Y J, Liang T, Jin Y L, et al. The impact of carbon trading on economic output and carbon emissions reduction in China's industrial sectors[J]. *Applied Energy*, 2020, 260.
[④] Liu Z, Geng Y, Dai H, et al. Regional impacts of launching national carbon emissions trading market: a case study of Shanghai[J]. *Applied Energy*, 2018, 230: 232-240.
[⑤] Mcleod E, Chmura G L, Bouillon S, et al. A blueprint for blue carbon: toward an improved understanding of the role of vegetated coastal habitats in sequestering CO_2[J]. *Frontiers in Ecology and the Environment*, 2011, 9(10): 552-560.
[⑥] Donato D C, Kauffman J B, Murdiyarso D, et al. Mangroves among the most carbon-rich forests in the tropics[J]. *Nature geoscience*, 2011, 4(5): 293-297.
[⑦] Lau W W Y. Beyond carbon: Conceptualizing payments for ecosystem services in blue forests on carbon and other marine and coastal ecosystem services[J]. *Ocean & Coastal Management*, 2013, 83: 5-14.
[⑧] Luisetti T, Jackson E L, Turner R K. Valuing the European "coastal blue carbon" storage benefit[J]. *Marine Pollution Bulletin*, 2013, 71(1-2): 101-106.
[⑨] International Partnership for Blue Carbon. Coastal blue carbon: an introduction for policy makers provides an introduction to the concept of blue carbon and coastal blue carbon ecosystems-mangroves, tidal marshes and seagrasses[R].Australia: International Partnership for Blue Carbon, 2017.

护与恢复意义重大。① 发展中国家湿地及海岸带的保护应当作为一种"国家适当减缓行为"。② 再次,世界自然保护联盟发布有关海岸带蓝色碳汇与NDC的研究报告,阐述了如何在NDC气候减缓和适应解决方案中纳入沿海湿地(蓝碳)生态系统的管理,提出了加强海岸带蓝色碳汇NDC贡献的具体领域,促使缔约方将海岸带生态系统纳入更加雄心勃勃的NDC修订过程中。③ 另外,还有学者提出将蓝色碳汇纳入与《联合国气候变化框架机制》相关的资金机制,包括全球环境信托金(GEF)、气候变化特别基金(SCCF)、最不发达国家信托基金(LDCF)、绿色气候基金(GCF)以及适应性基金等。④

4. 关于海岸带蓝色碳汇法律建议方面的研究

美国学者提出将蓝色碳汇纳入以市场为基础的气候政策机制可能为沿海生态系统的保护和恢复带来大量资金。其中主要是《联合国气候变化框架公约》,其次是欧盟排放交易体系、国家计划和次国家计划。⑤ 另有美国学者提出,应将海岸带蓝色碳汇纳入目前现存的美国联邦法律法规与政策,主要包括《国际环境政策法》(NEPA)、《综合环境反应、赔偿和责任法》(CERCLA)、《清洁水法》(CWA)、《海岸带管理法》(CZMA)等。⑥ 还有澳大利亚学者提出陆地植被生物封存项目已成为澳大利亚应对气候变化方法的重要组成部分,应当将海岸带蓝色碳汇纳入澳大利亚气候政策《减排基金》中,并对可能存在的法

---

① Sutton-Grier A E, Moore A K, Wiley P C, et al. Incorporating ecosystem services into the implementation of existing US natural resource management regulations: operationalizing carbon sequestration and storage[J]. *Marine Policy*, 2014, 43: 246-253.

② Crooks S, Herr D, Tamelander J, et al. Mitigating climate change through restoration and management of coastal wetlands and near-shore marine ecosystems: challenges and opportunities [R]. World Bank, Washington, DC, 2011.

③ Herr D, Landis E. Coastal blue carbon ecosystems. Opportunities for nationally determined contributions. Policy brief[J]. *Gland, Switzerland: IUCN. Washington, DC*: TNC, 2016.

④ Herr D, Agardy T, Benzaken D, et al. Coastal "blue" carbon. A revised guide to supporting coastal wetland programs and projects using climate finance and other financial mechanisms[R]. IUCN, Washington, DC., 2016.

⑤ Ullman R, Bilbao-Bastida V, Grimsditch G. Including blue carbon in climate market mechanisms[J]. *Ocean & Coastal Management*, 2013, 83: 15-18.

⑥ Pendleton L H, Sutton-Grier A E, Gordon D R, et al. Considering "coastal carbon" in existing US federal statutes and policies[J]. *Coastal Management*, 2013, 41(5): 439-456.

律问题进行初步分析并提出解决方案。①

5. 关于海岸带蓝色碳汇项目开展与实践案例方面的研究

相关机构发布报告,利用蓝色碳汇管理和恢复的经验教训和案例研究以及陆地碳项目,确定海岸带蓝色碳汇项目的指导原则,并提出将蓝色碳汇纳入现有和不断发展的机制之下,如减少森林砍伐和森林退化所致排放量(REDD+)和《国家适当减缓行动》。② 另外,还有学者研究分析了肯尼亚、印度、越南和马达加斯加的4个项目案例研究,评估了各自的碳融资机制、项目成果以及各自的政策含义,讨论了实施海岸带蓝色碳汇项目的优势和挑战,并审议所有项目应该处理的问题,以制定长期的可持续气候减缓或适应政策,有助于为将来的项目设计和政策机会提供基础。③

6. 关于海岸带蓝色碳汇国际合作方面的研究

从理论上讲,海岸带蓝色碳汇发展的经济活动是一个全球合作过程,需要世界各国的参与。海岸带蓝色碳汇的生产是陆地和海洋的协调过程。没有海岸线的国家也可以通过控制入海河流的富营养成分来提高海岸带蓝色碳汇的生产效率。同时,公海也是"蓝碳封存"的重要区域。④ 海岸带蓝色碳汇先进技术的传播和共享是增加碳汇的最重要途径,也是促进该地区国家之间积极合作行动的现实途径。通过多领域技术合作,可以保护国家经济和生态环境的利益。⑤

(二) 国内学者研究

国内学者主要从以下几方面对海岸带蓝色碳汇展开研究。

---

① Bell-James J. Developing a framework for blue carbon in Australia: legal and policy considerations[J]. *UNSWLJ*, 2016, 39: 1583.

② Brown B, Murdiyarso D. Guiding principles for delivering coastal wetland carbon projects[R]. UNEP and CIFOR, Nairobi, Kenya and Bogor, Indonesia, 2014.

③ Wylie L, Sutton-Grier A E, Moore A. Keys to successful blue carbon projects: lessons learned from global case studies[J]. *Marine Policy*, 2016, 65: 76-84.

④ Zhao C, Xu X, Gong Y, et al. Blue Carbon Cooperation in the Maritime Silk Road with Network Game Model and Simulation[J]. *Sustainability*, 2019, 11(10): 2748.

⑤ Li Y, Qiu J, Li Z, et al. Assessment of blue carbon storage loss in coastal wetlands under rapid reclamation[J]. *Sustainability*, 2018, 10(8): 2818.

1. 关于海洋碳汇渔业的研究

于洪贤论述了作为生物碳汇的海洋碳汇的概念与功能;[①]李纯厚介绍了海洋固碳机制的研究进展,提出增加蓝碳与减排减碳是实现渔业低碳经济的两个主要手段;[②]学者刘慧、唐启升等阐述了海洋生物固碳的机制、海洋生物碳汇的现状及其修复措施,评价了海水贝藻养殖作为渔业碳汇的地位与作用。[③]

2. 关于碳汇理论的研究

董恒宇等首次提出碳汇理论概念,阐述了碳汇理论内涵,并就全球气候变化的缘由作了全面分析,详细介绍了国际社会为应对全球气候变化所做的努力以及历次气候峰会所取得的成果,对森林、草原、农田、湿地和海域碳汇的概念、评估分析和计量方法做了详尽表述。[④]

3. 关于海岸带蓝碳科学基础的研究

章海波认为,应当提高对不同区域及海岸带类型的固碳效率、碳库总量和生物地球化学循环过程的认识,建立和完善固碳增汇技术体系,构建海岸带蓝碳生态系统的综合观测网络与管理平台;[⑤]王秀君以蓝碳生态系统及碳汇过程为核心,提出拟解决的科学问题、未来的研究方向及应采取的研究方案;[⑥]周晨昊提出为维持海岸带蓝碳潜力,我国在生态系统保护管理、生态恢复与机制建设等方面应采取的措施;[⑦]唐剑武提出海岸带蓝碳的定量研究方法包括碳收支的监测、模拟实验和模型研究,可通过恢复、保护和增加碳汇获取新增碳汇,从而得到碳积分,进而通过市场机制推动生态保护和恢复。[⑧]

[①] 于洪贤,李友华.生物碳汇类型的特性研究[J].经济研究导刊,2010(05):244-245.
[②] 李纯厚,齐占会,黄洪辉,刘永,孔啸兰,肖雅元.海洋碳汇研究进展及南海碳汇渔业发展方向探讨[J].南方水产,2010,6(06):81-86.
[③] 刘慧,唐启升.国际海洋生物碳汇研究进展[J].中国水产科学,2011,18(03):695-702.
[④] 董恒宇,岩锦凤,王国钟.碳汇概要[M].北京:科学出版社,2012.
[⑤] 章海波,骆永明,刘兴华,付传城.海岸带蓝碳研究及其展望[J].中国科学:地球科学,2015,45(11):1641-1648.
[⑥] 王秀君,章海波,韩广轩.中国海岸带及近海碳循环与蓝碳潜力[J].中国科学院院刊,2016,31(10):1218-1225.
[⑦] 周晨昊,毛覃愉,徐晓,方长明,骆永明,李博.中国海岸带蓝碳生态系统碳汇潜力的初步分析[J].中国科学:生命科学,2016,46(04):475-486.
[⑧] 唐剑武,叶属峰,陈雪初,杨华蕾,孙晓红,王法明,温泉,陈少波.海岸带蓝碳的科学概念、研究方法以及在生态恢复中的应用[J].中国科学:地球科学,2018,48(06):661-670.

4. 有关海岸带蓝色碳汇法律与政策研究

王成荣提出广东省发展蓝碳的主要对策,包括完善政策保障体系、增强科技支撑能力、拓展国际交流合作、探索海洋碳排放交易试点等;①潘晓滨提出环渤海地区可通过跨区域合作的方式,将海洋碳汇市场纳入国家统一碳市场体系之中,在法律规制中采取地方立法推进模式,构建海洋碳汇市场的地方性法规、规章与国际环境条约以及国家海洋法律的协调机制,并重点完善海洋碳汇市场建设中碳汇抵消的核算等关键性制度安排,②同时还提出可以将蓝碳市场纳入国家统一碳排放交易制度体系建设中,有针对性地采取融合型、专项型和地方推进的多维立法模式,着重完善蓝碳市场建设中碳汇核算与核证、环境影响评价、市场交易和监管等关键性制度安排。③

综上所述,现有研究大多针对渔业碳汇、海洋碳汇、蓝色碳汇等概念,以及生态科学、发展现状及意义。目前为止,虽有学者对海岸带蓝碳生态服务功能市场化、有偿化方面进行一定的研究,但是有关海岸带蓝色碳汇交易法律问题的探讨以及监管体系的完善方面仍有很大提升空间。本书在借鉴以上国内外研究成果的基础上,分析目前海岸带蓝色碳汇交易存在的法律问题,并试图提出相应对策建议。

三、研究思路与方法

海岸带蓝色碳汇交易法律制度属于环境与资源保护法范畴,融法学、经济学、科学技术于一体,具有极强的综合性;同时,在法学内部,也与其他法学学科,如行政法学、民法学、经济法学、刑法学交叉与融合。所以,海岸带蓝色碳汇交易法律制度的研究方法具有开放性和发散性。本书所采用的研究方法有

---

① 王成荣.21世纪海上丝绸之路背景下的广东省蓝碳发展研究[J].海洋开发与管理,2017,34(08):39-43.
② 潘晓滨.环渤海区域海洋碳汇市场建设的法律路径[J].天津法学,2017,33(04):39-44.
③ 潘晓滨.中国蓝碳市场建设的理论同构与法律路径[J].湖南大学学报(社会科学版),2018,32(01):155-160.

规范分析法、价值分析法、历史分析法和比较分析法。

（一）规范分析法（Normative analysis）

这是以规范法学为基础,以实证分析主义法学派为代表的分析方法,重在研究规范本身的内容,即法的实然状态。分析法学试图把明确性、稳定性、一致性和非冗性等逻辑限制于权威性法律资料之上,希望发现基本法律概念、基本法律范畴以及基本法律定理。海岸带蓝色碳汇交易法律属于应用法学,其研究对象涉及大量法律规范,包括法律、行政法规、政府规章、地方性法规等。因此,海岸带蓝色碳汇交易法律制度的完善离不开对相关法律规范的实证分析,如海岸带碳汇概念内涵外延的界定、法律规范逻辑结构的解析、法律文件效力衔接的审查等。从这个角度看,规范分析法即是对现行法律文件进行分析和解释,从而填补法律漏洞,促进法律制度的完善。

（二）价值分析法（Value analysis）

这是法学研究的重要方法,自然法学派是其代表。"在法律史的各个经典时期,无论是在古代和近代世界里,对价值准则的论证、批判或合乎逻辑的适用,都曾是法学家们的主要活动。"价值分析法重探索法律存在的客观基础和价值目标,如正义和秩序等。在海岸带蓝色碳汇交易法律制度研究中,价值分析法的意义在于对各种形式上合法的海岸带蓝碳交易制度进行合理性审查,挖掘其在自由、公正、平等和秩序等价值上的内涵,增加海岸带蓝色碳汇法律制度的理性色彩。尽管价值分析的结论并不当然具有法律效力,但对海岸带蓝色碳汇生态系统保护法律制度的完善具有重要作用,故应当受到广泛重视。

（三）比较分析法（Comparative analysis）

这是指通过事物的对比,从而认识其本质和规律并作出正确评价。海岸带蓝碳生态资源的破坏已经成为全人类所共同面临的问题,而其与科学技术的交叉性进一步促进了环境与资源保护法律制度的趋同化。因此,必须时刻关注海岸带生态系统保护的国际动态,在相关法律制度的研究中运用比较分析法。海岸带蓝色碳汇交易法律制度的比较分析可以从两个不同的维度进行——空间和时间。就空间而言,可以是法系之间的比较,也可以是不同国家之间的比较,还可以是国家内部不同法域之间的比较;既可以对法律制度加以比较,也可对法律文化加以比较,还可以对政治、经济、社会背景加以比较。就时间维度而言,主要是现在与过去的比较,运用发展的眼光,探讨研究的纵深。

四、研究创新

本书以更新的多维视角,不仅注重解决海岸带蓝色碳汇生态系统本身遇到的问题,而且从法律和市场经济的角度平衡生态环境和经济利益的协调发展,其创新点主要在于:

(一) 提出海岸带蓝色碳汇权的客体为海岸带蓝色碳汇核证减排量,且法律性质为准物权属性

首先,因为海岸带蓝色碳汇权核证减排量具有价值性,即为"有用之物"。海岸带蓝色碳汇虽为"无体物",不满足传统民法学对"物"的界定,但却具有生态价值与经济价值,有助于实现人类的低碳生活需求。其次,具有"可支配性",属于"为我之物"。海岸带蓝色碳汇在很长时间以来被人们所忽视,主要是因为科学技术手段的局限性,使得红树林、盐沼、海草等海岸带生态系统的固碳、储碳速率难以被统计和测量,对于"基线""额外性""持久性"等指标和数据也难以掌握。因此,海岸带蓝色碳汇产生的核证减排量也更加无法确定和控制。但是近年来,随着科技的发展以及国际各界对蓝色碳汇的重视,国内外相关机构发布了一系列海岸带蓝色碳汇标准,为人们在一定程度上掌握和控制海岸带蓝色碳汇核证减排量提供数据和技术支撑。再次,其具有独立性和特定性,为"自在之物"。海岸带蓝色碳汇权主体可以对该权利占有和排他支

配,因此,海岸带蓝色碳汇核证减排量是独立于权利主体而单独存在的独立的个体。权利有明确的边界,是权利主体对其有效支配的基础。虽然从物理形态而言,海岸带蓝色碳汇不容易与海岸带蓝色碳汇生态系统的保护和恢复过程分离,但是正如海岸带蓝色碳汇可以通过科学技术手段和方法予以控制,从而实现海岸带蓝色碳汇核证减排量与海岸带蓝色碳汇项目主体的分离,也可以对海岸带蓝色碳汇在特定时间和空间范围内定量化。

(二) 提出将海岸带蓝色碳汇纳入碳交易领域

海岸带蓝色碳汇作为重要的碳汇来源,长期以来并未受到足够重视。或许由于测量标准和技术水平的限制,海岸带蓝色碳汇一直未被纳入我国碳交易体系。然而,随着国际社会对海岸带蓝色碳汇的高度重视,以及我国绿色、低碳发展理念的深入推进,加之海岸带蓝色碳汇标准体系的建立和完善,为海岸带蓝色碳汇交易的建立奠定了坚实基础。海岸带蓝色碳汇交易制度的构建,使得海岸带蓝碳项目的开展者、海岸带蓝色碳汇的供应者可以通过市场机制获得相应的补偿与经济发展的机会,充分体现了交易双方私权的行使以及私益的实现;在交易双方保证自身获得经济收益的同时,也不能忽略开展海岸带蓝碳项目、进行海岸带蓝色碳汇交易的最终承诺;抵消社会生产生活中产生的二氧化碳量,缓解全球气候变化的压力,促进对海洋或海岸带生态系统,尤其是生物多样性的保护,最终实现对环境与生态利益的保护。

(三) 提出建立海岸带蓝色碳汇交易法律制度

我国海岸带蓝色碳汇交易法律制度的构建,旨在运用法律规范对海岸带蓝色碳汇生态系统通过市场化的方式进行有效配置与合理利用。明确的交易模式、成熟的市场交易主体、标准化的交易产品、透明清晰的交易价格以及合理有效的合同规则等,是我国海岸带蓝色碳汇交易的基本要素,对其进行严格的法律约束与完善,能够减少交易中的各种不确定性和交易信息的不对称,从而降低海岸带蓝色碳汇交易过程中的各种交易风险和交易成本,扩大海岸带蓝色碳汇交易市场的规模和水平,加强对海岸带蓝色碳汇生态系统的保护与恢复。另外,还需要通过设立海岸带蓝色碳汇交易专项基金、完善风险防范与保险制度、建立严格的市场监管体系等,进一步促进海岸带蓝色碳汇交易法律制度的完善。

第二章　海岸带蓝色碳汇交易的法律现状及存在问题

全球气候变化，关系人类生存与发展，是当今国际社会最为关注的生态环境问题。我国政府以全球气候改善长期目标为导向，相继制定了应对气候变化战略目标，向联合国提出国家自主贡献文件（INDC），在公平公正的原则下采取自愿减排行动，并在2020年9月，宣布提高INDC，争取实现"2030碳达峰""2060碳中和"。为积极应对气候变化，控制温室气体排放，于2021年2月起施行《碳排放权交易管理办法（试行）》。作为减少温室气体排放、应对全球气候变化的市场机制，碳排放权交易将为中国海岸带蓝色碳汇生态系统的保护和恢复带来新机遇，有利于建立以海岸带蓝色碳汇为代表的生态产品价值实现机制，践行"绿水青山就是金山银山"的生态文明理念。本章将介绍碳交易、碳汇交易等与海岸带蓝色碳汇交易相关的法律概念、阐述海岸带蓝色碳汇交易市场机制的理论基础，同时对国内外海岸带蓝色碳汇交易法律政策和具体案例进行分析；最后提出海岸带蓝色碳汇交易法律制度存在的主要问题。

第一节　海岸带蓝色碳汇交易概述

减源和增汇，作为国际公认的应对气候变化立法以及实现碳中和的重要手段,两者不可或缺。① 减源,主要是通过技术升级、能源替代等实现二氧化碳等温室气体排放量的减少;增汇,主要通过人工或自然的方法,吸收和捕获二氧化碳,以减少温室气体的总量。基于人工的方法,主要是碳捕集与封存,指储存二氧化碳以避免其排放到大气中的一种技术手段。基于自然的方法,是指通过森林、海洋、湿地、草原等生态系统强大的二氧化碳吸附功能,达到长久固碳的方法。我国拥有丰富的海岸带蓝色碳汇生态系统,然而长期以来,有关生物固碳的法律政策实践主要集中在森林碳汇领域,海岸带及海洋蓝色碳汇的保护与利用被忽视。经过最近几年的环境保护法律与实践的发展,更多的学者认识到,海岸带生态系统不仅给人类发展经济提供必需的自然资源和发展空间,还作为全球气候的"调节器"发挥着巨大作用。

一、海岸带蓝色碳汇的界定及其生态价值

随着学者们对海岸带生态服务功能研究的不断深入,国际社会对海岸带生态系统的碳汇服务功能所具有的稀缺性、有偿性以及公共物品性等经济学特性也越来越重视。因此,大力开发海岸带蓝色碳汇项目,通过引入市场流通和有偿交易的法律机制,保护和恢复海岸带蓝色碳汇生态系统,不仅有助于实现国家全局战略的节能减排,克服来自国际社会与全球有关气候变化的政治舆论压力,还能促进生态经济的发展,符合国家建设生态文明的法治理念和国家大政方针。但是因为海岸带蓝色碳汇交易是近几年才出现的新鲜事物,学界对其基本概念缺乏统一界定。因此,分析和厘定基本法律制度概念,便是海岸带蓝色碳汇交易法律制度研究的首要任务。

---

① 汇,是指从大气中清除温室气体、气溶胶或温室气体前体的任何过程、活动或机制;源,指向大气排放温室气体、气溶胶或温室气体前体的任何过程或活动。参见《联合国气候变化框架公约》第1条定义部分第8、9款。

(一) 碳汇概念的界定

为了实现温室气体的消减,鼓励人们进行低碳经济和低碳生活,1992 年,《联合国气候变化框架公约》(UNFCCC)首次提出"汇"的概念,系指从大气中清除温室气体、气溶胶或者其前体的过程、活动或机制。"碳汇"之所以可被"法律拟制"为一种商品纳入碳市场领域,最主要的前提是其所蕴含的巨大减排价值。

作为《京都议定书》主要减排机制之一的"清洁发展机制"(CDM),对"造林再造林碳汇项目"作出明确规定,成为发达国家和发展中国家共同应对气候变化的重要合作机制。另外,根据历史累积排放理论,对发达国家和发展中国家做出不同减排要求。为了体现环境正义的基本内核,清洁发展机制明确规定发达国家的排放量必须限制在一定额度之内,而发展中国家则不做强制性减排规定,可以根据自身情况自愿减排。此外,为了平衡发达国家和发展中国家减排成本的巨大差异,《京都议定书》规定:发达国家在不违背发展中国家基本利益,并且保障其可持续发展的前提下,可以通过清洁发展机制投资一定范围的节能减排环保项目,并且经核证减排部门核准,获得一定数量的"核证减排量"(Certified Emissions Reduction,CERs),用以抵消发达国家自身的强制减排义务,履行对《联合国气候变化框架公约》的减排承诺。[①] 其中,"核证减排量"也可以理解为"碳汇"机制的一种外在表征,其中包括林业碳汇、海岸带蓝色碳汇等。

总体上,碳汇机制对各国实现温室气体减排都是一个既高效又经济的途径。对于发达国家来说,无论是《京都议定书》,还是之后与其相关的国际环境法都明确规定了应当限制本国温室气体排放量。但是,对于已经实现工业化的国家而言,不仅要维持经济高速发展,还要履行节能减排的国际法律义务并

[①] 《京都议定书》第 13 条:(1) 兹此确定一种清洁发展机制;(2) 清洁发展机制的目的是协助未列入附件一的缔约方实现可持续发展和有益于《公约》的最终目标,并协助附件一所列缔约方实现遵守第 3 条规定的其量化的限制和减少排放的承诺;(3) 依清洁发展机制:(a) 未列入附件一的缔约方将获益于产生经证明的减少排放的项目活动;(b) 附件一所列缔约方可以利用通过此种项目活动获得的经证明的减少排放,促进遵守由作为本议定书缔约方会议的《公约》缔约方会议确定的依第 3 条规定的其量化的限制和减少排放的承诺之一部分。

非易事。因此 CDM 提出的"碳汇抵消"机制,不但满足了发达国家以最低成本实现减排的要求,成为其高效实用的选择,同时也满足了发展中国家当前的产业结构现状以及社会经济发展需求。在发展中国家,资源高消耗型的重化工行业在整体行业结构比例中占据主导地位,这也使得这些国家势必存在比较高的碳排放需求。基于此,如果要求发展中国家的工业结构在短时期内进行大幅度降碳减排,必然会影响发展中国家人民的基本生存权和发展权,这是不公平也是非正义的。碳汇运行机制有效缓解了这一矛盾,该机制不但可以帮助发展中国家吸引外资,借助于发达国家的经济力量在短时期内助其实现节能减排,并且对经济的增速几乎没有任何负面影响。因此,发展中国家在采取自身减排的同时,也应积极关注并参与国际碳汇项目。

碳交易,也称碳排放权交易,是以国际公约和法律为依据,以市场机制为手段,以温室气体排放权为交易对象的制度安排。碳排放权交易的核心是:通过设定排放总量目标,确立排放权的稀缺性,通过无偿(配给)或者有偿(拍卖)的方式分配排放权配额(一级市场),依托有效的监测体系、核证体系,实现供需信息的公开化,依托公平可靠的交易平台、灵活高效的交易机制(二级市场)实现碳排放权的商品化,通过金融机构的参与为市场提供充足的流动性,发挥市场配置资源的效率优势,降低减排成本。[①] 对于碳交易市场,需要有一套适宜的、和谐的法律体系提供一定法律规范和指引,以有效地达到碳交易的预期目标。[②] 目前全球温室气体排放交易市场的出现,也为海岸带蓝碳生态系统的保护与恢复提供重要契机。

国际碳交易主要有两类。一类是基于总量控制的排放配额交易,也是碳交易的主要方式。排放配额的表现形式是排放 1 吨二氧化碳当量的许可证,排放许可证通常通过免费分配或拍卖的方法分给碳排放交易机制参加者,如欧盟排放配额(EUAs)和《京都议定书》下的分配数量单位(AAUs)。配额主

[①] 孙永平.碳排放权交易概论[M].北京:社会科学文献出版社,2016.
[②] Durrant N. Legal issues in biosequestration: Carbon sinks, carbon rights and carbon trading[J]. *UNSWLJ*, 2008, 31: 906.

要是为国家或企业设定具体的碳排放总额。如果排放总量超过了排放配额，对于国家而言，可能违反了国际法义务；对于一国企业而言，可能要受到相关国内法的制裁，例如罚款等。但是，无论国家还是企业，如果其排放总量超过了排放配额，除了承担一定法律责任外，还可以进行排放配额的交易。例如，如果一国或者企业的实际排放量超过排放配额，则可以向排放配额有结余的国家或企业购买。

另一类是基于项目的基线信用型交易。[①] 其与主要依赖于政府的配额不同。基于项目的基线信用型交易主要针对能够降低或者吸收碳排放的项目，例如碳捕集与封存以及森林碳汇等，主要分为强制性和自愿性碳排放交易机制。强制性交易机制主要是清洁发展机制和联合履约机制。芝加哥气候交易所，是自愿性减排机制的主要代表，其信用的产生主要依托于碳排放交易双方签署的合同。[②] 在我国，自愿性碳排放交易机制主要为国家核证自愿减排量（CCER），是指按照《温室气体自愿减排交易管理暂行办法》（2012）的相关规定，通过备案手续并在国家注册登记系统中登记过的国家核证自愿减排量。在基于项目的国家核证减排量交易中，其大部分的产品来自能源、化工、交通、矿产品等15个专业领域的减排项目。[③] 基于项目的基线信用型交易中的可以吸收碳排放的项目，可以理解为碳汇交易。因此，碳汇交易虽属碳交易的范畴，但碳汇交易并不等同于碳交易。

尽管目前我国还没有完善且系统的碳汇交易体系，但在《联合国气候变化框架公约》及《京都议定书》的规制下，通过我国森林碳汇交易所带来的相关环境效益和社会经济效益已然不能忽视。不同于海洋生态服务，海岸带蓝色碳汇交易则是指在平等自愿的基础上，买方为了投资或者抵消自身因为生产活

---

① 基于项目的基线信用型交易，包括清洁发展机制 CDM 项目的 CER、国际核证碳减排标准 VCS 的 VCU。VCU 是国际核证减排标准 VCS 签发的碳信用单位，1个 VCU 代表1吨减排的二氧化碳当量，买方可以购买 VCU 用于抵消温室气体排放。
② 曹明德，刘明明，崔金星.中国碳排放交易法律制度研究[M].北京：中国政法大学出版社，2016.
③ 张颖，曹先磊，李栩然.中国碳交易市场发展现状与潜力分析[A].国际清洁能源论坛（澳门）.国际清洁能源发展报告（2015）[C].国际清洁能源论坛（澳门）：国际清洁能源论坛（澳门）秘书处，2015：22.

动所产生的二氧化碳排放量,以支付对价的方式,获取卖方通过开展海岸带蓝色碳汇保护和恢复项目所产生、计算出的核证减排量的行为。

(二) 海岸带蓝色碳汇的提出

碳汇包含的范围非常广泛,目前应用较多的是森林碳汇,一般被称为绿色碳汇[①];与其相对应的是海洋碳汇[②],也称蓝色碳汇。实际上,蓝色碳汇有广义与狭义之分。广义的蓝色碳汇,指海洋生态系统吸收二氧化碳等温室气体并暂时或长期存储于海洋的过程、活动及机制的总称。狭义的蓝色碳汇,仅指能长期封存于该生态系统,并在一定程度上削减二氧化碳含量,增加温室气体排放空间的活动或者机制。[③] 因此,只有狭义的蓝色碳汇才具备进行碳交易的科学基础。另外,还有学者认为渔业碳汇[④]也应当属于蓝色碳汇范围,纳入碳交易市场。但是,由于目前对于渔业碳汇的研究还处于起步阶段,国内外的研究重点集中在渔业碳循环模型的建立、固碳效果量化、海洋生物固碳机制、渔业碳汇监测等方面,对于碳汇核算方法仅局限于少数几个品种贝类和藻类养殖的固碳量计算方法,暂未发布统一的渔业碳汇监测和计量的方法学及标准。[⑤] 另外,对于贝类和藻类的养殖,是否会破坏海洋及海岸带生态系统以及生物多样性,如何科学地监测和养殖,目前都没有得出科学定论。综上所述,

---

① 潘晓滨.环渤海区域海洋碳汇市场建设的法律路径[J].天津法学,2017,33(04):39-44.
② 本刊特约评论员.推动海洋碳汇成为实现碳中和的新力量[J].中国科学院院刊,2021,36(03):239-240.;赵云,乔岳,张立伟.海洋碳汇发展机制与交易模式探索[J].中国科学院院刊,2021,36(03):288-295.
③ 需要说明的是,海洋系统对温室气体的吸收是基于物理化学作用的碳酸盐泵,以及基于生物作用的有机泵完成的。前者容易通过物理和化学作用再次形成二氧化碳并被重新释放到大气环境中,后者中有一部分转化为有机碳并随着食物链等生物作用原理向下传递并被长期封存在深海中。只有那些被长期存储的碳汇才具有生态与经济价值,才会形成后续纳入碳汇监测计量以及交易的基础。参见刘慧,唐启升.国际海洋生物碳汇研究进展[J].中国水产科学,2011,18(03):695-702.;焦念志.海洋固碳与储碳——并论微型生物在其中的重要作用[J].中国科学:地球科学,2012,42(10):1473-1486.;焦念志,李超,王晓雪.海洋碳汇对气候变化的响应与反馈[J].地球科学进展,2016,31(07):668-681.
④ 潘晓滨.环渤海区域海洋碳汇市场建设的法律路径[J].天津法学,2017,33(04):39-44.;佘远安,孙昭宁.渔业的碳汇功能及发展渔业碳汇路径初探[J].中国水产,2010(09):23-24.;唐启升,刘慧.海洋渔业碳汇及其扩增战略[J].中国工程科学,2016,18(03):68-73.
⑤ 黄祥燕.海洋碳汇标准浅析[A].中国标准化协会.标准化助力供给侧结构性改革与创新——第十三届中国标准化论坛论文集[C].中国标准化协会,2016:4.

笔者认为,渔业碳汇暂时不宜纳入碳市场进行交易。因此,本书所称蓝色碳汇,仅指海岸带蓝色碳汇。

海岸带蓝色碳汇(Coastal Blue Carbon),简称蓝碳(Blue Carbon),是一个认识到海岸带生态系统在全球碳循环中作用的术语。该概念第一次出现在联合国环境规划署(UNEP)发表的一份报告之中。该报告指出,全球自然生态系统中50%以上(最高可达55%)的碳由海洋生物所捕获,并将该部分的碳定义为蓝碳,其本身具有很强的碳汇能力。尤其是依存于海岸带的红树林、海草床以及盐沼,吸碳储碳能力更强,以上三类生态系统也被称为蓝碳生态系统(Blue Carbon Ecosystems)[①]。因此,海岸带蓝色碳汇主要指分布于红树林(Mangrove)、海草床(Seagrass)和盐沼(Salt Marsh)三种海岸带生态系统,并通过生物量和土壤吸收与储存大量二氧化碳等温室气体的过程与机制。

红树林、盐沼、海草床等海岸带蓝碳生态系统作为海岸带蓝色碳汇的载体,为海岸带蓝色碳汇交易的实现提供来源保障。虽然我国法律对海岸带、滨海湿地、滩涂等海岸带蓝色碳汇之载体的保护作出了相关规定,但也存在诸多问题。一方面,现有法律保护力度不足,例如我国仅在《宪法》《物权法》《环境保护法》《海洋环境保护法》等综合性法律中对海岸带、滨海湿地、滩涂等生态系统做出概括性的保护规定,[②]而缺乏专门的法律保护规制体系;另一方面,如果仅对海岸带蓝色碳汇载体予以保护,对于其保护主体而言,由于缺乏经济激励机制,会使其在实际运行中缺乏主动性,加之相关资金保障机制的匮乏而使保护效果大打折扣。海岸带蓝色碳汇更侧重从应对气候变化的角度出发,通

---

① 周晨昊,毛覃愉,徐晓,方长明,骆永明,李博.中国海岸带蓝碳生态系统碳汇潜力的初步分析[J].中国科学:生命科学,2016,46(04):475-486.
② 《宪法》(2018修正)第9条规定:矿藏、水流……滩涂等自然资源,都属于国家所有,即全民所有;由法律规定属于集体所有的森林和山岭、草原、荒地、滩涂除外。《物权法》第48条规定:森林……滩涂等自然资源,属于国家所有,但法律规定属于集体所有的除外。《环境保护法》(2014修正)第2条规定,本法所称环境,是指影响人类生存和发展的各种天然的和经过人工改造的自然因素的总体,包括大气、湿地……城市和乡村等。《海洋环境保护法》(2017修正)第20条规定:国务院和沿海地方各级人民政府应当采取有效措施,保护红树林、珊瑚礁、滨海湿地、海岛、海湾……。《水污染防治法》(2017修正)第29条规定,县级以上地方人民政府应当根据流域生态环境功能需要,组织开展江河、湖泊、湿地保护与修复,……提高流域环境资源承载能力。

过市场化的手段和机制对海岸带生态系统进行保护和恢复,同时对减缓和适应气候变化起到积极促进作用。

(三) 海岸带蓝色碳汇的生态价值

海岸带蓝碳生态系统是全球最有价值的生态系统,遍布南极洲以外的各个大陆沿岸,涵盖了全球近4 900万公顷的范围,并且具有重要的减缓气候变化的生态价值。据测算,海岸带蓝色碳汇生态系统的碳封存能力是陆地森林碳封存的2—4倍。如果沿海湿地恢复至1990年的规模,它将有可能每年增加1.6亿吨二氧化碳的碳封存量。[①] 此外,还可以通过植被过滤、养分吸收和悬浮颗粒沉积等过程清洁水质;海岸带蓝碳生态系统还可防止海岸线侵蚀、洪水泛滥和海平面上升。因此,改善这些生态系统的管理有助于通过碳封存和储存实现并提升国家自主贡献。

海岸带蓝色碳汇生态系统的保存与修复,是运用基于自然的方法减缓和适应气候变化的最佳例证。根据其自然属性,生物碳和沉积物碳既是碳汇又是碳源。一方面,海岸带蓝碳生态系统生长时会吸收碳,并将大部分碳转移到其根部所持有的丰富的有机土壤中,对减缓和适应气候变化起到至关重要的作用;另一方面,海岸带蓝色碳汇消失对气候变化也会产生较大负面影响。据估计,过去几十年来,由于人类的过度开发利用,例如人为干扰、水体污染、垃圾倾倒、过度开垦及土地用途的转换等造成全球约有1/3的红树林、海草和盐沼消失,[②]使其在数年至数十年内释放已经存储了数千年的碳,这样的"失碳汇"也造成了难以估量的经济损失。据估计,每年从退化或流失的海岸带生态系统中排放的二氧化碳量相当于英国的二氧化碳年排放量。失去了这些生态系统也意味着发生洪涝灾害和海岸侵蚀的高风险性,同时也增加了全世界在海岸线区域生活的数百万人的

[①] Pendleton L, Donato D C, Murray B C, et al. Estimating global "blue carbon" emissions from conversion and degradation of vegetated coastal ecosystems[J]. *PloS one*, 2012, 7(9): e43542.

[②] Cui B, He Q, Gu B, et al. China's coastal wetlands: understanding environmental changes and human impacts for management and conservation[J]. *Wetlands*, 2016, 36(1): 1-9.

生命的脆弱性。[①]

中国目前拥有 1.8 万千米的大陆海岸线,200 多万平方千米的大陆架。海岸带分布各类海岸带蓝色碳汇生态系统,包括红树林、盐沼、海岸性咸水湖或淡水湖、河口水域和三角洲湿地等,其面积为 5.94 万平方千米,占中国湿地面积的 15.4%。中国海岸带固碳能力、储碳潜力远大于相同气候带的陆地生态系统和大洋生态系统。[②] 近年来,人类的活动越发变得频繁,比如围海造田、水产养殖、滨海土地开发、在流域建库筑坝以及工业生产等,对滨海蓝碳的生态功能造成了非常大的影响。[③] 例如,中国沿海人类活动改变了海岸线演化和湿地水文,使土壤和水质恶化,改变植被继承、底栖动物和微生物群落、渔业等,并损害生态系统功能和服务。[④] 再比如,中国的红树林面积已经从 40 年前的 4.2×10^4 公顷减少到了 1.46×10^4 公顷,近 70 年来中国在海岸带地区的自然岸线已经下降至 40%左右。[⑤]

我们可以把海岸带蓝碳生态系统固碳储碳的相关生态服务功能比作是人类活动中的"存钱",只不过海岸带蓝色碳汇不仅仅是对大气中的二氧化碳进行固定和储存,更重要的意义是为一个国家或地区提供更大的未来生存发展潜力和空间。就发展层面而言,我们可以利用海岸带蓝色碳汇的市场化和有偿化来实现整个生态系统在环境利益与社会经济利益中的不断平衡。目前,森林碳汇、草原碳汇在固碳储碳方面的功能已被人们所认知,对其进行的保护意识已得到了相关政策的支持。红树林已被《京都议定书》中的清洁发展机制列入温室气体的排放清单中。尽管海岸带蓝色碳汇具有强大的吸碳储碳能力

[①] Crooks S, Herr D, Tamelander J, et al. Mitigating climate change through restoration and management of coastal wetlands and near-shore marine ecosystems: challenges and opportunities [R]. World Bank, Washington D.C., 2011.

[②] 王秀君,章海波,韩广轩.中国海岸带及近海碳循环与蓝碳潜力[J].中国科学院院刊,2016,31 (10): 1218-1225.

[③] Pendleton L, Donato D C, Murray B C, et al. Estimating global "blue carbon" emissions from conversion and degradation of vegetated coastal ecosystems[J]. PloS one, 2012, 7(9): e43542.

[④] Cui B, He Q, Gu B, et al. China's coastal wetlands: understanding environmental changes and human impacts for management and conservation[J]. Wetlands, 2016, 36(1): 1-9.

[⑤] Murray N J, Clemens R S, Phinn S R, et al. Tracking the rapid loss of tidal wetlands in the Yellow Sea[J]. Frontiers in Ecology and the Environment, 2014, 12(5): 267-272.

及其他生态服务功能,但仍未被列入《京都议定书》的碳减排规则之中。

海岸带蓝色碳汇也为沿海地区的经济发展和生态保护起到重要作用。状况良好的海岸带蓝碳生态系统不仅可以为人类提供生产生活中所必需的自然资源与食物,而且可以通过其自身的循环与净化能力大大缓解沿海地区由于经济发展而造成的海岸污染、水产品污染等。所以,如果能够采取合理有效的措施来保护和利用海岸带生态系统中的蓝色碳汇,将会对减少温室气体排放、缓解全球气候变化大有裨益。在过去的数十年中,各国研究人员、决策者和从业人员为将蓝碳生态系统的保护和恢复纳入全球应对气候变化的努力,建立了科学、政策、金融和沿海管理方法的坚实基础。[1]

二、海岸带蓝色碳汇交易市场机制的理论基础

海岸带蓝色碳汇交易市场机制的法律构建,离不开基础理论的指导。碳汇交易作为碳排放权交易的一种类别而出现,主要是为应对气候变化以及生态环境损害、生态价值损失而产生的重要机制。碳排放权交易主要是为克服环境的外部性问题而产生的。狭义的碳排放交易,主要是为应对环境的负外部性而产生;而碳汇交易机制主要是为了平衡环境正外部性问题而产生,两者虽然同属碳交易市场,但其本质属性并不相同。碳汇交易的理论基础包括诸多方面,诸如社会学、经济学、伦理学和法学等。以下主要从法学激励理论以及经济学的公共物品理论、稀缺性理论、外部性理论、利益平衡理论以及生态系统服务付费理论等方面予以阐述。

(一) 激励理论在海岸带蓝色碳汇交易领域的体现

激励理论是经济学以及管理学领域对环境政策和法治建设提出的最新要

---

[1] Crooks S, von Unger M, Schile L, et al. Understanding strategic blue carbon opportunities in the seas of East Asia[R]. Silvestrum Climate Associates for PEMSEA, Conservation International and the Nature Conservancy, 2017.

求和完善方向。激励不仅仅反映出其作为个人活动促进手段的实践意义,更表现出其作为社会组织乃至整个社会经济进步和发展的巨大动力因素。而环境问题,归根结底正是另一种形式的社会和经济问题。因此,激励将成为解决环境问题及其影响下的相关社会和经济问题的关键机制。如果生态保护与恢复,就是要解决环境及其影响下的社会和经济问题,那么环境激励理论及其措施对于生态保护与恢复举足轻重。[①]

激励理论是一种对人类行为起诱导或驱动作用的力量,引导人们按照待定的方式调整自己的行为。在实践中,激励主要有物质和非物质激励手段等。物质手段的激励就是经济激励,即运用经济手段,协调人们的生产和消费活动,增加其物质收益;而非物质手段的激励,则包括自尊、保持优美的视觉环境的渴望、希望给别人树立一个好榜样等。[②] 一方面,对个人的激励而言,激励可以激起人们从事环保事业的主动性,使得环保成为自身发展的一种现实需求,自觉维护环保成果,遵守环保法律法规;另一方面,对管理者的激励而言,可以激发管理者的服务意识,提高管理者的主动性和能动性,加大对环保活动的监督力度,提高管理者的管理水平。同样,激励对于减少工业污染也是非常重要的,所有企业都在一定的激励制度下从事生产活动。在市场经济中增加利润是最常见的激励,对于企业而言,激励作为一种经济手段,可以促进企业自觉履行环保责任,尝试进行生态环境改善相关的基础性投资,甚至直接进行环保产业的投资等。

中西方古代法治史,均强调惩戒法与激励法共生共继。中国法制史强调"刚柔并济""奖罚并举""以德配天""以情与法"的惩戒与激励并存的法治思想。西方发达的法治文明告诉我们,激励不是经济学或是管理学研究的藩篱,恰恰是法律使之成为一种社会秩序。功利主义法学家边沁指出:"社会应当鼓励个人的创造、努力和进取心,国家的法律并不能直接给公民提供生计,他们

[①] 吴鹏.以自然应对自然——应对气候变化视野下的生态修复法律制度研究[M].北京:中国政法大学出版社,2014.

[②] [美]巴里·菲尔德:环境经济学[M].原毅军,译.北京:中国财政经济出版社,2006.

所做的只是创造驱动力以及惩罚与奖励,以刺激和奖励人们去努力占有更多的财富。"[1]就现代法学研究而言,激励理论也是一种重要的法学理论。早在1986年,姜明安在其《行政法学概论》[2]一书中,把行政奖励行为作为一种独立的行政行为加以分析;此后如沈宗灵亦提出:"在社会主义社会里,由约束消极行为,进而发展到激发积极行为,人们由被动的接受控制,进而到积极的参与,这不能不说是法律规范的极大进步。同时,这也从一个侧面反映出社会的进步。"[3]2012年,倪正茂出版了《激励法学探析》[4]的专著,该书除详细介绍了我国法治发展历史长河中那些被忽略的激励法之外,还分析了激励法学定义、存在价值及其主要内容等具体问题,可谓是激励法学研究的重要文献。《激励法学探析》一书,虽然尚存一些值得商榷的问题,但是至少可以看出,激励法治正在为我国法学研究所关注,激励法治文明正在成为我国法治建设的重要组成部分。

利用市场机制保护海岸带蓝色碳汇,便是激励法在生态恢复领域的最佳体现。排污企业是资源开发的主体,也是资源利用的直接受益方,但却是当前最想摆脱环境义务的一方,这主要是由于任何企业都是以利润最大化为其存在和发展目的所决定的。企业追求利润最大化的动机产生了严重的机会主义倾向。以碳汇交易为主要市场机制的经济激励法有助于企业、环保组织和社区团体经济利益的实现,更有助于实施海岸带生态保护与恢复。

(二) 经济学理论在海岸带蓝色碳汇交易制度中的应用

1. 公共物品理论

萨缪尔森作为公共物品理论研究的先行者,认为公共物品是指某个人对某一种产品的消费并不会直接造成其他人对该产品使用或消费的减少。[5] 在

---

[1] 王磊.商法法典化法哲学基础的实证分析[J].理论界,2005(11):81-82.
[2] 姜明安.行政法学概论[M].山西:山西人民出版社,1986.
[3] 倪正茂.论激励法的客观存在[J].上海市政法管理干部学院学报,2000(01):9-13.
[4] 倪正茂.激励法学探析[M].上海:上海社会科学院出版社,2012.
[5] [美]萨缪尔森.经济学:第10版(上册)[M].北京:商务印书馆,1979.

气候变化方面,海岸带提供了重要的生态服务与经济价值。因此,应当在保证海岸带自然资源可持续利用、维护生物多样性与生态系统完整性的前提下,通过开展海岸带蓝色碳汇项目、建立海岸带蓝色碳汇交易法律机制,以实现海岸带蓝色碳汇生态价值的市场化与有偿化。由于海岸带蓝色碳汇生态系统的外部性以及目前相关法律制度的缺失,极易出现生态不正义的问题。这种不正义存在于碳排放权交易的分配层面,要解决此问题,需要创设一些法律制度,以使人们权利和义务得到平衡。碳汇交易制度的设计,应将正义作为其价值诉求,通过外部成本内化的方式,合理分配海岸带蓝色碳汇项目业主、海岸带蓝色碳汇生态系统破坏者及温室气体减排量购买者之间的权利、义务。

(三) 生态系统服务付费理论在海岸带蓝色碳汇交易中的应用

生态系统服务付费理论(Payment for Ecosystem Services,PES;Payment for Ecosystem Benefit,PEB)兴起于20世纪90年代。根据"千年生态评估"(Millennium Ecosystem Assessment,MEA),"生态服务可以被理解为一种人类可以从自然界获取并满足自身需求的效用,并同时可以满足其他物种的需求"。[①] 研究生态服务付费的著名学者Wunder认为,大多数从字面意义上理解生态服务付费,都是基于类市场机制,所以他给"生态服务付费"的概念界定,罗列了5个条件:"a. 一个基于自愿的交易,在b. 一个生态服务被明确界定(well-defined)(或者一块土地的使用,能够确保这种服务);c. 有生态服务购买者(至少一名),从d. 生态服务提供者(至少一名)处购买;e. 有且仅有当生态服务提供者能够确保该种服务的供给(商品化)。"[②] 可以看出,Wunder对于"生态服务付费"概念界定,是基于一种市场化,或者至少说是一种类市场化的视角,将生态系统的环境功能作为一种有偿服务,根据BPP

[①] Assessment M E. *Ecosystems and human well-being: wetlands and water* [M]. World resources institute, 2005.

[②] Wunder S. Payments for environmental services and the poor: concepts and preliminary evidence[J]. *Environment and development economics*, 2008: 279-297.

(Beneficiary Pays Principle)原则,即"谁受益,谁付费"原则,[①]由受益者支付相应对价,同时激励和促进生态系统的保护和环境污染的治理。最常见的生态服务付费项目,包括本地为了保护水源流域服的生态服务付费项目及区域性和全球性保护生物多样性生态服务付费项目、碳封存生态服务项目,都将景观的美学价值市场化,与其他生态服务捆绑一起出售,或者单独出售。国家政府、公私团体,包括本地社区组织、NGO组织、企业和市政团体都在推动这些项目的启动。[②]

另外,也有学者将其定义为一种基于交易双方自愿,围绕某种明确的环境服务或土地使用所达成的附条件的协议。[③]

以上定义包含了三方面内容:一是交易对象的明确性,即生态系统所提供的生态服务功能必须是可识别的,服务数量与质量是发生变化的,特定的生态系统使用与服务产出具有确定的因果关系。二是交易的自愿性,交易双方都能从特定交易中获得预期收益,进而实现经济利益与环境收益的最佳配置。三是生态系统服务的产生应当是在初始水平之上所额外提供的增加量。[④] 国内有学者将其视为以市场为主的生态补偿措施。[⑤]

海岸带蓝色碳汇交易市场机制的建立,也是基于生态系统服务付费理论的具体运用。海岸带蓝色碳汇生态系统不仅提供较强的减缓和适应气候变化的生态价值,而且可以通过市场机制转化为潜在的经济价值,满足交易双方的需求,进而激励以海岸带保护和恢复为主的海岸带蓝色碳汇项目的开发,增加市场上海岸带蓝色碳汇交易的数量和额度,在保护与恢复海岸带蓝色碳汇生态系统环境效益最大化的同时,实现总体经济价值的最大化,从而实现

[①] 李海棠.完善我国渔业生态补偿制度的法律思考[J].江淮论坛,2018(01):77-85.
[②] 赵雪雁,徐中民.生态系统服务付费的研究框架与应用进展[J].中国人口·资源与环境,2009,19(04):112-118.
[③] 刘艳红,郭朝先.生态服务付费的理论优势与现实应用[J].中国社会科学院研究生院学报,2016(03):49-54.
[④] 潘晓滨.中国蓝碳市场建设的理论同构与法律路径[J].湖南大学学报(社会科学版),2018,32(01):155-160.
[⑤] 赵雪雁,徐中民.生态系统服务付费的研究框架与应用进展[J].中国人口·资源与环境,2009,19(04):112-118.

"双赢"。

海岸带蓝色碳汇交易,必须具备以下条件:首先,海岸带蓝色碳汇交易的标的必须是基于明确的海岸带蓝色碳汇项目产生并且其数量与质量必须可识别,符合 MRV(可监测、可报告、可核查)机制。其次,该海岸带蓝色碳汇项目必须符合成本效益原则(Cost-Bencfit Principle),即:唯有当海岸带蓝色碳汇项目所带来的额外效益大于额外成本时,该项目产生的海岸带蓝色碳汇核证减排量才是可以交易的,因为无法获得收益的海岸带蓝色碳汇项目是不可持续的,也是不符合市场运行机制的。最后,海岸带蓝色碳汇应当具有额外性,应当是基于特定海岸带蓝色碳汇项目而产生的二氧化碳等温室气体吸收汇的增量,否则基于该项目生态系统服务所带来的环境效益便无法获得。[①]

三、海岸带蓝色碳汇保护的国内实践

虽然我国并未真正建立海岸带蓝色碳汇交易制度,但是对于海岸带蓝碳生态系统保护的具体实践却由来已久,主要包括海岸带蓝碳自然保护区建设、海岸带蓝碳生态系统恢复以及将要实施的"蓝色海湾"等生态工程对海洋及海岸带生态环境的修复等。

(一) 我国海岸带蓝碳自然保护区的建设情况

我国海岸带生态系统的保护与管理由如海监、海事、环保、渔政、林业等多个政府部门共同参与,各部门间可以分别为海岸带生态系统提供不同的专业技术服务,并且合作建立诸多的自然保护区。[②] 海草床的保护区数量相对较

[①] 潘晓滨.中国蓝碳市场建设的理论同构与法律路径[J].湖南大学学报(社会科学版),2018,32(01):155-160.

[②] 我国现有的红树林自然保护区达到 34 个,保护区的总面积达到 1 238.2 平方千米。参见傅秀梅,王亚楠,邵长伦,王长云,李国强,刘光兴,孙世春,曾晓起,叶振江,管华诗.中国红树林资源状况及其药用研究调查Ⅱ.资源现状、保护与管理[J].中国海洋大学学报(自然科学版),2009,39(04):705-711.

少,大陆地区仅有2个(广东湛江雷州海草保护区、海南陵水新村港和黎安港海草特别保护区)。虽然目前,我国尚未将整个海岸带盐沼湿地纳入统一保护计划中,但根据相关报道[1],我国大陆地区几乎每个沿海省市都拥有国家级湿地自然保护区,上海、山东、福建等沿海地区均设有以盐沼湿地为主体的自然保护区。[2] 人为破坏是我国海岸带蓝碳生态系统遭受威胁的主要原因,提高民众环保意识是保护和恢复海岸带蓝色碳汇生态系统的重要举措。在"扭转南中国海和泰国湾环境退化趋势项目"中,中国参加了包括红树林、海草、湿地以及防治陆源污染在内的4个专题,取得了丰硕的成果,该项目也是目前有关海岸带蓝碳生态系统保护中最为全面的国际合作项目。另外,我国已通过自然保护区的建立完善,在蓝碳生态系统的保护层面做了很多工作,并取得了有目共睹的成效。不过这些保护区基本都是以生物多样性作为保护对象,而以保护海岸带蓝色碳汇为目的的计划和措施尚未提上制定日程。因此,我国需尽快启动保护海岸带蓝碳生态系统的行动计划,对海岸带蓝碳潜力和其区域差异进行评估,甄别出海岸带保护的优先区域,建立相应的保护区以及保护网络,从而为我国维持海岸带蓝色碳汇的潜力提供保障。[3]

(二) 我国海岸带蓝色碳汇生态系统的恢复情况

海岸带蓝色碳汇生态系统的恢复将有助于减少额外的二氧化碳排放,并且能提升其本身的固碳潜力。在20世纪50年代中后期,我国开始进行一些简单的红树林生态恢复工作,其中主要包括宜林地的选择、树种选择和引种、应用栽培技术、植后管护和监测4个方面。该工作起初主要为一些零散、自发的生产性造林。[4] 直到1991年,我国政府才开始把红树林有关造林和经营技

---

[1] 郑姚闽,张海英,牛振国,宫鹏.中国国家级湿地自然保护区保护成效初步评估[J].科学通报,2012,57(04): 207-230.
[2] 国家级湿地自然保护区主要包括上海崇明东滩鸟类国家级自然保护区、山东黄河三角洲国家级自然保护区、福建闽江河口湿地国家级自然保护区等。
[3] 周晨昊,毛覃愉,徐晓,方长明,骆永明,李博.中国海岸带蓝碳生态系统碳汇潜力的初步分析[J].中国科学: 生命科学,2016,46(04): 475-486.
[4] 郑德璋,李玫,郑松发,廖宝文,陈玉军.中国红树林恢复和发展研究进展[J].广东林业科技,2003(01): 10-14.

术的研究列入国家科技攻关研究专题中。经过分析红树林面积的变化,可知1990—2010年的20年间,中国红树林的总面积趋于稳定,因为人们对红树林生态系统服务价值的认识不断提高,在2010—2013年的3年间,我国红树林的面积由207.76平方千米迅速增加至328.34平方千米,增幅达到58%。[①] 我国早期海草床生态的恢复主要是通过恢复生境来实现的,通过模拟、保护以及改善生境,依靠海草的自然繁殖,来逐步达到恢复的目的,实际上属于海草床的自然恢复。[②] 后期我国采取人工恢复的方法,即利用海草的有性繁殖来实现受损海草床修复的种子法。由于其成本低、劳动力需求少,成为规模化海草床修复以及深水水域海草床修复的首选。[③] 滨海盐沼的生态恢复包含三部分:湿地生境的恢复;湿地生态系统结构与功能的恢复;湿地生物多样性的恢复。以黄河三角洲滨海盐渍区芦苇湿地恢复工程为例,其属于典型的滨海盐沼湿地恢复案例。该项目实施过程中,首先采取了恢复水文条件,引导黄河水恢复地表径流,以促使其排盐;与此同时,将微地形整平并改造,增加蓄水量,保证鱼、虾、蟹的正常生存,从而促进水生动物种群的恢复;最后利用了芦苇无性繁殖的根状茎,辅以人工培植技术,使得整个项目工程取得了良好的控制效果。[④]

(三) 我国将实施"南红北柳"等工程修复海洋生态环境

根据国家海洋局印发的《全国海洋生态环境保护规划》,"十三五"期间(2016—2020年),我国将着力重点区域系统修复和综合治理,以"南红北柳""生态岛礁"等重大生态修复工程为抓手,提出了推进滨海湿地修复、加快岸线整治修复等重点任务,以有效遏制海洋生态环境恶化趋势。"南红北柳"生态工程是指因地制宜开展滨海湿地、河口湿地生态修复工程。南方以种植红树林为代表,海草、盐沼植物等为辅,新增红树林2 500公顷;北方以种植柽柳、芦

---

① 贾明明.1973—2013年中国红树林动态变化遥感分析[D].中国科学院研究生院(东北地理与农业生态研究所),2014.
② 李森,范航清,邱广龙,石雅君.海草床恢复研究进展[J].生态学报,2010,30(09):2443-2453.
③ 刘燕山,张沛东,郭栋,董晓煜.海草种子播种技术的研究进展[J].水产科学,2014,33(02):127-132.
④ 林光辉,刘长安,冯建祥等.滨海湿地生态修复技术及其应用[M]海洋出版社,2014.

苇、碱蓬为代表,海草、湿生草甸等为辅,新增芦苇 4 000 公顷、碱蓬 1 500 公顷、柽柳林 500 公顷。在"生态岛礁"修复工程中,我国将开展受损岛体、植被、岸线、沙滩及周边海域等修复,恢复海岛及周边海域生态系统的服务功能。[1] 另外,从 2015 年开始,有学者和专家在浙江省平阳市南麂列岛国家海洋自然保护区管理局配合下在平阳鳌江口试种几百株红树植物,目前该红树林已顺利成活。一座二氧化碳通量塔也在平阳海边建起,水质、土壤、空气等检测仪器将 24 小时运转,监测滩涂上温室气体浓度、二氧化碳吸收量和流通量等,为海岸带蓝色碳汇交易市场机制的建立提供数据支撑。因此,海岸带蓝色碳汇不仅是一个气候计划,也是一个巨大的市场计划。

第二节　海岸带蓝色碳汇交易相关法律规范分析

近年来,国际各界对海岸带蓝色碳汇的重视程度越来越高,将海岸带蓝色碳汇纳入国际碳排放权交易市场,并使其成为一个涉及国际权益的热点领域。对个体国家来说,海岸带蓝色碳汇的开发不仅是海洋低碳经济的关键所在,而且将助力国家成为国际海洋强国新的经济增长点;有助于应对全球气候变化,同时增强国际影响力和话语权。因此,海岸带蓝色碳汇的开发布局将具有重要战略意义。在一份由世界碳市场伙伴关系所发布的关于全球碳市场年度发展权威报告指出,截至 2017 年年初,在世界范围内启动的 20 个有关国家或地区的强制型碳交易中,尚无一例将海岸带蓝色碳汇纳入其中的案例。[2] 本节从国际和国内两个视角,梳理海洋及海岸带蓝色碳汇相关法律法规和现有标准。

---

[1] 新华社.我国将实施"蓝色海湾"等工程修复海洋生态环境[EB/OL].[2016-01-22]. http://www.soa.gov.cn/xw/hyyw_90/201601/t20160125_49933.html.
[2] Serre C, Santikarn M, Stelmakh K, et al. Emissions Trading Worldwide: International Carbon Action Partnership (ICAP) Status Report 2015[R]. International Carbon Action Partnership, Berlin, Germany, 2015.

一、国际海岸带蓝色碳汇交易相关法律政策与标准梳理

目前,有一些国际框架(公约)、计划、协议等指导或委托各方管理、保护和恢复海岸带蓝色碳汇生态系统。然而,专门针对海岸带蓝色碳汇生态系统减缓和适应气候变化潜力的法律安排和政策实施仍处于起步阶段。

(一)国际海岸带蓝色碳汇交易相关法律政策分析

1.《联合国气候变化框架公约》

(1)根据《联合国气候变化框架公约》(简称《公约》),各国同意采取行动应对气候变化,监测和报告其国家排放情况,采取缓解和适应行动。并且根据《公约》及其决定,各国利用政府间气候变化专门委员会(IPCC)制定的排放量和清除量估算指南,编制国家温室气体和清除量清单。一些国家正在逐步实施这一指导,以更好地了解海岸带蓝色碳汇生态系统的排放和清除。各国已经同意在《公约》下广泛采取包括"蓝碳"的行动。[①]

(2)《公约》下的《京都议定书》,是为了推进其最终目标,认识到土地部门在应对气候变化方面的作用,鼓励缔约方在努力实现其减排目标的情况下,保护和加强碳汇和碳库,并促进可持续森林管理实践。根据《公约》下的《坎昆协定》,各国自愿承诺到 2020 年减少或限制排放量。发达国家缔约方的承诺采取了全经济范围的减排承诺形式。发展中国家缔约方通过"国家适当减缓行动"(NAMAs)制定了缓解目标。其他途径和资金已经引起发展中国家采取行动,包括通过国家适应行动计划制订者(NAPA)。

(3)"清洁发展机制"(CDM)是《京都议定书》所谓的灵活机制中最为突出的一个。它允许工业化国家在发展中国家投资减排或碳封存项目,以换取发

[①] International Partnership for Blue Carbon. Coastal blue carbon: an introduction for policy makers provides an introduction to the concept of blue carbon and coastal blue carbon ecosystems-mangroves, tidal marshes and seagrasses[R]. Australia: International Partnership for Blue Carbon, 2017.

放信用或核证减排量(CERs),工业化国家可以利用这些减排量来抵消其排放量,并遵守《京都议定书》的目标。CDM 对土地利用项目的限制性很强,它只允许植树造林和再造林项目(不包括适当的养护项目),只发放临时信贷,承认森林一旦种植就存在可能被烧毁、砍伐或以其他方式退化的风险。① 尽管如此,在清洁发展机制的推动下,制定了 10 多个基于生态系统的核算方法(例如退化红树林的造林和再造林)和世界各地约 50 个项目,其中包括印度尼西亚里奥岛省的"小规模和低收入社区潮滩红树林造林项目"。② CDM 是《京都议定书》规定的减排目标,它还鼓励发展中国家的减排项目,并建立社区能力来监督这些项目。虽然这些项目大多不是土地部门项目,但 CDM 帮助开发了可以支持未来海岸带蓝色碳汇项目的框架和能力。③

2.《巴黎协定》与国家自主贡献(INDC)

《巴黎协定》是全球气候变化合作的转折点。各方承诺共同努力将全球平均气温的上升幅度限制在工业化前水平 2℃ 以下,并力求将增长幅度限制在 1.5℃。缔约方设定了自己的目标,即国家自主贡献(INDC)。这些目标应该尽可能地反映出他们对全球温室气体减排的贡献,更加充满雄心的承诺更值得期待。《巴黎协定》的签订是提高海岸带蓝色碳汇生态系统在促进全球减排方面发挥作用的重要时刻,也是迫使各国积极保护蓝碳生态系统的重要时刻。《公约》第 4.1d 条,已经将海洋和海岸带生态系统与森林及其他陆地生态系统共同建立为温室气体重要的碳源和碳库,并呼吁缔约方促进可持续管理,并协作加强管理;《巴黎协定》第 5 条直接呼吁各缔约方采取行动,保护和加强海岸带和海洋生态系统以及所有其他碳汇和碳库。

当国家将海岸带蓝色碳汇生态系统纳入 INDC 和气候变化战略时,它向世界其他国家发出一个强烈的信号,即这些生态系统对减缓和适应气候变化

---

① Joosten H, Couwenberg J, von Unger M, et al. Peatlands, forests and the climate architecture: Setting incentives through markets and enhanced accounting[J]. *Climate Change*, 2016, 14.
② Murray B C, Watt C E, Cooley D M, et al. Coastal Blue Carbon and the United Nations Framework Convention on Climate Change [R]. Policy Brief from the Nicholas Institute for Environmental Policy Solutions, 2012.
③ 例如,印度尼西亚廖内群岛省巴淡市周围 3 个小岛屿的滩涂小型低收入社区红树林造林项目。

起到非常重要的作用,并鼓励缔约方采取措施不断加强对海岸带蓝色碳汇的保护。据统计,28个国家已经采取了这一步骤,在INDC中列入海岸带蓝色碳汇生态系统;59个国家将蓝色碳汇纳入其适应战略。① 尽管在拥有海岸带蓝色碳汇生态系统的国家总数中,这个比例相对较小(有151个国家至少拥有一个海岸带蓝色碳汇生态系统,其中71个国家包含全部3个生态系统)。但是通过提供政策支持和举办技术交流,促使更多的国家在INDC中加入海岸带蓝色碳汇,可能会有更多的实际行动。

3.《IPCC国家温室气体清单指南(2013):增补湿地》②

国际气候政策长期以来一直关注制定减排目标和在较小程度上的恢复目标,同时也提供了越来越多的政策工具,一些专家为非政府组织设计以得到充足的资金保障。长期以来,红树林在适应气候变化方面的重要性已经得到了各国科学家、决策者和民间社会团体的认可。③ 然而,直到最近几年,气候政策、法律专家才开始意识到红树林、潮汐沼泽和海草床对减缓气候变化的具体价值和作用。

缔约方为实现《公约》的目标采取了一系列行动,其中包括承诺出版包括土地部门在内的温室气体人为"源"排放量和"汇"清除量的国家清单。2006年IPCC指南和早期版本包括与海岸带蓝碳生态系统相关的有限的方法指导。其中,《IPCC国家温室气体清单指南(2013):增补湿地》(简称《湿地指南》)提供了与沿海湿地相关的排放因子和方法,包括红树林、潮汐沼泽和海草。2013年补编允许缔约方更好地监测红树林的排放或清除,并扩大到潮汐沼泽和海草床的覆盖范围。有些国家已经开始在他们的清单报告中执行《湿地指南》,其中包括澳大利亚、美国、日本和加拿大。排放清单有助于各国更好地了解其海岸带蓝色碳汇生态系统并制定相应的政策。

---

① Herr D, Landis E. Coastal blue carbon ecosystems. Opportunities for nationally determined contributions[J]. *Policy Brief (Gland: IUCN)*, 2016.
② Hiraishi T, Krug T, Tanabe K, et al. 2013 supplement to the 2006 IPCC guidelines for national greenhouse gas inventories: Wetlands[J]. *IPCC, Switzerland*, 2014.
③ McLeod E, Salm R V. *Managing mangroves for resilience to climate change*[M]. Gland: World Conservation Union (IUCN), 2006.

工业化国家在计算温室气体排放量时,也必须考虑到某些与土地有关的活动,例如林地和农田管理。2014年IPCC湿地补充协议发布之后,各国也有机会承认海岸带蓝色碳汇生态系统的碳排放和清除。这些排放是自愿的,像美国和澳大利亚这样的国家是应用湿地补充指南的少数国家之一。尽管拥有绝大多数海岸带蓝色碳汇生态系统的发展中国家没有碳审计义务,但是作为其国家清单的一部分,它们仍被要求报告温室气体排放情况;最近以两年期更新报告(BUR)的形式报告,但是报告标准仍然比面向碳减排目标的审计标准弱得多。虽然报告方法正在改进,但数据的整体质量仍然不足。与红树林有关的数据名义上包括在那些将"红树林"界定为"森林"的国家,但大多数地区的计算是不完整的。2018年,IPCC发布了一个关于2013年包括红树林、潮汐沼泽和海草草地在内的湿地排放核算的专门方法,而这些最新的审计准则现在才开始被一些国家所采用,通常不包括红树林以外的海岸带蓝色碳汇生态系统。

4. REDD+

REDD+(Reducing Emissions from Deforestation and Forest Degradation +),指减少毁林和森林退化,进行森林保护和可持续管理以及森林碳储量的减排。REDD+为各国改善森林管理提供了一个框架,包括可测量、可报告和可核准(MRV)机制,森林监测系统的发展和保障措施,包括社会和环境问题的考虑。REDD+机制的定义是:对林业或森林进行可持续保护,以增加用于森林养护和可持续森林管理活动的碳储量,并参与国家或国家以下各级的碳交易市场。通过市场机制参与碳交易的实质是量化因减少毁林和森林退化而产生的减排量,并将量化的减排量转化为碳信用,在现有的碳市场上进行交易。

近年来,REDD+已成为《联合国气候变化框架公约》缔约方之间的主要谈判内容之一。[1] 在2013年UNFCCC缔约方会议(COP19)上已经通过了一个全面的框架——"华沙REDD+框架"。《巴黎协定》第5.2条,特别鼓励缔约方就与REDD+有关的"基于成果的付款"采取行动。多年来,在许多实施层面和技术细

---

[1] La Viña A G M, de Leon A, Barrer R R. History and Future of REDD+ in the UNFCCC: Issues and Challenges[J]. *Research handbook on REDD-Plus and international law*, 2016.

节方面取得了重要进展,包括森林排放参考水平的计算、REDD+保障措施、REDD+执行阶段和管辖办法等。强有力的双边和多边活动支持了REDD+的发展,其中包括联合国关于减少毁林和森林退化所致排放量的合作倡议(UN REDD)和世界银行管理的森林碳伙伴关系基金(FCPF)。在发达国家的财政支持下,约50个国家,其中大多都是热带国家,开始在全国范围内建立REDD+执行框架。到2015年,捐助方已认捐近90亿美元,用于支持REDD+活动。[1]

REDD+和海岸带蓝色碳汇有着广泛的共同特点。在大多数国家红树林被认为是林地,各国政府越来越多地为沿海生态环境,特别是红树林设计REDD+项目和工具包。在这方面,"以结果为基础"或"以业绩为基础"支持的概念特别有助于促进透明的基于可测量、可报告、可核查的MRV准则影响评估和建立以社区为重点的碳利益和非碳利益体系。REDD+政策制定还推动了包括申诉机制在内的土地保有权讨论和参与性行动,使当地土著居民受益。[2] 然而,REDD+仍然是一个缓慢的进程,大多数国家尚没有充分利用该计划的潜力。[3] 各国政府和非政府组织仍然怀疑REDD+的社会兼容性。例如,REDD+被视为剥夺社区的外国市场投机治理工具,而不是赋予社区权力进行传统森林土地管理。[4] 目前,在海岸带蓝色碳汇生态系统中,只有红树林(不包括潮汐沼泽和海草)被包括在一些国家的森林定义中,因此可以在REDD+框架下加以考虑。

还应指出的是,REDD+对于海岸带蓝色碳汇生态系统往往有一定程度的模糊性,而这反过来又会阻碍项目的进行。首先,人们往往不清楚一个国家的REDD+政策框架在多大程度上涵盖了海岸带蓝色碳汇生态系统。例如,哥斯达黎加和印度尼西亚等几个国家覆盖红树林,以确定其REDD+参考水平;然

---

[1] Lee D, Pistorius T, Laing T, et al. The impacts of international REDD+ finance[R]. San Francisco: CLUA, 2015.
[2] Savaresi A. REDD+ and human rights: addressing synergies between international regimes [J]. *Ecology and Society*, 2013, 18(3).
[3] Lee D, Pistorius T, Laing T, et al. The impacts of international REDD+ finance[R]. San Francisco: CLUA, 2015.
[4] Bayrak M M, Marafa L M. Ten years of REDD+: A critical review of the impact of REDD+ on forest-dependent communities[J]. *Sustainability*, 2016, 8(7): 620.

而,从更深的角度看,这些国家只包括地上的生物量,将巨大的地下碳汇或土壤碳汇排除在外。其次,对其他国家而言,REDD+红树林的处理仍然完全不清楚,例如马达加斯加。这不仅对正确计算减排量产生影响,而且对分析工作、利害关系方的参与和政策规划也存在缺陷。例如,在厄瓜多尔对REDD+的许多评估中,红树林破坏和水产养殖的特殊性几乎没起到任何作用。再者,由于REDD+的主要重点是全国或管辖范围的参与,REDD+项目的作用仍然含糊不清,碳项目开发商负有艰巨的责任,首先应澄清REDD+框架是否允许自下而上的开发项目。尽管如此,许多国家已经开始制定政策来界定REDD+项目的范围,该政策机制主要是根据自愿标准建立的,[1]其努力也将简化对海岸带蓝色碳汇开发商的干预。

5. 其他相关国际公约和发展规划

(1)《湿地公约》(Ramsar Convention on Wetlands)。其涵盖了对湿地的广泛定义,包括与海岸蓝色碳汇生态系统相关的湿地,如海草、潮汐沼泽、红树林和其他沿海地区。目前,该公约正在通过决议或科学调查来支持采取更多蓝碳措施的方法。

(2)《区域海洋计划》(Regional Seas Programme)。环境规划署的区域海洋方案采取"共同海洋"方式,即通过让邻国采取全面和具体的行动来保护共同的海洋和海岸带生态环境。有143个国家加入了18个区域海洋公约和行动计划,以便可持续管理和使用海洋和海岸带蓝色碳汇生态环境。

(3)《生物多样性公约》(Convention on Biological Diversity)。联合国环境署《生物多样性公约》是一项具有国际法律约束力的条约,其三大目标是:保护生物多样性;可持续利用生物多样性;公平和公正地分享使用遗传资源所产生的惠益。在进行海岸带蓝色碳汇保护和交易时,应当考虑对当地生物多样性的影响以及与《生物多样性公约》的协调。

(4)《联合国2030年可持续发展议程》(SDG)。作为后续和审议机制的一

---

[1] Pearson T, Casarim F, McMurray A. Guidance document: Options for nesting REDD+ Projects[R]. Winrock International, Arlington, 2016.

部分，SDG鼓励成员国对由国家主导的国家和地方层面的进展进行定期和全面的审查。可持续发展目标第14条，要求各国保护和可持续利用海洋和海洋资源以实现可持续发展。其中第2款和第3款的规定，与海岸带蓝色碳汇生态系统特别相关，因为它们处理其管理和保护以及减少海洋酸化的潜力。[①]

(二) 海岸带蓝色碳汇交易法律标准介绍

由于海岸带蓝色碳汇交易机制和林业碳汇交易机制较为相似，加之林业碳汇交易机制的相对成熟，为海岸带蓝色碳汇标准的研究提供了一定借鉴。国内外机构发布了一系列海岸带蓝色碳汇标准。国外发布的标准包括美国的碳注册（ACR）系列方法学、国际核证碳减排标准（VCS）系列方法学以及联合国环境署蓝碳方法学；就国内而言，较为有代表性的是广西红树林中心起草的广西地方标准。ACR、VCS、IPCC国家温室气体指南以及联合国环境署的蓝碳手册等是目前发布的关于海岸带生态系统方法学中主要针对自愿市场的，但其中的一些参数及估算方法仍然存在很大不确定性，比如全球变暖和湿地退化对海岸带生态系统的固碳速率发生影响等。还有因为对某些湿地修复的手段在减排机理方面的认识不够清晰（比如沼泽重建），都使得方法学在应用中受到很大限制。因此，需要加大开展项目试点力度，通过试点不断完善方法学。同时，应当建立对红树林、潮汐沼泽、海草床等的海岸带蓝色碳汇计量监测体系，并研发制定相关的评估方法和技术规范。此外，对海岸带蓝色碳汇在抵消碳排放的实际份额进行严格评估，构建起区域、国家甚至国际层面的数据库。海岸带蓝色碳汇交易的首要问题是如何解决海岸带蓝色碳汇项目在开发中所需的方法学体系，以及该体系如何制定与推广。在国际倡议提出后不久，不同层级的政府间国际组织以及民间机构曾陆续提出了有关海洋及海岸带蓝色碳汇的方法学，为海岸带蓝色碳汇交易的顺利进行打好坚

---

① International Partnership for Blue Carbon. Coastal blue carbon: an introduction for policy makers provides an introduction to the concept of blue carbon and coastal blue carbon ecosystems-mangroves, tidal marshes and seagrasses[R]. Australia: International Partnership for Blue Carbon, 2017.

实的科学基础。① 具体包括：

1. 碳认证标准(Verified Carbon Standard，VCS)

VCS是2005年设立的一个综合性的质量保证体系，用于在自愿性碳市场签发碳信用。② 2014年发布了《沿海湿地创造方法学》(简称《创造方法学》)，并在2015年发布了《潮汐湿地和海藻地修复方法学》③(简称《修复方法学》)。

《创造方法学》提出了对通过植被构建(修复已经退化成为开阔水域的湿地)和酶作用物构建的湿地，规定其温室气体减排量、项目设计步骤、甲烷和氧化二氮硫的有关计算方法、碳储量与碳流的公式及变量、不确定性的量化、样品采集方法、文献记录等要求。湿地创造带来的温室气体减少量、碳储量变化的情况因为《创造方法学》而得以量化。

《修复方法学》作为第一个针对全球海岸带生态系统并在VCS机制下关于海岸带蓝碳中碳汇计量的方法学，规定了在不同修复活动中达到温室气体净移出量的计算方法；提供了可适用于不同湿地中进行修复活动的排放因子及关键参数的计算方法；可适用于全世界几乎所有的海岸带蓝色碳汇生态系统，包括红树林、盐沼和海草床等。《修复方法学》使得项目所产生的碳信用可被纳入基于项目的碳交易市场，为将来海岸带蓝色碳汇纳入国际碳交易市场奠定基础(见表1)。

表1　　　　　　　　　VCS蓝色碳汇项目方法学

编　号	名　称	适　用　性
VM 0024	沿海湿地创造方法学	(1) 在潮汐或者非潮汐湿地生态系统通过酶作用物构建和植被构建创造湿地的项目 (2) 在项目活动实施之前，项目地区是开阔水域的项目 (3) 属于路易斯安那州地理范围内的项目

---

① 黄祥燕.海洋碳汇标准浅析[A].中国标准化协会.标准化助力供给侧结构性改革与创新——第十三届中国标准化论坛文集[C].中国标准化协会：中国标准化协会，2016：4.

② 所有向VCS提交申请的项目，必须满足VCS的要求，以确保碳减排项目符合相关质量标准，并接受独立审查，拥有唯一编号，并透明地列入VCS数据库。

③ Emmer I, Needelman B, Emmett-Mattox S, et al. Methodology for tidal wetland and seagrass restoration[J]. *Verified Carbon Standard*. VM0033，2015.

续表

编号	名称	适用性
VM 0033	潮汐湿地和海藻地修复方法学	(1) 修复潮汐湿地的项目,包括创造修复水特征、调整沉积物供给、恢复植被群等 (2) 项目不属于世界银行和 REDD 机制的项目,不包括商业造林,项目记入期内不使用氮肥

2. 美国碳注册(America's Carbon Register, ACR)方法学

在 2012 年 9 月,ACR 发布《密西西比河三角洲湿地关于修复的碳补偿方法学》(简称《碳补偿方法学》)。私人组织通过修复与保护沿海生态系统来获得碳信用的方式,因该方法学的颁布成为可能。《碳补偿方法学》规定,土地的所有者可以通过修复已退化的沿海生态系统来获得碳信用,并将其在市场上进行交换。湿地修复项目的计入期与项目跨度在《碳补偿方法学》中规定均为 40 年,陆地上植物的生物质、土壤中有机碳的增量以及从湿地修复活动中造成的温室气体减排量都需要量化。《碳补偿方法学》对项目的基线、监测的要求、碳储量的估算方法以及排放源的估算方法都进行了详细规定。除此之外,也提供了可以用于量化因为湿地土壤(50 厘米以上的土壤)退化以及侵蚀所造成的温室气体排放的计算公式。

《碳补偿方法学》提供了 4 个为识别用于 CDM 再造林项目实施的已经退化的或正在退化的土地工具包、风险评估工具包、检测项目中温室气体排放情况的工具包,以及计算项目样本数量选取的工具包。

3. IPCC 方法学

2014 年 2 月,IPCC 发布《湿地指南》。《湿地指南》对湿地赋予新的定义,即在全年或者一年中部分时间处于水淹或者水分饱和的状态,使得生物区尤其是土壤微生物和植物根系非常适应厌氧条件,从而在气体交换方面可以控制温室气体的吸收与排放的一类土地利用类型。《湿地指南》明确说明任何改变湿地水温和生态属性的人类活动都应被视为是人类对湿地的管理,规定具体量化的温室气体仅限于二氧化碳、甲烷和氧化亚氮。最重要的是,《湿地指

南》提出了估算多种湿地类型的温室气体清单编制的相关方法学。

4. 联合国环境署方法学

2014年9月,联合国环境署发布《沿海蓝碳：红树林、潮滩湿地、海藻地碳储存及排放因子计量方法手册》①(简称《蓝碳手册》)。《蓝碳手册》提供了建立海岸带蓝碳清单的方法,即不同深度土壤和地表植被的单位面积碳储量的估算方法,这将被用于蓝碳碳储量和排放因子的估算;此外,在沿海生态系统碳流的现场勘测和分析方面,《蓝碳手册》在《湿地指南》的基础上提供了针对项目的获得具体数据的方法,使用者可以依照《蓝碳手册》中的步骤进行现场勘测和实验分析,大大提高了碳储量和温室气体排放量的估算精准度。《蓝碳手册》从沿海生态系统的碳汇定义和术语解释,到碳储量评估、土壤碳库及植物碳库的评估方法等均作出了规定,其中包括固碳速率的测量方法、数据获取和管理的方法、遥感与地图测绘的操作过程以及数据分析的方法等。联合国环境署期望研究人员和决策者通过运用《蓝碳手册》的估算方法,使用多样化的管理和政策手段,支持修复海岸带蓝色碳汇生态系统的行动,并最终达到使海岸带蓝碳可以进入自愿项目碳交易市场的目的。

以上标准也可分为官方层面和民间层面。前者包括《湿地指南》和《蓝碳—健康海洋的固碳作用》报告,两者均可用来指导恢复海岸带蓝色碳汇生态系统,并最终使得海岸带蓝色碳汇纳入自愿减排项目的碳市场交易;后者主要是VCS和ACR发布的三种方法学。以上方法学标准,都可以为我国建立海岸带蓝色碳汇标准提供借鉴。

二、中国海岸带蓝色碳汇交易相关法律政策与标准概览

中国政府作为负责任的大国,在积极采取措施应对气候变化方面,已经取

---

① Howard J, Hoyt S, Isensee K, et al. Coastal blue carbon: methods for assessing carbon stocks and emissions factors in mangroves, tidal salt marshes, and seagrasses[R]. IUCN, Washington, D.C., 2016.

得了显著成果。对于海岸带蓝色碳汇交易制度的研究,也走在世界前列。

(一)中国海岸带蓝色碳汇交易相关政策法律概览

1.国家层面有关海岸带蓝色碳汇市场机制的相关政策文件

近年来,随着我国绿色、可持续发展理念的深入推进与贯彻,"海洋碳汇""蓝色碳汇"多次出现在国家重要政策文件中,表明我国海岸带蓝色碳汇已经进入国家生态经济发展战略部署,已成为国家建设生态文明法治社会的重要手段之一。2017年11月,中共中央、国务院发布《关于完善主体功能区战略和制度的若干意见》,提出"探索建立蓝碳标准体系及交易机制",为海岸带蓝色碳汇交易市场机制的建立提供顶层设计方面的战略支持(见表2)。

表2　　　　中国政府有关蓝色碳汇市场机制的相关政策文件

发布时间	发布机关	政策文件名称	有关蓝色碳汇(海洋碳汇)之规定
2015年5月	中共中央、国务院	《中共中央、国务院关于加快推进生态文明建设的意见》	"增加森林、草原、湿地、海洋碳汇等手段有效控制二氧化碳……温室气体排放"。第一次将"海洋碳汇"作为控制温室气体排放的主要手段出现在国家文件中
2015年9月	国务院	《生态文明体制改革总体方案》	明确提出"加快建立海洋碳汇开发和利用的有效机制"
2016年9月	国家海洋局(已撤销)	《全国海洋标准化"十三五"发展规划》	"在海洋生态环境评价子体系,制修订海洋资源环境承载能力评估预警……海洋碳汇等标准。"
2016年11月	国务院	《"十三五"控制温室气体排放工作方案》	提出"探索开展海洋等生态系统碳汇试点"。国家海洋局据此方案启动了沿海和海洋生态系统碳汇试验计划
2017年2月	中国政府	向联合国秘书处提交了《中国气候变化第一次两年更新报告》	首次提出我国在发展蓝色碳汇所做的工作,列出了包括蓝色碳汇调查评估技术体系等7项应对气候变化的海洋技术需求清单。在蓝色碳汇通量、海草床等生态系统监测方面取得了突破性进展,形成完善的碳汇监测能力

续表

发布时间	发布机关	政策文件名称	有关蓝色碳汇（海洋碳汇）之规定
2017年6月	国家发改委、国家海洋局（已撤销）	《"一带一路"建设海上合作设想》	加强蓝碳国际合作。中国政府倡议发起21世纪海上丝绸之路蓝碳计划，与沿线国共同开展海洋和海岸带蓝碳生态系统监测、标准规范与碳汇研究，联合发布21世纪海上丝绸之路蓝碳报告，推动建立国际蓝碳合作机制
2017年7月	国家林业局	《省级林业应对气候变化2017—2018年工作计划》	明确规定"稳定湿地碳汇"，提出"全力推进碳汇交易"，开展摸底调查
2017年11月	中共中央、国务院	《关于完善主体功能区战略和制度的若干意见》	提出"探索建立蓝碳标准体系及交易机制"

2. 地方层面有关海岸带蓝碳市场机制的相关政策文件

除此之外，地方层面也出台了相关政策文件以保护海岸带蓝色碳汇。例如，2017年10月，江苏省制订了第一个蓝碳保护计划，即《江苏省沿海蓝碳保护行动计划（2017—2020）》，其主要包括以下内容：(1) 省级层面上启动"江苏沿海蓝碳保护行动"；(2) 查明江苏沿海地区蓝碳资源现状；(3) 评估江苏沿海地区蓝碳总量；(4) 实现蓝碳资源的保护与利用相结合；(5) 研究并培育江苏沿海的碳交易市场。目前，我国除大力推进蓝碳增汇工程，通过修复海草床、红树林和盐沼等提高中国海洋生态系统的碳汇能力外，还应持续完善蓝碳标准体系，推动海洋生态系统碳汇试点工作等；同时，将海岸带蓝色碳汇纳入相关法律制度体系，为海岸带蓝色碳汇交易体系的构建提供法律基础。

（二）海岸带蓝色碳汇交易相关法律规范

海岸带蓝色碳汇交易作为海岸带以及海洋活动的一种机制，首先，应受《海洋环境保护法》《海域使用管理法》的调整；其次，海岸带活动的载体是海岸带、滨海湿地或者沿海滩涂，海岸带蓝色碳汇交易的标的是海岸带蓝色碳汇核证减排量,海岸带蓝色碳汇涉及海域使用权或所有权、碳汇核证减排量的所有权等物权法律关系,又要受到《民法总则》《物权法》《土地管理法》等的规制;最后,海岸带蓝色碳汇项目在准备和实施过程中涉及大量合同行为,因此也受到《合同法》的调整。海岸带蓝色碳汇属于新生事物,以上法律均未对其做出任何明确的具体条文规范。当然,这也并不意味着这些立法就绝对排除了对海岸带蓝色碳汇交易的适用。正如前文所述,海岸带蓝色碳汇活动的许多内容都要适用有关物权、合同的民事一般法,但这种从民法一般原理和民事生活一般情形出发的"间接"适用对专业性很强的海岸带蓝色碳汇而言,并不能完全适用。因此,针对海岸带蓝色碳汇交易的专门立法非常必要。但由于海岸带蓝色碳汇在我国尚属萌芽和探索阶段,国家还没有专门立法。因此,可以根据当前法律规定,将海岸带蓝色碳汇交易逐渐纳入我国碳排放权交易市场的法律规制。

2021年2月1日起施行的《碳排放权交易管理办法(试行)》规定,全国开展碳排放权集中统一交易,建立全国碳排放权注册登记机构和全国碳排放权交易机构,组织建设全国碳排放权注册登记和交易系统。虽然目前海岸带蓝碳交易并未被纳入我国碳市场交易体系,但作为一种重要的补充机制,随着碳交易市场的逐步完善,海岸带蓝色碳汇最终将被逐步纳入碳交易市场。目前,我国碳排放权交易可以分为两部分:基于项目的碳排放交易和基于配额的碳排放权交易。根据海岸带蓝色碳汇自身属性,其应属于基于项目的碳排放权交易。基于项目的碳排放交易,是指以温室气体减排项目产生的、经核证减排量为交易对象的碳排放交易类型。在我国,基于项目的碳排放交易主要包括基于清洁发展机制项目产生的强制碳排放交易以及温室气体自愿减排交易。

1. 基于清洁发展机制产生的碳排放交易法律规范

由清洁发展机制项目而产生的碳排放交易属于国际碳排放交易,即《京都议定书》附录一国家在我国投资温室气体减排项目或者碳汇等清洁发展机制项目,清洁发展机制项目所产生的核证减排量可用于附录一缔约方履行其《京都议定书》所规定的温室气体减排义务。《京都议定书》所规定的清洁发展机制是一种双赢机制,不仅为发达国家履行温室气体减排义务提供了新的思路和途径,而且为我国实施清洁发展机制提供资金和技术方面的支持,有利于我国低碳经济的发展。[①] 我国为规范和促进清洁发展机制项目的高效有序运行,维护国家气候系统资源利益以及清洁发展机制实施方利益,制定了《中国清洁发展机制基金有偿使用管理办法》《中国清洁发展机制基金赠款项目管理办法》《清洁发展机制项目运行管理办法》等部门规章,并成立了清洁发展机制项目管理机构。根据以上规定,我国清洁发展机制项目的管理机制主要包括程序机制、基金机制、权利义务机制以及责任机制。

2. 温室气体自愿减排交易法律规范分析

2012年6月,国家发改委颁布《温室气体自愿减排交易管理暂行办法》(简称《办法》)。作为我国有关碳排放交易的首个部门规章,《办法》旨在实现以下两个目标:一是鼓励和引导温室气体自愿减排项目的实施,以促进企事业单位、机构和个人为即将开展温室气体减排活动及减缓气候变化做出努力;二是规范和管理温室气体自愿减排项目的实施,以确保温室气体自愿减排的真实性、额外性,从而为将来自愿减排量进入碳排放配额交易市场做好准备。虽然以上两种类型的基于项目的碳交易,都未将海岸带蓝色碳汇交易纳入,但却为海岸带蓝色碳汇制度的完善提供了法律范本,也促使其在实践中更好的发展。

(三) 海岸带蓝色碳汇交易相关地方性立法

目前,我国有关蓝色碳汇的地方性立法还不多见,但近年来随着国家对碳排放权交易的重视和地方试点的开展,一些地方政府出台了碳排放权交易方面的立法,其中部分涉及碳汇内容,对地方实践起到一定的规范作用。

1. 海岸带蓝色碳汇相关地方立法基本概况

2011年,北京、上海等7个地区开始试点碳排放交易机制,着手制定相关碳排放权交易试点管理办法,明确建立试点的基本规则,先后制定了相应的规

[①] 曹明德,刘明明,崔金星等.中国碳排放权交易法律制度研究[M].北京:中国政法大学出版社,2016.

范性文件,①并取得较丰硕的成果。

根据国家发改委《碳排放权交易管理办法(试行)》(2021)和 7 个试点省市有关碳排放权管理办法的具体规定来看,除广东、上海、深圳之外,其他碳排放权交易管理办法均在附则(名词解释)部分对碳排放权的概念进行了界定。据此得出,碳排放权主要是指碳排放单位向大气排放二氧化碳的权利(权益)。② 虽然海岸带蓝色碳汇属于碳排放权的范畴,但是与碳排放权并不完全相同。海岸带蓝色碳汇权是基于海岸带蓝色碳汇的形成而产生或设立的一种权利,其价值在于从公平和效率的基本原则出发,赋予形成海岸带蓝色碳汇的相关主体以法律上的利益,鼓励和促进以海岸带蓝色碳汇保护和恢复为目的的碳汇项目的开发。③ 海岸带蓝色碳汇权交易,主要是产生海岸带蓝色碳汇的主体(海岸带蓝色碳汇项目主)通过一定的市场交易机制,以获得一定对价的方式出让海岸带蓝色碳汇权。对于受让主体而言,以市场为媒介,通过支付一定对价获得更多的碳排放额度或者获得对自身排放额度进行抵消的权利。

2. 对我国碳排放权交易市场中交易产品种类的规定

我国《碳排放权交易管理暂行办法》以及北京、天津、重庆、湖北、深圳等地方性法规均将国家核证自愿减排量和配额同时规定为可交易的产品种类。尽管上海和广东没有明确规定碳排放权交易的标的包含国家核证自愿减排量,但却同时规定"控排企业和单位可以使用中国核证自愿减排量作为清缴配额,抵消本企业实际碳排放量",同时根据具体情况,规定了一定的抵消比例(见表 3)。

---

① 《北京市碳排放权交易管理办法(试行)》(2014 年)、《上海市碳排放管理试行办法》(2013 年)、《天津市碳排放交易管理暂行办法》(2013 年)、《重庆市碳排放交易管理暂行办法》(2014 年)、《广东省碳排放管理试行办法》(2014 年)、《湖北省碳排放权管理和交易暂行办法》(2014 年)和《深圳市碳排放权交易管理暂行办法》(2014 年)。《深圳市碳排放权交易管理暂行办法》(2014 年)的前身是《深圳经济特区碳排放管理若干规定》(2012 年);《深圳经济特区碳排放管理若干规定》是我国首部规范碳排放交易的地方性法规。
② 王慧.论碳排放权的特许权本质[J].法制与社会发展,2017,23(06):171-188.
③ 李传轩.碳权利的提出及其法律构造[J].南京大学学报(社会科学版),2017,54(02):23-29、157-158.

表3　　我国碳排放权交易市场中的交易产品种类

管理办法名称	具体条文	交易产品种类
《碳排放权交易管理暂行办法》	第18条	碳排放权交易市场初期的交易产品为排放配额和国家核证自愿减排量,适时增加其他交易产品
《北京市碳排放权交易管理办法(试行)》	第15条	本市实行碳排放权交易制度,交易主体是重点排放单位及其他自愿参与交易的单位。交易产品包括碳排放配额、经审定的碳减排量等,本市探索创新碳排放交易相关产品
《天津市碳排放权交易管理暂行办法》	第18条	配额和核证自愿减排量等碳排放权交易品种应在市人民政府指定的交易机构内,依据相关规定进行交易
《重庆市碳排放权交易管理暂行办法》	第20条	交易品种为配额、国家核证自愿减排量及其他依法批准的交易产品,基准单元以"吨二氧化碳当量(tCO_2e)"计,交易价格以"元/吨二氧化碳当量(tCO_2e)"计
《湖北省碳排放权管理和交易暂行办法》	第24条	碳排放权交易市场的交易品种包括碳排放配额和中国核证自愿减排量(CCER)。鼓励探索创新碳排放权交易相关产品
《深圳市碳排放权交易管理暂行办法》	第54条	交易所开展的碳排放权交易品种包括碳排放配额、核证自愿减排量和相关主管部门批准的其他碳排放权交易品种。鼓励创新碳排放权交易品种
《上海市碳排放管理试行办法》	第17条、第19条	本市实行碳排放交易制度,交易标的为碳排放配额。本市鼓励探索创新碳排放交易相关产品。纳入配额管理的单位可以将一定比例的国家核证自愿减排量(CCER)用于配额清缴
《广东省碳排放管理试行办法》	第19条、第23条	本省实行配额交易制度。控排企业和单位可以使用中国核证自愿减排量作为清缴配额,抵消本企业实际碳排放量

由于海岸带蓝色碳汇交易的标的属于国家核证自愿减排量的范畴,应当接受相关法律规范的规制。以上法律规范对交易产品种类的规定,为海岸带蓝色碳汇交易市场机制的建立提供了重要的法律基础。

(四) 地方性抵消管理办法的制定

碳交易试点省市规定核证自愿减排量的抵消机制。如前文所述,各试点省市均规定了可以抵消二氧化碳及温室气体排放的国家核证自愿减排制度（CCER）（见表4）。也就是说，纳入碳排放权交易的企业（单位），除可以向有富余碳排放额度的企业（单位）购买碳排放权外，还可以通过购买或者增加森林碳汇、海洋碳汇等国家核证自愿减排量以抵消超额的碳排放。碳汇抵消机制在一定程度上激励了温室气体自愿减排项目的实施。此外，各省市均对抵消比例做出明确规定。例如《上海市碳排放管理试行办法》第15条规定："每吨碳排放配额相当于1吨国家核证自愿减排量。"即，如果纳入配额管理的单位拥有的配额数量A不足以完成其配额清缴任务数量B，那么，该单位可以购买并使用CCER，以抵消其未能清缴的配额数量（B—A）。当然，纳入配额管理的单位用于抵消的国家核证自愿减排量的数量要遵守上海市发展改革部门的相关规定。在海岸带蓝色碳汇项目碳信用需求不足的背景下，"抵消制度"将有力地拉动国内碳排放交易市场对"非京都规则"海岸带蓝色碳汇项目碳信用的需求，大力推动我国海岸带蓝色碳汇市场交易的发展。

表4　　　　　　　碳排放权各试点抵消机制对比

试点	抵消比例	抵消条件
北京	重点排放单位可以用经过审定的碳减排量抵消其部分碳排放量，使用比例不得高于当年排放配额数量的5%	源于本市重点排放单位固定设施化石燃料燃烧等制造业协同废弃物处理以及电力消耗所产生的CCER不得用于抵消
上海	纳入配额管理的单位可将一定比例的CCER用于配额清缴。清缴比例由市发展改革部门确定并向社会公布	本市纳入配额管理的单位在其排放边界范围内的国家核证自愿减排量不得用于本市的配额清缴
天津	纳入企业可依据相关规定取得的CCER抵消其碳排放量。抵消量不得超出其当年实际碳排放量的10%	CCER没有地域、项目类型、排放边界等限制
重庆	CCER的使用比例和对减排项目的要求由主管部门另行规定	对CCER来源没有特别限制
深圳	使用CCER抵消年度碳最高抵消比例不高于管控单位年度碳排放量的10%	管控企业不得使用其排放边界范围内的CCER抵消排放量

续 表

试点	抵消比例	抵消条件
广东	用于清缴的中国核证自愿减排量,不得超本企业上年度实际碳排放量的10%,且其中70%以上应是本省温室气体自愿减排项目产生	管控企业不得使用其排放边界范围内的CCER抵消排放量
湖北	用于缴还时,抵消比例不超过该企业年度碳排放初始配额的10%	在本省行政区域内产生,在纳入碳排放配额管理的企业组织边界范围外产生

注：CCER的抵消能力,均为1∶1配比,即1个CCER可以抵消1吨二氧化碳当量的排放。

此外,2016年12月,福建省为丰富重点排放单位的履约方式,规范经备案的减排量的使用,制定了《福建省碳排放权交易管理暂行办法》,其对经备案的减排量、抵消比例(对重点排放单位有关林业碳汇和其他类型碳汇的抵消比例),以及抵消的审核和查询等均做出明确规定。综上可知,已经有专门地方性法律规范对林业碳汇核证减排量进行专门规定,这为海岸带蓝色碳汇核证减排量的专门规定提供了良好的借鉴范本。

(五) 技术类规范文件——中国广西地方标准

2016年1月1日开始实施的广西地方标准《红树林湿地生态系统固碳能力评估技术规程》,旨在就红树林固碳能力的规范性评估制定方法,从而正确评估红树林固碳的现实状况及潜在能力。未来可依据此方法作为提升滨海湿地固定与封存碳能力的基础,为我国海岸带蓝色碳汇的碳中和策略的制定、湿地的保护与管理提供技术支撑。另外,2021年4月,广西"湛江红树林造林项目"通过核证碳标准开发和管理组织Verra的评审,成功注册为我国首个符合核证碳标准(VCS)和气候社区生物多样性标准(CCB)的红树林碳汇项目。[1] 这是我国首个经认证的海岸带蓝色碳汇标准,也是我国首个海岸带蓝色碳汇交易项目,为推进我国"碳达峰""碳中和"目标的加速实现,起到重要推动作用。

---

[1] 南方新闻网.我国首个！湛江开发出蓝碳交易项目[EB/OL].[2021-04-10]. https://baijiahao.baidu.com/s?id=1696618131447626674&wfr=spider&for=pc.

第三节　中国海岸带蓝色碳汇交易法律制度存在的主要问题

目前,我国碳汇交易领域只有林业碳汇得到初步发展,而海岸带蓝色碳汇还处于探索阶段。如前文所述,海岸带蓝色碳汇生态系统具有较强的碳汇功能,并在国际领域已有初步探索和尝试;加之,我国碳排放权交易体系的正式启动,海岸带蓝色碳汇交易纳入碳交易领域将会促进碳交易体系的发展和进步。法制的完善对于蓝色碳汇的发展不可或缺。根据《联合国气候变化框架公约》《巴黎协定》的规定,海岸带蓝色碳汇中的红树林生态系统有望纳入清洁发展机制,盐沼和海草生态系统将纳入"国家适当减缓行动"(NAMA)。由于海岸带蓝色碳汇生态系统的复杂性和综合性,对于强制型碳交易市场而言,其产生之初就受到《联合国气候变化框架公约》《京都议定书》以及REDD+等国际公约、国际规则的约束。而对于海岸带蓝色碳汇而言,法律的规范和指引必不可少。蓝色碳汇项目的顺利与可持续发展,在一定程度上依赖于海岸带蓝色碳汇法律制度的完善与健全程度。本节将分析阐述制约我国海岸带蓝色碳汇发展的主要法律问题,以期为未来海岸带蓝色碳汇交易法律制度的建立和完善提供参考和借鉴。

一、海岸带蓝色碳汇交易权属不清

现代产权经济学认为,只有产权清晰的商品才能进入市场交易。"产权作为一个经济学名词,指的是一种以财产所有权为基础而形成的社会性行为的权利,产权的外延比所有权宽得多,本质上属于以所有权为核心的若干个权利的集合体";"交易需以界定产权为前提,只有明确规定产权制度,确定可交易权利的边界、归属及类型,被通过社会认可的方式予以识别和公示,方可进行市场交易。"①由于所有权是产权的基础性权利,那么,产权明晰的商品必然是所有权归属明确的商品。根据我国现行法之规定,在法律层面确认海岸蓝色碳汇项目产生的经核证减排量的所有权归属之前提是经核证减排量可以在法律上被确认为权利客体。然而,现行《民法典》之"物权编"对"物"的定义却为海岸带蓝色碳汇项目业主获得经核证减排量的所有权设置了障碍。《民法典》第240条②规定"物"包括动产和不动产以及物权占有、使用、收益和处分的权能。由于不动产和动产属于有体物的范畴。因此,我国物权客体以有体物为主,如果有其他法律规定的,可作为补充依照其具体规定。"这里提到的法律规定,指的是《民法典》中关于权利质权的规定,以及关于票据的权利、专利权、股权、著作权、商标权等的规定。"而海岸带蓝色碳汇经核证减排量是一种不能为人体所感知的无体物,不属于有体物范畴;也不是上述法律规定的权利,因此,海岸带蓝色碳汇经核证减排量不是现行《民法典》的物权客体,无法纳入《民法典》的规范体系。

《清洁发展机制项目运行管理办法》(简称《办法》)是我国目前最重要的规制清洁发展机制项目的国内法。《办法》在2005年已经实行,其第24条对温室气体减排量的所有权(中国政府)及收益分配(中国政府和实施项目的企业共有)做出明确规定。不过学者邓海峰提出疑问:"作为一项部门规章,此管理办法无权创设设有财产权性质的CCER资源所有权。"此外,该条规定还有违宪嫌疑,因为《宪法》第9条第1款的规定,自然资源归国家所有,而《办法》规定"温室气体减排量相关资源归政府所有",③显然违背《宪法》规定。在2011年修订的《清洁发展机制项目运行管理办法》关于核证减排量的所有权归属持回避态度,未规定所有权,只确定了经核证减排量作为收益的国内分配(由国家和项目机构所有)。所有权问题仍然悬而未决。

---

① 张明龙.产权与所有权辨析[J].社会科学家,1999(04):5-8.
② 《民法典》第240条规定:"所有权人对自己的不动产或者动产,依法享有占有、使用、收益和处分的权利。"
③ 郝发辉,蒋小翼.中国实施清洁发展机制的若干法律问题[J].大连海事大学学报(社会科学版),2012,11(03):52-56.

在海岸带或者海洋法方面,我国并没有专门针对海岸带或者滨海湿地的法律规定,虽然《海域使用管理法》是规制我国海域使用的基本法,但是其制定时间较早,不可能对海岸带蓝色碳汇相关问题做出法律回应。尽管我国于2017年修订了《海洋环境保护法》,但也未对海岸带蓝色碳汇领域的相关问题做出规定。因此,我国现行的海洋、海域等法律规范并不能解决海岸带蓝色碳汇项目业主取得经核证减排量的法律依据不足的问题。

就目前碳汇项目业主取得经核证减排量所有权相关法律依据不足的问题,有些学者试图从原物与孳息的角度予以解释。一些学者认为,林业碳汇项目业主林取得的碳汇所有权,应当按照原物与孳息的理论进行分析:"森林作为碳汇产生的基础,碳汇又是森林资源提供的生态产品,可以认为其和森林景观一样,是森林资源向人类提供的产品和服务。所以,从法律属性上来看,林业碳汇就是森林资源的孳息物。"[①]如果将以上有关林业碳汇的理论运用到海岸带蓝色碳汇中,则可以解释为:海岸带蓝色碳汇项目的开发和利用,是对具有公共属性的温室气体环境容量资源的利用,是依据海岸带蓝色碳汇生态系统本来的物之用法而收获的物,也可以称为"核证减排量(CREs)",在经法定机关登记认证之后可以成为独立物,具有抵消温室气体排放配额的用途,也可以参与自由市场的碳交易,实现孳息与原物分离;且在碳汇项目进行过程中,对海岸带生态系统并不产生生态环境损害与破坏。因此,从法律属性上看,海岸带蓝色碳汇是海岸带蓝色碳汇项目业主在保护和恢复海岸带生态系统的过程中取得的天然孳息,其中海岸带生态系统是"原物",例如红树林、盐沼、海草床等。

以上逻辑似乎能够确定碳汇所有权的归属问题,但仔细推敲仍有诸多问题值得商榷:

第一,孳息分为天然孳息和法定孳息。既然碳汇不属于法定孳息,那么按其逻辑应该属于天然孳息。但是"天然孳息是按照物之本来的用法所收取的

---

① 邹丽梅.林业碳汇交易的法律规制[J].安徽农业科学,2012,40(17):9353-9355.

收益物、产出物,也就是说,天然孳息是原物(母物)派生的物"。① 既然是物,就应该是有体物,可是碳汇(林业碳汇或海岸带蓝色碳汇)均不符合物质"有体"的特征。林业碳汇经核证减排量是一种不能为人体所感知的无体物,不属于有体物范畴;也不是上述法律规定的权利,因此,海岸带蓝色碳汇经核证减排量不是现行《民法典》"物权编"规定的客体,无法纳入《民法典》的规范体系。

第二,随着物权理论的发展,"物必有体"的理论局限已经有所突破和发展,不能仅以是否有"体"为判断可否成为孳息以及所有权客体的法律依据。据此,即使可以突破"物必有体"的限制,碳汇也依然不能按照"孳息"理论进行所有权归属的法律判断。因为无论是林业碳汇或者海岸带蓝色碳汇,虽然都是依据森林或者海岸带生态系统的自然属性所产生,但是用于流通领域并进行市场交易的碳汇,只能是法定机关按照一定的方法学进行核发的林业碳汇或者海岸带蓝色碳汇核证减排量,当法定机关进行核证时,需要考虑诸多因素,比如额外性、基线、是否泄露、持久性等问题,因此并不能简单地按照孳息的理论进行所有权确定。

二、海岸带蓝色碳汇交易运行法律机制不完善

(一) 市场机制是海岸带蓝色碳汇交易运行的首要机制

市场机制是指通过市场自由交易与竞争,最终实现资源合理配置的机制。但是很多时候,市场也会出现"市场失灵"和"滞后性"的自身缺陷,因此需要法律制度予以保障实施。海岸带蓝色碳汇交易,虽然是对"无体物"的交易,但是由于其交易客体的财产权属性,使其具备可交易性,就像其他商品一样可以自由交易。只有健全完善的法律制度,才可以保障海岸带蓝色碳汇交易主体的权益得以实现,才可以激励更多的海岸带蓝色碳汇项目主参与到海岸带蓝色碳汇交易机制中。海岸带蓝色碳汇本身就是一个新鲜事物,诸多技术和制度

---

① 隋彭生.天然孳息的属性和归属[J].西南政法大学学报,2009,11(02):38-46.

原因使生态和经济价值并没有被完全掌握。而且,对于这样一种新兴事物,人们大多会持规避风险的心理,不积极加入海岸带蓝色碳汇交易的领域中,而是持观望心态。只有健全的法律保障机制,才能使潜在的海岸带蓝色碳汇交易主体有足够的信心进行海岸带蓝色碳汇交易。另外,海岸带蓝色碳汇交易也涉及诸多比较复杂的问题,诸如交易主体的资质问题、交易对象的测量、核查与监督,交易价格的构成以及确定机关等都涉及很多技术领域的规则,容易引起方法争议和分歧,而法律则可以起到定分止争的作用。如果不以法律形式加以明确海岸带蓝色碳汇交易的市场机制,不但会因为交易主体的望而却步,使海岸带蓝色碳汇交易最终胎死腹中,而且还会使愿意参与交易的主体遇到法律争议时无法找到法律救济、法律责任承担的依据。

(二) 海岸带蓝色碳汇的交易,离不开海岸带蓝色碳汇交易的监管和风险防范法律机制

碳汇交易市场在中国发展属于起步阶段,目前只有林业碳汇市场机制纳入市场交易体系,且成交量并不显著,交易机制也不健全,甚至会有投机分子打着"碳汇交易,一本万利"的虚假旗号到处招摇撞骗,[①]扰乱市场秩序,不仅造成不必要的经济损失,而且也会影响交易主体对碳汇交易的信心。目前我国法律还没有明确规定海岸带蓝色碳汇交易,因此也没有具体的交易实践案例。但是,借鉴林业碳汇交易市场的经验,除了要建立海岸带蓝色碳汇交易市场法律机制外,还应当建立完善的法律监管机制。只有健全的监督机制,才能保障市场交易的公平公开,其中包括对碳汇交易行为的监管、对碳汇交易的环境监管,也包括对核查监督机关法律责任的规制。同时,海岸带蓝色碳汇交易的风险防范机制也是不可缺的,可以通过建立海岸带蓝色碳汇交易的环境责任保险机制来降低交易双方的风险承担,将其转移至保险公司。这样既可降低交易风险,也可以使海岸带蓝色碳汇生态系统得到一定程度的保护。

[①] 李金良.如何开发林业碳汇参与碳交易市场的主要误区和关键问题分析[EB/OL].[2017 - 9 - 24].中国碳排放交易网,http://www.tanpaifang.com/tanhui/2017/0924/60604_5.html.

三、海岸带蓝色碳汇交易立法规范不足

构建我国海岸带蓝色碳汇交易法律制度,除了要遵守《京都议定书》《清洁发展机制模式与程序》《清洁发展机制之下造林和再造林模式与程序》等国际条约、决议外,还应当以相关国内法为依据。虽然,我国目前已制定了《温室气体自愿减排交易管理暂行办法》(简称《暂行办法》)、《清洁发展机制项目运行管理办法》(简称《管理办法》)、《中国清洁发展机制基金管理办法》等部门规章,但均未就"海岸带蓝色碳汇"作出明确法律界定及规定,主要存在"无针对性立法"及"规范层级过低"等问题。[1]

(一) 海岸带带蓝色碳汇交易专门立法缺失

目前,《暂行办法》和《管理办法》是我国全面规制清洁发展机制项目的法律规范。虽然碳汇项目与甲烷回收利用等工业减排项目同为清洁发展机制项目,但是林业碳汇或海岸带蓝色碳汇项目是基于森林或海岸带生态系统吸碳的自然属性来实现碳汇功能,与清洁发展机制中的工业减排项目存在很大差异。例如,清洁发展机制林业碳汇项目存在着"非持久性"问题:当工业减排项目以基线为基础,减少了10吨二氧化碳,它肯定不会像植物碳汇一样重新释放到大气中去;但森林或者海岸带蓝色碳汇生态系统以生物量的形式储存了1吨二氧化碳时,它可能会因海平面上升、上游水质污染等自然危险或人为干扰发生碳逆转,重新释放到大气中,即所谓的"失碳汇"现象。[2] 由于《管理办法》规制的对象是作为整体的清洁发展机制活动,其条款必须兼顾所有类型的清洁发展机制项目的共性,因而不可能着重针对清洁发展机制碳汇的特殊性进行调整。缺乏规制碳汇项目的特殊性的法律规范,可能会引起清洁发展机

---

[1] 林旭霞.林业碳汇权利客体研究[J].中国法学,2013(02):71-82.
[2] 王秀君,章海波,韩广轩.中国海岸带及近海碳循环与蓝碳潜力[J].中国科学院院刊,2016,31(10):1218-1225.

制碳汇项目运行的混乱,削弱其多重效益的实现。例如,碳汇项目可能会对项目所在地的生物多样性产生一定影响。

至于规制海岸带生态系统领域的《海域使用管理法》《土地管理法》《森林法》等法律,由于长期未修订,内容已严重滞后于现代海岸带蓝色碳汇项目的开发和运行。同时,由于海岸带蓝色碳汇的新颖性,目前法律规范中,并没有规制海岸带蓝色碳汇活动和碳汇湿地、碳汇林的相关条款,甚至没有海岸带蓝色碳汇、海洋碳汇、湿地碳汇的定义,因而无力调整清洁发展机制海岸带蓝色碳汇这一新型的碳汇活动。此外,清洁发展机制海岸带蓝色碳汇项目的载体是海岸带生态系统或者湿地,海岸带蓝色碳汇项目必然涉及海岸带、湿地、滩涂等土地的取得问题。由于规制国有海域使用权、湿地使用权等的法律规定散见于《物权法》《环境保护法》《土地管理法》《海洋环境保护法》《海域使用管理法》《农村土地承包经营法》等法律规范中,因此清洁发展机制海岸带蓝色碳汇活动也需要遵照以上法律规范的具体规定,操作十分烦琐。总之,海岸带蓝色碳汇项目作为清洁发展机制与海域、湿地活动的交叉项目,在我国目前尚欠缺有针对性的专门立法。

(二) 海岸带蓝色碳汇交易相关立法位阶偏低

即便不考虑项目内容的特殊性,上述《管理办法》也无力履行为海岸带蓝色碳汇的良好发展提供充分保障的职能。《管理办法》在法律位阶上属于部门规章,而CDM机制涉及多方面的内容,且大多属于关涉国计民生或能源安全的法律机制,应由具有更高效力层级的法律来规定,[1]非部门规章所能解决。较低的法律位阶导致《管理办法》无法就清洁发展机制的诸多内容做出合理合法安排,甚至产生法律争议,比如以下两个与清洁发展机制项目运行息息相关的重要问题。

1. 项目许可的合法性存疑

如前文所述,《管理办法》无权创设CDM项目行政许可。之前设置行政许

---

[1] 李静云,别涛.清洁发展机制及其在中国实施的法律保障[J].中国地质大学学报(社会科学版),2008(01):44-49.

可的做法,不仅影响了项目业主从事清洁发展机制碳汇项目的合法性,还影响了清洁发展机制碳汇交易的法律效力。有观点认为,国际碳排放权交易是一种国际法和各国国内法共同规制作用下形成的交易,其合法性是由法律赋予的。作为国际碳排放权交易的一种类型,清洁发展机制海岸带蓝色碳汇交易亦不例外。从法理上说,海岸带蓝色碳汇经核证减排量代表的大气温室气体排放空间属于自然资源。按照《宪法》第9条的规定,自然资源应当属于国家所有。通常情况下,私人应当在取得行政机关许可的前提下才能开采、利用自然资源,进而取得资源物的所有权。然而,《管理办法》创设清洁发展机制项目行政许可本身就欠缺法律依据,由此而引发的海岸带蓝色碳汇经核证减排量的"所有权"也难以为项目业主合法所有。尽管2011年修订的《清洁发展机制项目运行管理办法》删除了关于核证减排量所有权归属的规定,但是回避并不能解决问题,目前仍需要强有力的高位阶法律予以明确规定。

2. 符合可持续发展要求的技术转让规定缺失

海岸带蓝色碳汇交易的技术前提,是海岸带蓝色碳汇经核证减排量可监测、可报告、可核查(MRV),MRV机制必定涉及与海岸带蓝色碳汇计量和监控以及海岸带蓝色碳汇保护相关的技术手段。而此种气候友好型技术的转移,在国际法律中并没有明确规定,而对于技术的研发和占有方,也并非都愿意"共享技术"。在现有CDM之下,技术转移并不是项目在CDM执行理事会获得注册的硬性前提,并且私人所有的技术受到"私权至上"的WTO《与贸易相关的知识产权协议》的有力保护,导致发达国家向发展中国家转让符合可持续发展要求的气候友好型技术的意愿不强。在国际碳交易买方市场的大格局下,发展中国家也不会主动将气候友好型技术的转移作为项目国内审批的强制性规定。而CDM项目的业主会选择以最高效和最低廉的成本来转移技术,以期在减排中保持其竞争优势。[①] 因此,CDM之下符合可持续发展要求的技术转移尚未达到发展中国家的预期效果。虽然《管理办法》第4条指出CDM

---

① 郝发辉,蒋小翼.中国实施清洁发展机制的若干法律问题[J].大连海事大学学报(社会科学版),2012,11(03):52-56.

项目合作应促进气候友好技术转移,但只是进行了原则性规定,缺乏具体有关技术转移的审批标准和操作程序的规定。目前,我国尚无针对技术转移的专门立法。如果我国提高CDM项目的气候友好型技术的转移标准,在短期内可能会降低我国清洁发展机制项目的增长速度,减少我国从清洁发展机制项目中获取的经济收益;但长远而言,这种以项目质量换项目数量的做法能为我国的可持续发展带来所需要的先进技术,大幅度地促进我国生产技术的革新。综上所述,立法者应当制定更高法律位阶的法律规范来确定清洁发展机制项目的技术转移标准,以保障清洁发展机制海岸带蓝色碳汇项目能够真实、有效地促进我国社会经济的可持续发展。

(三) 海岸带蓝色碳汇交易相关立法不宜直接适用

依据《合同法》第174条①规定,最具代表性的"其他有偿合同"是电、水、气、热力供应合同。电、气、热力等自然力与海岸带蓝色碳汇经核证减排量一样,都不属于《物权法》中"物"的范畴。但是,电、气、热力等自然力已经被人类利用科学技术所掌握控制,并且与人们的生产和生活息息相关。因此,《合同法》单独设立"供应电、水、气、热力合同"章节来调整供用人和利用人的权利义务关系,同时电、水、气、热力供应合同优先适用《合同法》第十章"供应电、气、热力合同"的规定。我国民法暂未对清洁发展机制海岸带蓝色碳汇交易作专门的规制,因此,清洁发展机制海岸带蓝色碳汇交易处于无"特别法"可依的状态。那么,清洁发展机制海岸带蓝色碳汇交易是否可以参照"买卖合同"的有关规定呢?

"理论界一致认为,《合同法》第130条规定:我国合同法规定的买卖属于狭义买卖,即限于实物(有体物)买卖。"②然而,海岸带蓝色碳汇经核证减排量属于无体物,不符合"买卖合同"关于标的物的要求。因此,从学理上说,海岸

---

① 《合同法》第174条:"法律对其他有偿合同有规定的,依照其规定;没有规定的,参照买卖合同的有关规定。"
② 王建东,陈旭琴主编.合同法[M].杭州:浙江大学出版社,2008.

带蓝色碳汇交易不应当适用《合同法》中"买卖合同"的规定。"与普通的民事买卖合同相比,碳汇交易合同存在明显的差别,因为海岸带蓝色碳汇交易的相关特性无法在合同中体现出来,比如关于交易主体和客体、交易内容、交易程序等无法在《合同法》中体现,单纯地'准用',容易造成合同条款模糊,还会导致海岸带蓝色碳汇交易合同的履行存在很大的不确定性,使当事人故意回避责任,使合同法律效力受到很大影响。"[1]此外,清洁发展机制海岸带蓝色碳汇交易还涉及项目前期费用、项目前期分担、技术转移等一系列问题都不是依据"买卖合同"可以解决的。即使在司法实践中,法官可以按照"买卖合同"的相关规定来认定合同的效力、违约责任等,但是因海岸带蓝色碳汇经核证减排量与传统有体标的物存在相当大的差异,"买卖合同"的相关规定并不是解决海岸带蓝色碳汇交易争议的合适的实体法依据。以标的物交付为例,标的物交付是确定合同标的物风险转移的重要依据,买卖合同标的物交付是以实物交付的形式实现的,若根据"买卖合同"的规定确定经核证减排量的交付就不一定适当了。因此,由于清洁发展机制海岸带蓝色碳汇交易的特殊性,现行民法不宜成为调整海岸带蓝色碳汇交易的法律依据。

本 章 小 结

碳汇,指将大气中所含温室气体进行移除的过程、活动以及机制的总称。蓝色碳汇有广义和狭义之分。广义的蓝色碳汇是指海洋系统通过对人类活动排放的二氧化碳为主的温室气体进行吸收、固定以及存储的活动;狭义的蓝色碳汇是指由红树林、盐沼、海草床等海岸带生态系统通过生物量和土壤吸收与储存的大气中的二氧化碳等温室气体,为减缓气候变暖所提供的生态服务,也称海岸带蓝色碳汇。海岸带蓝色碳汇交易,是指通过碳交易等市场化的手段和机制对海岸带生态系统进行保护和恢复,同时对减缓和适应气候变化起到

---

[1] 邹丽梅.林业碳汇交易的法律规制[J].安徽农业科学,2012,40(17):9353-9355.

重要作用。除此之外,海岸带蓝色碳汇生态系统还有净化水质、保护海岸线、防止洪水泛滥和海平面上升等生态价值。激励理论与包括公共物品理论、稀缺性理论、外部性理论的经济学理论以及生态系统服务付费理论为海岸带蓝色碳汇交易提供了重要理论支撑。海岸带蓝色碳汇虽为新生事物,但是随着近几年的发展,无论是以《巴黎协定》《联合国气候变化框架公约》为主的国际气候公约与协议,还是国内包括《"十三五"控制温室气体排放工作方案》等在内的国家重要政策文件,均对蓝色碳汇或海洋碳汇做出明确规定,为国家进行海岸带蓝色碳汇交易的立法提供政策支持。通过分析与海岸带蓝色碳汇相关的现存法律制度,提出海岸带蓝色碳汇交易法律制度存在的主要问题,包括:海岸带蓝色碳汇交易权属不清、海岸带蓝色碳汇交易运行法律规范缺失以及海岸带蓝色碳汇交易立法规范不足。本书将主要针对以上三个法律问题进行阐释与分析,并提出相应的法律对策。

第三章　域外海岸带蓝色碳汇交易法律与实践分析

海岸带蓝色碳汇生态系统为当前诸多国家提供了隔绝和储存碳、提高沿海抗灾能力、促进可持续发展以及实现气候变化承诺等方面的实践机会。全球正在进行的有关生物多样性的项目为各国政府及其合作伙伴在未来几年加速保护和恢复海岸带蓝色碳汇生态系统提供了参考实例。国际社会、各个国家以及地方团体为建立蓝碳生态系统进行了大量科学研究工作,并制定了有关如何实现减缓和适应气候变化实现共同效益的协议和指导方针,为各个国家的海岸带蓝色碳汇项目研究提供了坚实的研究基础,包括更好地理解国家海岸带蓝色碳汇生态系统的存量和储存潜力,对于将海岸带蓝色碳汇纳入相关法律政策及管理行动大有裨益。

各国需制定更严格的法律政策和实施更大规模的项目,并利用既定系统方法和相关程序将海岸带蓝色碳汇生态系统优先纳入现有法律框架。在国际层面,一些国家已经开始根据《巴黎协定》的相关规定,将海岸带蓝色碳汇生态系统纳入国家自主贡献中,作为国家加强实际行动的政策机制。对海岸带蓝色碳汇生态系统而言,实施有意义和价值的政策及行动,并没有"放之四海而皆准"的方法,各国政府及其合作伙伴将根据本国国情和优先事项的选择,确定适合自己的道路。海岸带蓝色碳汇项目的设计,应根据现有的知识水平、意识以及国家或地区的具体情况而定。通过陆地环境方面的经验及教训,尤其是如何落实REDD+的框架，以及在建立现有方案和确定合作伙伴方面的经历，将会对最终采取的措施以及实际行动产生非常重大的影响。随着人们越来越意识到保护和恢复海岸带蓝色碳汇生态系统的重要性，各国政府及NGOs可以继续认真利用这些重要的环境资源以缓解全球日益严重的气候问题，并成功建设这些有重要价值的共同利益生态系统。

本章首先以澳大利亚和美国为例，介绍海岸带蓝色碳汇交易在该两国发挥的重要性，两国政府以及学者将海岸带蓝色碳汇纳入现有机制的法律考量。选择以上两国主要是因为：一是从地理条件而言，两国的海岸带蓝色碳汇生态系统非常丰富，但海岸带蓝色碳汇损失却非常严重，海岸带蓝色碳汇的保护和恢复及其市场交易机制也更易引起两国社会各界的广泛关注；二是从法律角度而言，两国的碳交易法律规范比较完善，为我国海岸带蓝色碳汇交易法律机制的建立提供经验借鉴。其次，以4个发展中国家为例，对海岸带蓝色碳汇交易具体案例进行分析。最后，根据对以上国家相关法律规范及具体案例的研究，提出启示和借鉴。

第一节 美国海岸带蓝色碳汇纳入现行市场机制的法律考量

将海岸带蓝色碳汇纳入以市场机制为基础的气候政策可能会为海岸带生态系统的保护和恢复带来大量资金。海岸带蓝色碳汇最有希望实施的市场机制是强制市场中的总量控制与交易政策（cap-and-trade）。更多的政策仍在制定中，其中最重要的是《联合国气候变化框架公约》，其次是欧盟排放交易体系，最后是次国家政策。尽管自愿碳交易市场是目前美国的选择，但由于其规模小、价格低廉，比受监管的强制市场吸引力小得多。因此，如果要将海岸带蓝色碳汇纳入主要的监管政策，还需要进一步的研究工作，包括科学研究、政策设计、经济分析和政策宣传等。具体来说，应该优先考虑三项工作：一是对从自然隔离状态的碳被破坏性排放进行科学研究;二是估算全球和美国的碳排放总量;三是在关键政策设立中促进海岸带蓝色碳汇的纳入机制。由于技术的复杂性,制定以海岸带蓝色碳汇抵消强制市场的总量控制与交易政策可能需要几年时间。因此,目前还应努力推动在相关国家内发展海岸带蓝色碳汇保护及其海岸带蓝色碳汇交易法律法规。[1]

自从国际大自然保护联盟[2]的报告重点关注了"蓝色碳汇"的概念,提出"海岸带蓝色碳汇"即红树林、海草和潮汐沼泽等海岸带生态系统所捕获的碳以来,联合国环境规划署、世界银行和杜克大学[3]等机构逐渐开始研究探索包括保护海岸带蓝色碳汇在内的新兴温室气体减排政策机制。但是,在将海岸带蓝色碳汇纳入众多政策机制之前,为将海岸带蓝色碳汇成功纳入温室气体总量控制及交易方案提供理论支持,应该仔细考虑可能存在的问题以及相应的应对策略。

一、美国海岸带蓝色碳汇交易相关法律制度

海岸带蓝色碳汇发展中最有可能实现的是总量控制与交易政策。总量控制与交易政策旨在通过提供经济激励来实现减排目的,从而控制温室气体排放。根据这样的政策,政府对可排放的温室气体的数量设定上限,并将该上限以授予的形式分配或出售给排放主体。排放主体需要持有相当于其实际排放量一定比例的"信用"(credits),且现有"信用"总量不得超过上限。如果主体需要增加排放量或能够减排,那么他们之间就可以相互交换信用。因此,购买碳信用额的主体须支付排放温室气体的费用,而出售碳信用额的主体则因减排而受

---

[1] Ullman R, Bilbao-Bastida V, Grimsditch G. Including blue carbon in climate market mechanisms[J]. *Ocean & Coastal Management*, 2013, 83: 15 - 18.
[2] Laffoley, D, Grimsditch G D et al.: The Management of Natural Coastal Carbon Sinks [R]. IUCN, 2009.
[3] Murray B C, Pendleton L, Jenkins W A, et al. Green payments for blue carbon: economic incentives for protecting threatened coastal habitats[J]. *Nicholas Institute for Environmental Policy Solutions*, 2011.

到奖励。另外,某些不受限制的主体如果减少排放,则可以创建并出售其信用额度。这种不受限制的为排放主体分配信用的行为被称为"抵消"(offset)。总量控制和规范交易政策是最有可能起到保护海岸带蓝色碳汇作用的手段。为海岸带蓝色碳汇排放量设定上限,即规定允许的最大海岸带蓝色碳汇排放量,虽然在某些情况下这样做是可行的,尤其是在发达国家,海岸带蓝色碳汇在主要的总量控制与交易政策中可能起到抵消的作用。也就是说,这样不仅不会对海岸带蓝色碳汇设定上限,反而会为减少排放提供经济激励的政策。

鉴于此,总量控制与交易政策对海岸带蓝色碳汇交易会是最佳选择,可以为那些有潜力的海岸带生态系统保护和恢复提供最多的资金。《联合国气候变化框架公约》作为一项国际公约,也是最大的总量控制与交易的政策平台,旨在"将温室气体的浓度稳定在使气候系统免遭人为破坏的水平上"。《京都议定书》的清洁发展机制作为一种灵活机制,通过信用交易与发展中国家进行抵消,使工业化国家能够履行减排义务。欧盟排放交易体系(EU-ETS)是目前全球最大的总量控制与交易政策体系。虽然欧盟排放交易体系目前只能提供有限的农林和其他土地利用(AFOLU)抵消机会,但欧盟排放交易体系市场规模庞大,其存在和发展并不一定完全取决于《联合国气候变化框架公约》,这就使得其成为潜在的对海岸带蓝色碳汇最有吸引力的机制,并且将海岸带蓝色碳汇纳入的方法和框架终须得到发展。如果该政策允许外国补贴的引入,那么这一政策就可以为该国内部甚至其他国家的海岸带蓝色碳汇交易提供重大推动力。2009年美国众议院通过了一项含有抵消条款的总量控制与交易行政命令,但该行政命令并未成为法律。同样在2009年,巴西通过了一项法律,规定了未来碳排放量的上限,但具体交易和抵消方案并未确定。总量控制和交易方案的最后一步是在地方一级。《加州方案》是目前正在进行中的将海岸带蓝色碳汇作为抵消类别的具体政策方案,只是还不确定这项方案仅限于加利福尼亚的海岸带生态系统,还是可适用于其他州或国家的海岸带生态系统。[1]

---

[1] Ullman R, Bilbao-Bastida V, Grimsditch G. Including blue carbon in climate market mechanisms[J]. *Ocean & Coastal Management*, 2013, 83: 15-18.

其他基于市场的融资机制确实存在,尤其突出的是碳信用的"自愿市场",该市场迎合了寻求购买碳信用以自愿抵消温室气体排放量的个人、公司或政府,尽管许多自愿市场的参与者正在为未来的强制市场购买信用额度。该市场的好处是,它目前是存在的,并为海岸带蓝色碳汇项目提供资金,而不是等待监管政策生效。自愿市场的主要缺点是,它通常调动的资金比规范市场少得多。因此,自愿市场更有可能促进海岸带蓝色碳汇示范项目落地,并且不对全球海岸带生态系统遭到破坏的速度产生重大影响。

潜在的那些非市场机制下的国家政府可能会对海岸带蓝色碳汇项目采取政策补贴的形式,而不是通过总量控制与交易政策来实行。对发展中国家而言,这样的选择在《联合国气候变化公约》之下被称为"国家适当减缓行动"(NAMAs)。这些是各国可能自愿承担的减少温室气体排放承诺的政策和行动。适合本国的缓解行动的例子包括增加对替代性可再生能源的开采,或减少非法砍伐森林。2010年《坎昆协议》确定发展中国家将实施适合本国的缓解行动,以减缓温室气体排放量的增长,但尚不清楚将有多少国家遵守或将在多大程度上为海岸带蓝色碳汇的发展提供机会。

二、将海岸带蓝色碳汇交易纳入美国总量控制与交易政策的先决条件

为了将海岸带蓝色碳汇纳入主要的总量控制与交易政策中,需要在诸多领域开展工作,具体包括科学研究、政策设计、经济分析和政策倡导等。

(一)将海岸带蓝色碳汇交易纳入总量控制与交易政策的科研基础

海岸带蓝色碳汇纳入总量控制与交易政策的前提是海岸带蓝色碳汇生态系统吸收和储存的碳可测量、可报告、可核查(MRV),而海岸带蓝色碳汇MRV机制的前提是科学核算碳库储量以及碳通量等数据,除此之外,还应该回答以下科学问题:

(1) 碳在生态系统中自然被隔离的速率是多少？

(2) 生态系统中的碳封存量有多大？

(3) 当生态系统遭到破坏或退化时，先前被隔绝的碳储量有多少且以何种速度在多长时间内被释放到大气中？

(4) 如何独立准确地测量和监测封存和排放率的变化？

(5) 这些海岸带蓝色碳汇的自然变化是什么？

(6) 如何衡量这些海岸带蓝色碳汇生态系统？

(7) 与人为驱动的变化进行比较，这些自然变化如何影响碳储存的持久性？

(8) 气候变化带来的海岸带蓝色碳汇生态系统潜在损失是什么并且如何影响碳储量和封存？

(9) 什么是变革的推动者和驱动力，如何控制这些变化？[①]

等等。

这些问题应在全球国家和较小规模的生态系统类型中，用合理的研究结果予以科学处理。

（二）将海岸带蓝色碳汇交易纳入总量控制与交易政策的设计

海岸带蓝色碳汇政策的设计必须符合几个可接受抵消的要求。

(1) "额外性"要求。必须证明如果没有通过保护或恢复海岸带蓝色碳汇生态系统这样的项目，依靠出售海岸带蓝色碳汇抵消所产生温室气体的减少碳排放就不会发生。[②] 只有满足这样要求的减排才有资格作为碳信用进行销售。解决这个问题的最好办法是使用"国家审计"。这就需要建立一个基于历史趋势数据的国家级碳排放基准，只有超过基准的减排量才能被视为抵消，并有资格获得碳信用进行销售。在正常业务基准范围内的减排量不能作为碳信用额度出售。

---

① Pendleton L, Donato D C, Murray B C, et al. Estimating global "blue carbon" emissions from conversion and degradation of vegetated coastal ecosystems[J]. *PloS one*, 2012, 7(9): e43542.

② Pearson T, Casarim F, McMurray A. Guidance document: Options for nesting REDD＋Projects[R]. Winrock International, Arlington, 2016.

(2) 尽量减少"泄漏"的风险,即由于实施项目或在其他方面因相关活动或行为会产生并增加的二氧化碳排放量,从而抵消项目本身产生的碳抵消效益。例如,如果破坏的主要因素是海岸带红树林保护项目本身,则海岸带红树林保护项目就无法获得碳信用;如果减排项目在另一个环境中导致排放量增加,则无法获得补偿资格。国家审计被认为是处理碳泄漏风险的一个很好的方法,不过因为学者普遍认为不太可能在国内发生泄露事件,所以审计也并不是最理想的工具。

(3) 有关"持久性"问题,需要尽可能减少二氧化碳排放量在碳补偿销售后出现的风险。① 例如,养虾场的开发者出售抵消品,然后再开发养殖场。国家审计在这里可以再次发挥作用,因为政策可能要求在使用完碳信用额度之后的任意超额排放量可以从国家的全民账户中扣除。

(4) 可测量、可报告、可核查(MRV)的能力。② 减排量必须能够准确和独立地确认碳抵消的主体并进行核实。一种与其他方法结合使用的工具可以是利用卫星等技术来监测生态系统覆盖的变化。然而,对于海岸带生态系统来说,特别是那些潮间带或永久淹没的生态系统,需要认真研究使用卫星技术的实用性。

(三) 将海岸带蓝色碳汇交易纳入总量控制与交易政策的经济分析

即使拥有优秀的科学和政策设计,海岸带蓝色碳汇市场政策本身也没法提供资金,如果经济不起作用,就不会对减少生态系统的破坏产生有利影响。简言之,海岸带蓝色碳汇项目产生的收入必须大于保护或恢复栖息地的成本。收入是通过在碳市场上出售碳抵消额度得到的,等于每个抵消的价格(代表一吨减少的排放)乘以所售抵消的数量。碳信用的价格是由市场决定的。例如,2010 年,欧盟排放交易体系(最大的受监管市场)平均每吨二氧化碳排放量价

---

① Palmer C. Property rights and liability for deforestation under REDD+: Implications for 'permanence' in policy design[J]. Ecological Economics, 2011, 70(4): 571-576.
② Zgoda B. Standardization Of REDD Monitoring Technology to Level the Playing Field[J]. *Sustainable Development Law & Policy*, 2010, 10(2): 6.

格为19.18美元,而自愿市场上的排放量价格仅为6美元/吨。① 并且还必须考虑到,监管市场还没有将森林或者海岸带蓝色碳汇抵消包含在内。必须制定法律方法和框架,将海岸带蓝色碳汇纳入监管市场,所销售的抵消量是碳封存和排放的相关函数。为了保护现有海岸带蓝碳生态系统,抵消量是(a)避免的自然碳固存损失和(b)生态系统破坏可能造成的碳排放量之和;对于恢复已经破坏的生态系统,抵消量是(a)恢复固碳和(b)生态系统恢复停止的碳排放之和。

由于碳抵消的成本包括直接成本、交易成本和机会成本。直接成本是抵消提供者为保护或恢复生态系统而发生的现金成本,例如:建立和运行海洋保护区有关的生态系统,或者建立那些减少水污染的生态系统;交易成本是与监控、报告和验证碳信用以及与在市场上出售信用相关的成本;机会成本是保护或恢复生态系统所预见的经济价值。例如,如果土地不受保护,将会发生房地产或农业发展的相应损失。一旦估算出这些数值,就应该通过保护生态系统所维系的生态系统服务的预估价值来使这些数值减小。这里可能包括了生态系统提供渔业食品或保护海岸避免风暴潮的功能。因此,净机会成本等于保护或恢复生态系统所预期的经济价值,减去生态系统遭到破坏时将损失的生态系统服务的经济价值。

在海岸带蓝色碳汇项目下,一些私人土地所有者和政府可能会认为海岸带蓝色碳汇的经济价值非常有吸引力,因此,如果其潜在收入超过了其直接成本和交易成本,②则必然会推动以海岸带蓝色碳汇保护和恢复为目的海岸带蓝色碳汇项目,从而促进海岸带蓝色碳汇交易的发展。然而,潜在收入超过直接成本、交易成本和机会成本的情况,发生的概率并不大。海岸带蓝色碳汇的经济属性必须包含以上所有因素,如果蓝色碳汇在任何法律政策背景下都可以

---

① Ullman R, Bilbao-Bastida V, Grimsditch G. Including blue carbon in climate market mechanisms[J]. *Ocean & Coastal Management*, 2013, 83: 15-18.
② Murray B C, Pendleton L, Jenkins W A, et al. Green payments for blue carbon: economic incentives for protecting threatened coastal habitats[J]. *Nicholas Institute for Environmental Policy Solutions*, 2011.

成为一种可行的选择,那它的经济属性更应该被很好地考虑和理解。一些初步的经济分析已经完成,进一步的分析可能需要对碳通量和碳储量更科学的数据统计来做出,从而为海岸带蓝色碳汇纳入具体的政策法规做出更科学的数据支持。

(四) 将海岸带蓝色碳汇交易纳入总量控制与交易的政策倡导

政策倡导应由国际非政府组织、政府间机构和联合国机构来完成,应该包括招募主要政府部门作为赞助者,倡导海岸带蓝色碳汇具有纳入现有的总量控制和交易政策及其他政策机制中的抵消地位,并确保海岸带蓝色碳汇封存的碳和排放通量被纳入全球政府间气候变化专门委员会的审计和有关的国家温室气体账户。

减少毁林和森林退化造成的碳排放以及 REDD＋是一项政策举措,其目的是制定经济奖励措施,减少森林破坏和退化以及日益严重的碳排放。REDD＋已经进行了数年的深入研究和讨论,并且已被纳入《巴黎协定》,如所提议的那样,REDD＋碳信用额度将允许工业化国家提供资金,以补偿发展中国家应对砍伐森林或在森林减少及森林退化方面的问题。[①]

REDD＋在很多方面都为海岸带蓝色碳汇项目提供先例。例如,REDD＋的深入研究和发展完善了额外性、泄漏风险和持久性的概念以及全国审计的方法。[②] 此外,将 REDD＋纳入气候政策机制将有助于海岸带蓝色碳汇提升经济效益。由于大多数红树林被认为是森林,因此其有资格纳入 REDD＋的范围,红树林的保护或恢复应产生 REDD＋抵消,使得红树林抵消的土壤碳研究得到进一步发展,即:REDD＋不太可能覆盖潮间带沼泽和海草,因为 REDD＋的范围仅限于森林。因此,蓝碳倡议不应该仅仅关注修改 REDD＋,

---

① Laffoley, D, Grimsditch G D et al.: The Management of Natural Coastal Carbon Sinks [R]. IUCN, 2009.
② Motel P C, Pirard R, Combes J L. A methodology to estimate impacts of domestic policies on deforestation: Compensated Successful Efforts for "avoided deforestation"(REDD)[J]. *Ecological economics*, 2009, 68(3): 680-691.

而应该考虑纳入和创建其他抵消机制。①

三、美国建立海岸带蓝色碳汇交易制度的主要建议及对我国的借鉴

以上主要探讨了美国一些学者指出的,目前存在的可以将海岸带蓝色碳汇纳入现行机制的几种可能的设想,而其中最主要也最有效的是总量控制与交易政策。但是如果将海岸带蓝色碳汇交易纳入该机制,则需要满足几个前提条件:(1)研究排放的重新定位。由于排放通量通常比整合通量大得多,海岸带蓝色碳汇的生存能力取决于排放量。然而,目前可用的大部分科学数据都涉及封存。因此,应尽可能将研究工作从封存转向排放。(2)估算全世界和各国的总量。如果决策者认为总碳排放和封存通量与其温室气体总预算相比是有意义的,那么海岸带蓝色碳汇将被重视起来并采取相关行动。因此,应该在全球层面以及关键国家中对这些总数字进行估算。(3)在重要的政策论坛会议中,包括 IPCC、UNFCCC 和海岸带蓝色碳汇交易最受惠国家的政府中对海岸带蓝色碳汇进行推广。

由于海岸带蓝色碳汇的技术复杂性以及难以测量性,可能需要几年的时间才能被纳入全球政策中,成为地区或国家主要的受监管的总量控制和交易政策,毕竟开发海岸带蓝色碳汇的科学理论需要时间,可能需要数年的时间才能通过一项重大的管理总量控制与交易政策。但是,考虑到海岸带生态系统保护和恢复的巨大潜在资金流向,将海岸带蓝色碳汇纳入主要的受监管的总量管制和交易政策应该成为发展的主要目标。与此同时,还应该努力制定国家海岸带蓝色碳汇政策,并在具有丰富海岸带蓝色碳汇生态系统的国家集中力量,因为这些国家可能是最有机会在主要的国际总量控制与交易政策实施

---

① Duffy K. Soil Carbon Offsets and the Problem of Land Tenure: Constructing Effective Cap & Trade Legislation[J]. *Drake J. Agric. L.*, 2010, 15: 299.

之前制定相关政策的。

通过分析美国学者对将海岸带蓝色碳汇纳入本国的主要分析,结合我国的实际情况可以得出,我国的海岸带蓝色碳汇交易机制也可以在强制市场的"抵消"机制中大有作为。目前,虽然《碳排放权交易管理办法(试行)》规定了排污企业可以适用CCER用于抵消其部分经确认的碳排放量,但未对海岸带蓝色碳汇做出明确规定,而且"经核证的减排量"其范围也并不清晰。因此,我国可以借鉴美国的发展建议,可以先进行海岸带蓝色碳汇基础科学的研发、经济成本的分析为法律政策的研究制定奠定基础。

第二节 澳大利亚海岸带蓝色碳汇交易纳入现行机制的法律考量

鉴于科学认识的不断提高,澳大利亚气候变化政策中出现"蓝色碳汇"并着重提到了海岸带蓝碳储量的重要性。海岸带生态系统提供了非常有效、长期并且极其稳定的碳汇。由于澳大利亚在世界范围内红树林的覆盖率保持第二的位置,并且是世界上海草覆盖率最高的国家,将海岸带蓝色碳汇纳入该国国内气候政策尤为重要。因此,澳大利亚政府提出将蓝碳储存纳入本国温室气体排放清单,这是一个非常值得积极推动的程序,其可以为海岸带蓝色碳汇纳入澳大利亚的气候变化法敞开大门,目前主要是采取《减排基金》(Emissions Reduction Fund,ERF)的手段。将海岸带蓝色碳汇纳入《减排基金》并不需要对澳大利亚国内气候变化法律进行任何重大的重新设想。从历史上看,陆地植被生物封存项目已经成为澳大利亚气候变化法的重要组成部分。实际上,气候变化在全球范围内也是如此,陆地领域的碳汇项目为创建海岸带蓝色碳汇封存项目提供了初步框架。然而,由于陆地和海岸带生态系统之间存在基本的生物与物理差异,从而引发特殊的法律问题。因此,在将海岸带蓝色碳汇纳入任何气候变化政策之前必须予以充分考虑。有学者提出,应对这些法律问题进行初步分析并提出解决方案,以便为今后的节能减排以及应对气候变化提供更多选择。①

一、澳大利亚海岸带蓝色碳汇相关法律制度

根据《巴黎协定》,各缔约方必须进行国内减排的相关努力,并反馈他们所承诺的并经国家确定的自主贡献(INDC)。《减排基金》代表了澳大利亚政府目前缓解国内气候变化的法律政策,并将成为海岸带蓝色碳汇规制的重要契机。此外,发展红树林的《减排基金》方法也被确定为政府的优先事项。因此,对蓝碳在《减排基金》体系中的作用进行分析的时机已经成熟。

首先应讨论支撑《减排基金》的立法机制,然后再考虑如何将蓝碳纳入其中。在进行这一分析时有一共识,即:澳大利亚的气候变化法经常修改,而且《减排基金》可能最终不会成为该国缓解气候变化的长期办法,特别是在政府进一步推动的情况下。此外,截至 2016 年年底,分配给《减排基金》的资金已耗尽,这可能导致联邦政府重新考虑相关政策。也就是说,在碳交易政策等不同类型的体制下,与海岸带蓝色碳汇相关的特定问题也将成为需要解决的问题,如果澳大利亚的气候变化政策再次修正,这种分析将具有更广泛的价值属性。

(一) 减排基金

自 2013 年 9 月以来,澳大利亚政府宣布打算通过直接行动的相关政策应对气候变化和温室气体排放——制定《减排基金》。《减排基金》包括政府以最低成本购买碳减排预算项目发生的额度,可以被描述为"反向拍卖"系统。应当指出的是,《减排基金》拍卖政策不是澳大利亚境内减排项目所产生的碳信

---

① Bell-James J. Developing a framework for blue carbon in Australia: legal and policy considerations[J]. *UNSWLJ*, 2016, 39: 1583.

用额的唯一潜在销售渠道,这些信用也可能在自愿市场上出售。为此,《减排基金》的基础性立法框架由两个阶段组成:一是将项目注册为"符合条件的抵消项目",作为"符合条件的抵消项目"的支持者的认证允许该项目符合条件竞标《减排基金》,同时也给支持者一个认可的产品,该产品可能在其他政策中得到认可;二是《减排基金》框架的第二部分是建立拍卖过程,这个过程允许一个合格的抵消项目的提议者提交一个竞争性的投标,并从《减排基金》中获得资金。

(二) 立法框架

支持《减排基金》和产生碳信用的法律制度通常包括以下立法文书:(1) 2011年碳信用法;(2) 2011年碳信用条例;(3) 2015碳信用规则。它们是"农地保碳倡议"(Carbon Farming Initiative,CFI)的法律框架之一。澳大利亚联邦政府并没有废除和取代这一立法,而是选择修改现有框架,为"农地保碳倡议"制度下已经登记的项目提供了连续性。"农地保碳倡议"特别强调土地部门项目,《减排基金》继续允许这些项目获得认证。特别是"固碳抵消项目"可能会得到认可,其中包括通过固定生物质、枯死有机质或土壤从大气中去除二氧化碳的项目,或同时包括固定和避免活生物量、枯死有机物质排放的项目。但是《减排基金》的范围比"农地保碳倡议"更广泛,除了"农地保碳倡议"考虑更多的土地部门项目之外,它还适用于一系列能源效率项目。

针对特定部门制定的方法也是《减排基金》的关键部分,将详细说明如何从特定类型的项目中计算碳减排,[1]并以此制定了一系列方法,包括农业、能源效率、采矿、运输、植被管理和废物部门的项目。就生物安全而言,现有的方法包括造林和再造林项目的方法学[2]、一个用于人为再生的方法[3]以及一个用于

---

① Carbon Credits (Carbon Farming Initiative) Act 2011 (Cth) s 106(1).
② Department of the Environment and Energy (Cth), Emissions Reduction Fund Methods: Finalized Methods (3 September 2014).
③ Carbon Credits (Carbon Farming Initiative) (Human-Induced Regeneration of a Permanent Even-Aged Native Forest – 1.1) Methodology Determination 2013 (Cth).

避免毁林的方法①。主要内容包括：

1. 资格申请

个人可以向清洁能源监管机构（简称监管机构）申请抵消项目为"符合条件的抵消项目"。② 申请必须以书面和批准的形式提交，并且必须包括规则中所规定的条件。规则第13条列出了这一规定的信息，包括：联系方式、项目说明和适用的方法学的确定。建议者还必须包括界址信息，以确定偏移站点的位置。它可能是"基于地区的"，在这种情况下，支持者必须包括一个地理描述、街道地址和大量的政策说明。如果不能参照地点来界定边界，则建议者必须描述如何界定边界的细节。提议者还必须提供证明其执行项目合法权利的信息以证明项目是新的，不需要根据现行法律进行的，或不可能在现行制度下进行的信息（即"额外性"），如果提议的项目是一个固存项目，提议人必须提出25年或100年的永久期限，并进一步详细讨论其中最相关的要素。

2. 开展项目的法定权利

立法没有明确规定什么是"法定权利"，但是提议者不需要拥有相关的土地所有权，合法的权利就可以建立起来。③ 在这些情况下，项目是"符合条件的抵消项目"的声明将取决于获得任何相关的"合格利益"持有人（如土地所有者）的书面同意。④ 另外，提议者可以寻求在土地上获得更正式的合法权益。如果个人拥有在土地所有权上登记或记录的固碳权，那么就法律角度而言，这是一个"符合法律资格的利益体"。澳大利亚所有州都制定或修改了立法，规定了可登记或可记录覆盖陆地植被中储存的碳以及相关碳权，⑤可用于建立合

---

① Carbon Credits (Carbon Farming Initiative-Avoided Deforestation 1.1) Methodology Determination 2015 (Cth). Avoided deforestation is only permitted to be declared as an eligible offsets project in circumstances where a consent for clearing of vegetation had been granted: at s 10.
② Carbon Credits (Carbon Farming Initiative) Act 2011 (Cth) ss 23(1) (a)-(c).
③ Clean Energy Regulator (Cth), Legal Right (4 March 2016).
④ Carbon Credits (Carbon Farming Initiative) Act 2011 (Cth) s 28A. "Eligible interest" is defined at ss 43-45A.
⑤ ConveyancingAct 1919 (NSW) pt6 div 4; Land TitleAct 1994 (Qld) pt 6 div 4C; Forest Property Act 2000 (SA); Forestry Rights Registration Act 1990 (Tas); Climate Change Act 2010 (Vic) s 3B, pts 4-5; Carbon Rights Act 2003 (WA).

法的权利。即使提议者在碳封存中没有正式的合法利益,国家或地区的土地所有权登记者仍可以在所有权上标注适当的利益。该标注可以提醒研究人员该项目的存在,确定联邦立法规定的要求以及任何碳维护义务。然而,联邦政府对州立土地所有权登记没有管辖权,不能强制要求这些利益被实施起来。

3. 永久性

碳抵消背景下的"永久性"概念并不一定反映"永久性"一词的字面含义。由于该过程的特殊性而被封存在植被中的碳,无法保证被无限期地从大气中清除,因为它可能通过有意或无意的砍伐森林而释放到大气中。① 碳固定背景下的"永久性"是指碳库的寿命。尽管项目业主可以选择 100 年或 25 年的持久期,但《减排基金》要求项目具有一定程度的持久性。② 如果项目业主选择 25 年的持久期,发行的信用将以 20% 的折扣出售,以解释未来项目可能的失败。此外,在这两种情况下,都有"逆转缓冲风险"的可能性,每一单位将被去除 5%。这也是为了防范失败风险。③

4. 声明为合格抵消项目

监管机构有权宣布项目为符合条件的抵消项目,但前提是,除其他事项外,项目是由方法学确定覆盖的,且符合额外性要求。额外性要求如下:(1) 项目尚未开始实施("新"要求);(2) 该项目不是法律规定的(监管额外性要求);(3) 该项目不太可能在另一个政府项目或政策要求下进行。④ 一旦项目被宣布为符合条件的抵消项目,提交者就报告承担一定的义务。例如,每隔 6 个月报告一次,但不得少于每 5 年报告一次,报告必须包括碳减排量已经发生的情况。

5. 变更和撤销抵消项目

如果符合该法令第 27 条的要求,抵消地点的实际地点可能会有所不同。

---

① Palmer C. Property rights and liability for deforestation under REDD+: Implications for 'permanence' in policy design[J]. Ecological Economics, 2011, 70(4): 571-576.
② Carbon Credits (Carbon Farming Initiative) Act 2011 (Cth) ss 86A-87.
③ Explanatory Memorandum, Carbon Credits (Carbon Farming Initiative) Bill 2011 (Cth) 64.
④ Carbon Credits (Carbon Farming Initiative) Act 2011 (Cth) ss 76(1)-(2).

抵消项目也可以自愿或单方面撤销。自愿撤销的程序取决于是否为项目发放碳单位。无论哪种情况，项目申请人都必须先申请撤销。[①] 如果单位已经发放，监管机构必须确信提案方已经放弃了碳抵消。监管机构可在未获监管批准、未获得资格利害关系人同意或该项目不符合额外性规定的情况下，单方面撤销该项目。

6. 碳信用问题

一旦宣布，提议者将开始减排项目。碳封存项目的计入期为 25 年，除非在方法学中另有规定。[②] 这意味着一个项目可以在 25 年内产生信用。一旦该项目产生了合格的碳减排，监管机构必须发放京都——澳大利亚碳信用单位（ACCUS），这样才能进行交易或出售。

7. 拍卖竞标和购买碳信用

一旦宣布符合条件的抵消项目的支持者即有资格参与拍卖。在拍卖形式下，监管机构将以每吨减排价格为基准的形式要求投标。选择成功项目的唯一标准是价格，因为在资格申请阶段基本上已确保其他标准得到满足。如果拍卖出价成功，监管者可以与提议者签订合同，该合同将规定购买其符合条件的 ACCUS。[③] 在所有交易中使用标准合同，并且提议者必须同意以合格的标准条件竞标。[④] 一般来说，合同的期限不会超过 7 年，除非项目计入期会长于这个时间，[⑤]但合同期限不得超过 10 年。项目导致合格碳减排和碳信用单位发放后，将按合同安排向提议方付款。

以上是对《减排基金》法规框架的简要概述，将一些项目必须具备的关键特征加以区分，才能使其成为符合条件的抵消项目。事实上，这些相当普遍的因素在许多碳抵消方案中都存在。[⑥] 海岸带蓝色碳汇纳入《减排基金》的特点

---

① Carbon Credits (Carbon Farming Initiative) Rule 2015 (Cth) rr 29(2)，30(2).
② Carbon Credits (Carbon Farming Initiative) Act 2011 (Cth) s 69(2).
③ Carbon Credits (Carbon Farming Initiative) Act 2011 (Cth) s 20B-20C.
④ Clean Energy Regulator (Cth)，Understanding Contracts (4 April 2016).
⑤ Carbon Credits (Carbon Farming Initiative) Act 2011 (Cth) s 20CA(2).
⑥ Kollmuss A, Zink H, Polycarp C. Making sense of the voluntary carbon market：A comparison of carbon offset standards[J]. *WWF Germany*，2008：1-23.

如下：(1) 适用的方法学；(2) 一个确定的界址；(3) 在该抵消地点执行该项目的合法权利；(4) 项目的额外性；(5) 在签约和计入期间能够产生信用；(6) 永久性。

此外，《减排基金》的另一个重要因素是项目的成本。成本与所有减排政策相关，而且也是目前在《减排基金》拍卖过程中选择项目的唯一决定性因素。在陆地领域已经开发了生物封存的方法学①，并且一些植被项目已经在以前的《减排基金》拍卖中获得了资助。② 这意味着将海岸带蓝色碳汇项目纳入现有法律框架的潜力很大。然而，陆地和海洋生态系统之间的根本区别意味着一个单一的法律框架可能不一定对这些生态系统之间的生物与物理差异产生敏感。虽然《减排基金》框架已经成功应用于陆地植被项目，但以上诸多因素可能在应用于蓝碳项目时并不是非常容易满足。所以，还应该分析这些因素和困难，并考虑如何才能有效地将海岸带蓝色碳汇纳入澳大利亚的国内气候变化战略中。

二、将海岸带蓝色碳汇交易纳入澳大利亚《减排基金》的主要方法

一般而言，将海岸带蓝色碳汇项目纳入气候变化战略的相关法律问题，特别是《减排基金》并不是完全独立的。目前已经出现的一些问题，在陆地植被的生物封存方面得到了有效的分析和处理，并提供了一个有用的参考框架。

陆地碳封存项目的基本重点已经转化为如何建立参照陆地生态系统而开发国际和国内法律方面，在海洋环境中应用这些概念并不存在太大障碍。实际上，在陆地领域还有其他概念和保护策略已经被移植到海洋环境中，如海洋保护区和生物多样性补偿等。但是，任何比较性法规和应用都必须认真考量，因为陆地和海洋生态系统之间存在重大区别，这可能会影响法律规范的直接

---

① Carbon Credits (Carbon Farming Initiative-Reforestation and Afforestation 2.0) Methodology Determination 2015.
② See Clean Energy Regulator (Cth), Emissions Reduction Fund Project Register (23 September 2016).

移植。首先，与陆地有关的土地使用权和所有权结构方面，陆地上要比在海洋环境下简单得多。其次，与陆地植被相比，海洋生态系统容易受到不同程度的威胁和影响，这可能会影响碳封存项目的成功。海洋生态系统存在于水生介质中，这使得这些系统更加"开放"，因此更容易发生更大程度的变动。[①] 例如，像海草这样的海岸带生态系统可能因上游活动所产生负面影响，影响下游水质。因此，一个海洋植物区域不能与其更广泛的范围隔离，因为它可能受到数百公里外的活动影响。

综上，对于《减排基金》中的规定，结合海岸带蓝色碳汇的特殊性，应该对以下问题进行分析和讨论，以便更好地将海岸带蓝色碳汇交易纳入《减排基金》法规框架之中。

(一) 适用的方法学

为了登记为符合条件的碳抵消项目，必须制定明确的方法学，并且项目必须符合该规定的要求，《减排基金》规定了制定方法学的程序。部长有权决定：(1) 适用于某种特定的抵消项目；(2) 列出该项目必须满足的条件才能成为合格的抵消项目；(3) 规定："为了本法的目的，项目中二氧化碳当量净减排量等于采用相应方法确定后的数量"。此外，部长还需考虑某些其他因素做出决定，包括是否符合该法第133条列举的"抵消诚信标准"[②]，并包括：(1) 方法的应用应导致在正常情况下较低概率发生碳减排；(2) 温室气体的去除、减少或排放应可测量、可核准；(3) 方法学必须有清楚和令人信服的证据支持。

迄今为止，该法规已经为许多部门制定了方法学，其中包括用于重新造林和再造林项目的生物封存专用方法、人为诱导再生、避免毁林以及土壤碳封存方法。然而，由于这些方法学的定义，并不能够适用于海岸带蓝色碳汇项目中。这些方法可能会被修改，以扩大其在海岸带蓝色碳汇项目的应用，并且它

[①] Carr M H, Neigel J E, Estes J A, et al. Comparing marine and terrestrial ecosystems: implications for the design of coastal marine reserves[J]. *Ecological Applications*, 2003, 13(sp1): 90–107.

[②] Carbon Credits (Carbon Farming Initiative) Act 2011 (Cth) s 106.

们在植被和土壤方面的集合应用可能使这种方法变得可行。也就是说,这种方法涉及将陆地领域的方法学移植到一个完全不同的背景下,法律移植本身不一定对海洋或海岸带生态系统的独特性产生影响。由于其基本的生物与物理差异,理应对陆地和海洋生态系统采取单独的政策。

由于这些生态系统之间的区别,陆地和海洋或海岸带固碳项目的方法选择需非常谨慎。目前《减排基金》重新造林和再造林方法需要重新涉及。相比之下,海洋或海岸带领域的养护活动则更广泛地侧重于"保护"或"恢复"。[①] 海岸带蓝色碳汇生态系统的恢复,是指使退化的生态系统尽可能接近于其原来的状况,协助恢复活动可能是直接的,例如种植幼苗等;也可能是间接的,例如去除诸如水质差或对正常水文学的干扰的应激物等。生态系统的"恢复",是指"替代已经减少或丧失的生态系统的结构或功能特征"。[②] 因此,直接补植新植物只是可能有益于海岸带生态系统的方法之一,像红树林这样有能力自我修复的生态系统一旦处于特定的压力源即可得到恢复,这是一个需要考虑的相关性因素。例如,一个成功的海岸带蓝色碳汇项目涉及在红树林海岸带建造防洪堤,防止侵蚀并允许沉积更多的沉积物。[③] 这种类型的活动可以为红树林幼苗提供适宜的环境条件,使其自然恢复。更重要的是,在一些情况下,这些更为被动的恢复活动的成本也可能比积极的移植成本低得多。[④] 海岸带蓝色碳汇项目的独立建立应采取广泛的方法进行减排活动指导,允许项目业主开发最有可能的项目产生有效的成果,并以最小的成本发展海岸带蓝色碳汇项目。考虑到《减排基金》项目在拍卖过程中的唯一标准是成本,这对于这些项目的竞争力就变得尤为重要。

总之,在将海岸带蓝色碳汇项目纳入《减排基金》框架内之前,需要对方法

[①] Society for Ecological Restoration International Science & Policy Working Group: The SER International Primer on Ecological Restoration (Report, Version 2, October 2004).

[②] Bayraktarov E, Saunders M I, Abdullah S, et al. The cost and feasibility of marine coastal restoration[J]. *Ecological Applications*, 2016, 26(4): 1055 - 1074.

[③] Kamali B, Hashim R. Mangrove restoration without planting[J]. *Ecological Engineering*, 2011, 37(2): 387 - 391.

[④] Lewis R R. Mangrove Restoration — Costs and Benefits of Successful Ecological Restoration [R]. Proceedings of the Mangrove Valuation Workshop. Universiti Sains Malaysia, Penang, 2001.

学进行修改或制订,特别应考虑制定独特的方法学。随着国际社会对蓝色碳汇的关注,以及《IPCC湿地补充》[①]和"VCS核证碳标准"等方法学的研发,为海岸带蓝色碳汇恢复活动方法[②]提供了一定参考和借鉴。此外,虽然针对的是完全不同的部门,但现有的人为再生活动方法发掘出了补种之外的其他活动的潜力,有助于碳储存的发展。这可能意味着环境和能源部门对减排活动愿意进行更全面的观察。

最后,制定一个保护和恢复红树林以支持碳封存和储存的方法已被确定为澳大利亚政府环境和能源部的一个优先措施。这将是在起步阶段让一些海岸带蓝碳项目被认可成为合格抵消项目的重要步骤。

(二) 确定抵消边界

《减排基金》立法提供了两种方式,支持者可以通过地理描述、街道地址和政策描述以及通过提供边界细节来确定抵消边界。虽然陆地空间规划已经在全球范围内产生了一段时间,但是海洋空间规划是一门新兴学科。[③] 海洋空间规划被定义为"分析和分配当前和未来人类在海洋地区开展活动的时空分布及过程,通常通过政治进程确定生态、经济和社会目标"。与陆地使用规划一样,海洋空间规划也是因为越来越多的人认识到不受管制的发展会对这些地区产生严重影响。海洋空间规划可以解决活动与相互竞争的使用目标之间潜在的重叠问题,并促进海洋或海岸带生态系统的保护。尽管在海洋地区应用空间规划有一定余地,而且也有利于划定海岸带蓝色碳汇项目的边界,但大部分沿海地区尚未得到全面的规划。

在澳大利亚海域内,世界著名的海洋空间规划实例之一就是大堡礁海洋

[①] Takahiko Hiraishi et al: 2013 Supplement to the 2006 IPCC Guidelines for National Greenhouse Gas Inventories: Wetlands (Intergovernmental Panel on Climate Change, 2013) (Wetlands Supplement).

[②] Verified Carbon Standard: Methodology for Tidal Wetland and Seagrass Restoration (Methodology No VM0033 Version 1.0, 20 November 2015).

[③] Douvere F. The importance of marine spatial planning in advancing ecosystem-based sea use management[J]. *Marine policy*, 2008, 32(5): 762-771.

公园(GBRMP)。根据 1975 年颁布的《公园管理法》,自 1981 年以来,GBRMP 已经在空间上进行划分。[1] 2003 年发布的分区政策包括 8 个不同类型的区域,用途如下:一般用途、栖息地保护、保护区、缓冲区、科学研究、海洋国家公园保护和联邦群岛。分区政策根据经纬度坐标确定海岸公园内所有水域的适用范围。[2] 这种分区允许涉及公园最脆弱的部分,而较脆弱的地方则可以用于商业和娱乐活动。有相当多的证据表明,分区使 GBRMP 内的物种受益,在公园内的保护区内发现了较多脆弱的鱼种。

将海洋空间规划过程应用于海岸带蓝色碳汇生态系统的好处是双重的:一方面,它确定了一个保护区;另一方面,它通过给予支持者一个确定的区域来指导减排项目。尽管 GBRMP 经验证明了澳大利亚海洋空间规划的可行性,但迄今为止海洋空间规划方法还未被明确地用于隔离碳封存功能的领域。鉴于政府表示支持海岸带蓝色碳汇,类似的方法也可以适用于其他海域。这种方法也将促使各国政府将保护海岸带蓝色碳汇纳入更广泛的围海岸带保护的法律政策与决策。

(三) 开展该项目的法定权利

一旦确定了潜在的海岸地蓝色碳汇项目的固碳边界,下一步就是确定固碳的权利。根据《减排基金》立法,项目申请者必须拥有在确定的抵消地点内被隔离的碳的合法强制执行权。这反映了一般的保护手段,因为明确定义的法律或财产权利被认为是基于激励保护政策的实施所必需的。[3] 碳固存政策必须以明确界定的土地使用权为基础,并确定这些安排在项目期间可以得到保障。

根据海岸带蓝色碳汇项目地点的位置,土地所有权和相应的法律保障权

---

[1] Great Barrier Rf Marine Park Act 1975 (Cth).
[2] Great Barrier Reef Marine Park Zoning Plan 2003 (Cth) s 1 - 2.
[3] Hejnowicz A P, Kennedy H, Rudd M A, et al. Harnessing the climate mitigation, conservation and poverty alleviation potential of seagrasses: prospects for developing blue carbon initiatives and payment for ecosystem service programmes[J]. *Frontiers in Marine Science*, 2015, 2: 32.

利便相对简单明了。财产所有者通常对其土地上的植被拥有所有权,尽管他们清除植被的能力可能会因法律而改变;碳也被固定在土壤中,财产所有者的所有权包括地下合理深度的土壤。碳不太可能在土壤中被封存到足以引起所有权问题发生改变的程度,而且目前也不属于"矿物"的定义范围。在这种情况下,所有权将归属于国家。如果一个主体既是土地所有者,又是该土地上海岸带蓝色碳汇项目的业主,那么他们对植被和土壤的权利就会得到保障,而封存的碳又是凭借他们的所有权进行保障的。

如果第三方主体试图在另一主体的土地上开展海岸带蓝色碳汇项目工程,情况会更为复杂。实际上,这要求承认私有土地上无形资源的第三方权利。这个问题已经在陆地相关权利问题上得到了很大程度的解决,即通过制定国家立法,允许从土地所有权中分离植被中吸收和储存的碳的权利,并授予另一方,再将这一权利登记或单独记录其土地所有权。[①] 在一些州,现有机制被用来确保固碳权,而有些州已经开发了独立的碳权。这种不一致也一直被澳大利亚的学者所诟病。有人认为,这些权利应该在法律上经过合法的验证,作为所有司法管辖区土地的利益。[②] 各州在定义和权利规范方面缺乏统一性。可以说这些利益在任何国家或国际市场上都是交易的障碍,但尽管存在这些内部矛盾,澳大利亚仍被认为是在全世界立法承认陆地植被碳权的倡导者。[③]

由于这些生态系统的位置,使得保护海岸带蓝色碳汇生态系统储存的碳权利要复杂得多。红树林和盐沼分布海岸带潮间带,海草是被淹没的沿海植物,通常生长在靠近海岸的浅海地区。如果这些沿海地区属于私人所有,那么原则上就没有理由不对其适用上述碳排放的立法。然而,这些生态系统更有可能不属于私有土地的范畴。因为澳大利亚普通法规定,私有财产的边界延

---

① Carbon Rights Act 2003 (WA).
② Hepburn S. Carbon Rights as New Property: The benefits of statutory verification[J]. *Sydney L. Rev.*, 2009, 31: 239.
③ O'Connor P, Christensen S, Duncan B, et al. From rights to responsibilities: reconceptualising carbon sequestration rights in Australia[J]. *Environmental and Planning Law Journal*, 2013, 30: 403-406.

伸到平均的高水位标记,[①]这通常与红树林和盐沼的上限相对应。此外,"平均高水位标记"一词固有的模糊性导致澳大利亚提起相关诉讼以澄清财产界限,[②]这推动了一些地方的立法改革。例如,澳大利亚昆士兰州于2010年通过了立法修正案,以澄清在调查土地时"潮汐边界"的范围。[③] 潮汐边界将始终在红树林、海草和盐沼向陆地一侧测量,这意味着这些海岸带生态系统不属于私人土地所有权范围。

如果海岸带生态系统分布在高水位标记的海域之外,即在私有边界之外的情况下,政府的责任成为下一个需要考虑的问题。州政府对3海里的高水位线有管辖权,而联邦的管辖范围则超出这一范围至12海里。[④] 由于红树林、盐沼和海草都生长在浅水区,它们最有可能分布在州政府管辖区内,从而赋予州政府监管的责任。尽管如此,根据1999年《环境和生物多样性保护法》,联邦政府仍可能拥有一些管辖权,例如,在大堡礁世界遗产地区的管辖等。[⑤]

如果一个私营主体希望进行海岸带蓝色碳汇项目,那么它可能需要与相关州政府安排一些协商沟通,以确保其对海岸带蓝色碳汇项目的开发在法律上是安全可行的。上文讨论的各种法定碳权在这方面并不适用,因为这些权利与土地有关。事实上,海洋生态系统中储存的碳没有直接适用的权利。也就是说,为保护海洋或海岸带环境中的其他类型的利益而创造了新的权利。在这方面有一个比较有价值的例子是水产养殖租约。[⑥] 虽然没有像土地产权那样发达,但是在《海洋法公约》之后出现了海洋资源的个人权利。[⑦] 这些权利在《渔业法》中

---

① Attorney-General v. Chambers(1854) 4 De GM & G 206;43 ER 486.
② See,eg,Svendsen v. Queensland [2002] 1 Qd R 216.
③ Survey and Mapping Infrastructure Act 2003 (Qld) s 70, as inserted by Natural Resources and Other Legislation Amendment Act 2010 (Qld)s 215.
④ Geoscience Australia,Maritime Boundary Definitions,15 May 2014.
⑤ 澳大利亚1999年颁布的《环境和生物多样性保护法》允许英联邦进行有关"国家环境重要性"(NES)的环境影响评估程序,其中包括《拉姆萨尔湿地》(16-17B)和大堡礁海洋公园(24B-24C)。
⑥ Barbier E B, Cox M. Does economic development lead to mangrove loss? A cross-country analysis[J]. Contemporary economic policy,2003,21(4):418-432.
⑦ United Nations Convention on the Law of the Sea, open for signature 10 December 1982, 1833 UNTS 3 (entered into force 16 November 1994);Wyman K M. The property rights challenge in marine fisheries[J]. Ariz. L. Rev.,2008,50:511.

尤其突出，其产权得到了发展，以确保水产养殖场地的安全。水产养殖是养殖鱼类、贝类和水生植物的做法，是全球迅速发展的产业。为便于水产养殖业，澳大利亚所有沿海地区都颁布或修订了立法以保障该权利。但是，像国家制定的陆地碳权利制度一样，各州对水产养殖目的的各种法定权利因州而异。

南澳大利亚州和塔斯马尼亚州的法律赋予水产养殖经营者最明确和广泛的权利。《2001年水产养殖法》规定了获得水产养殖租赁的程序，并规定承租人有权在租赁的"划分区域"排他性占有。《1995年海洋养殖规划法》(Tas)允许部长批准"海洋农业"活动，而租赁授予承租人专属占有的租赁地区；[1]在西澳大利亚州、新南威尔士州，个人可能被授予水产养殖租约。然而，这些租约只给予鱼类资源的专有权利，而不一定明确指出对此领地的相关立法，专属占有并不是凭借租赁自动授予的，尽管相关条件可能要求授权承租人将全部或部分区域标记为通行限制或禁止区域。[2] 就像陆地碳汇权一样，澳大利亚各州司法管辖区的最大差异在于权利的规定：一些州制定了特定的水产养殖许可证，而其他州则依靠现有的法律文书，例如官方租约。此外，是权利的范围不同，一些州赋予权利人一种占有水产养殖区的专有权，另一些州赋予一种专有的鱼类相关权利，而另一些州则根本不授予专有权。

与陆地植被相比，排他性可能是在海岸带蓝色碳汇项目背景下考虑的更重要的问题。如果项目倡议者或购买者获得了私人土地上陆地植被碳储存的权利，则对植被的潜在风险影响有限。虽然土地所有者可以进入植被区域，但是对碳储存的任何干扰都很可能在合同安排中所约束。对碳储存的其他潜在风险，如火灾等，可能会受到保险法规制。[3] 相反，海洋地区因为是公众可及的区域，增加了碳储存面对潜在危害的脆弱性。给予项目申请者的排他性权利可能进而减少对碳固存项目造成的风险。作为将海岸带蓝色碳汇纳入澳大利

---

[1] "海洋养殖"，指用于贸易、商业或研究的养殖、牧场培育、鱼类或海洋生物的繁殖。参见 Marine Farming Planning Act 1995 (Tas) s 59(1), at s3 (definition of 'marine farming'). Fisheries Act 1988 (NT) s 55(4).

[2] Fisheries Act 1988 (NT) s 55(4).

[3] Insurance Facilitators, Carbon (2016).

亚气候变化法律应对的一部分,是一个值得进一步考虑的问题,确保水产养殖租赁的法律机制为海岸带蓝色碳汇提供了相当有意义的比较案例研究。另外,法律制定者应该考虑国家在土地固碳方面的合法权利。

(四) 额外性

额外性概念是负责项目认证的决策者的中心考虑因素。从本质上说,必须表明一个拟议的补偿项目是对现状的"补充"。额外性问题的解释如下:如果没有海岸带蓝色碳汇项目作为抵消项目实施,海岸带蓝色碳汇核证减排量就不会发生。如果一个项目不是额外的,那么它的任何支付都不会减少排放。目前,《减排基金》下的生物封存项目可能包括造林再造林、人为再生或避免毁林。根据《减排基金》,任何拟议的符合条件的抵消项目都必须通过满足"新颖性""监管额外性"和"政府政策"的要求。一个新的海草、盐沼或红树林种植项目可能会满足这些要求,但在海洋环境下实施这些项目有特别的挑战。如上所述,在方法学方面,海洋领域适当的活动可能是一种被动的恢复活动,这是一种允许生态系统自然再生的人类活动。无论新种植是由于直接种植还是旨在减少压力因素的活动而成功使其生长,都将产生碳汇。如果项目申请者可以确定这个碳汇是由于该海岸带蓝色碳汇项目的运行而发生,那么这应该能够满足额外性要求。

威胁或压力源的消除也是可能实现额外性的一种活动。在REDD+的背景下,有人提出,为减少森林火灾风险采取的行动应该被认为是一项被批准的活动,因为火灾会导致二氧化碳储存的大量损失。在这方面证明额外性并不难,火灾可以很容易地观察到,并留下非常特殊的影响(如烧伤疤痕)。相反,可能很难证明上游改善下游水质而采取的保护活动,直到有海岸带蓝色碳汇生态系统再生。方法学可能需要对证明因果关系的困难足够敏锐,并允许提出者满足减排要求的建议。只要这些项目符合额外性标准,《减排基金》还允许认证避免毁林的项目。另外,还需获得该项目的同意书。[①] 原则上,在没有

[①] Carbon Credits (Carbon Farming Initiative-Avoided Deforestation), Methodology Determination 2015 (Cth) s 10.

获得发展批准的情况下,不能将类似的方法扩展到海洋植被领域。

(五) 信用和承包

《减排基金》立法的一般规则是,合同的期限不得超过 7 年,除非项目计入期将超过此期限,但整体合同期限不得超过 10 年。此外,碳汇封存项目可以在 25 年内产生信用,除非方法学中另有规定。虽然通过这些时间尺度认识到生物封存项目可能需要比其他类型的项目更长的时间才能实现减排效果,但海洋或海岸带领域的项目可能要比陆地项目花费更长的时间才能达到其全部的固存潜力。

红树林的恢复可以使覆盖范围相当快地(3—5 年)增加,但这些植物长到成熟林的高度和生物量需要更长的时间,而土壤碳储存则需要更长时间才能形成。事实上,红树林可能需要长达 20—25 年才能达到完全成熟。[1] 这反映在对佛罗里达州一个 20 年的研究中,研究发现 20 年后碳土积累的速度与天然湿地类似。[2]

海草恢复项目也有潜力储存大量二氧化碳,尽管这个潜力可能在短期内无法实现,因为海草生长是一个指数级的过程。[3] 例如,估算海草项目的碳固存能力在启动 4 年后可能会产生令人失望的结果,甚至在启动 10 年后也并不能达到理想的效果。然而,建模表明,50 年后却可以产生大量的封存潜力。海岸带蓝色碳汇项目的项目业主可能需要更长的时间来证明项目已经成功,[4] 从而证明该项目产生了碳信用。

盐沼恢复项目的重点是"管理重组",其中包括允许先前开垦的土地再次

---

[1] Bayraktarov E, Saunders M I, Abdullah S, et al. The cost and feasibility of marine coastal restoration[J]. *Ecological Applications*, 2016, 26(4): 1055 – 1074.

[2] Osland M J, Spivak A C, Nestlerode J A, et al. Ecosystem development after mangrove wetland creation: plant — soil change across a 20 – year chronosequence[J]. *Ecosystems*, 2012, 15(5): 848 – 866.

[3] Greiner J T, McGlathery K J, Gunnell J, et al. Seagrass restoration enhances "blue carbon" sequestration in coastal waters[J]. *PloS one*, 2013, 8(8).

[4] Bell S S, Middlebrooks M L, Hall M O. The value of long-term assessment of restoration: support from a seagrass investigation[J]. *Restoration Ecology*, 2014, 22(3): 304 – 310.

被海洋淹没。再者,其时间尺度非常长,恢复的地点可能需要大约 100 年的时间积累与天然地点相同数量的二氧化碳。

《减排基金》立法确实允许一种方法来指定一个替代的计入期,在海洋生态系统的背景下审慎考虑这一点,因为减排可能不会在通常的时间范围内发生,可能还需要考虑较长的合同期限。但是,在项目和投资的可行性方面也存在这个问题,支持者可能更愿意以更快的回报率投资陆地碳封存项目,而若考虑海岸带蓝色碳汇项目其生成回报的时间要长得多。各国政府应该考虑如何克服这种对海岸带蓝色碳汇项目存在的潜在偏见。例如,可以考虑通过对海岸带蓝色碳汇项目使用补贴来解决。

(六) 永久性

在海岸带蓝色碳汇项目设计和认证方面需要考虑的另一个关键问题是永久性。关于封存项目的一般规则是,如果碳封存超过 100 年,它将被视为"永久性"。[①] 虽然这是合理的,因为海岸带蓝色碳汇生态系统可以长时间储存二氧化碳。但是,由于海岸带蓝色碳汇生态系统可能受到广泛的威胁,可能会对项目的持久性产生负面影响。虽然陆地碳汇项目的主要威胁是直接影响,例如,丛林火灾、未经授权的清除,但海岸带生态系统可能受到间接来自遥远陆地上的活动的影响。例如,海草可能会受到过度围海造田、上游农业径流、水分清澈度降低等的影响。

这给海岸带蓝色碳汇恢复项目造成了相当大的困难,因为失败的风险可能性很大。红树林的恢复是可行的,并已在全球范围内大规模地进行。[②] 尽管如此,虽然对如何实现成功恢复的理解正在迅速积累,但恢复红树林的大部分努力已经完全或部分宣告失败。同样,尽管恢复海草草地在技术

---

① Amano M, Fearnside P M, Frangi J, et al. *Implications of different definitions and generic issues*[M]//Land use, land-use change, and forestry. Cambridge University Press, 2000: 53-126.

② Bell J. Legal frameworks for unique ecosystems — how can the EPBC Act offsets policy address the impact of development on seagrass? [J]. *Environmental and Planning Law Journal*, 2014, 31: 34-46.

上也是可行的,但是恢复项目的成功往往会受到海草内部动态环境的影响。最近的一项研究试图从报告数据中量化成功率,发现恢复项目的生存率:海草为38%,红树林为51.3%,盐沼为64.8%,这些统计数字从持久性角度引起了较大关注。[1]

通过精心的项目设计,特别是有关海岸带蓝色碳汇生态系统植物的敏感性设计,可以克服这个挑战。红树林恢复项目依赖于非常谨慎的选址,特别注重适宜的水文学和项目的长期监测,海草恢复项目也容易因选址不好而失败,如在高能波浪环境下种植海草芽。[2] 选择一个水利条件较好的地点是较为合理的。植物物种之间的遗传多样性是成功的另一个原因。[3] 此外,最近关于海草恢复的研究发现,大面积的碳汇恢复项目更有可能成功,因为它们分布在各种不同的环境条件下,因此更有可能找到一个适合增长的条件。这表明规模可能是海岸带蓝色碳汇项目需要重点考虑的一个因素。最后,盐沼生存依赖于所选择的物种,当地来源的物种比进口物种更容易生存。[4]

蓝碳方法学应对这些挑战至关重要。《减排基金》拍卖过程的唯一标准是成本,所以方法学必须能够提供初步的筛选过程。此外,《减排基金》立法目前包含"逆转缓冲风险",即由一个项目产生的单位数量将减少5%,因为有些项目可能因为支持者无法控制的影响而失败。考虑5%是否为海岸带蓝色碳汇项目的缓冲区,或者是否需要不同的缓冲区,可能需要谨慎考量。然而,这需要以不会降低海岸带蓝色碳汇项目对支持者的吸引力的方式来进行管理,否则会极大影响在这个领域的投资。

---

[1] van Katwijk M M, Thorhaug A, Marbà N, et al. Global analysis of seagrass restoration: the importance of large-scale planting[J]. *Journal of Applied Ecology*, 2016, 53(2): 567-578.

[2] Bayraktarov E, Saunders M I, Abdullah S, et al. The cost and feasibility of marine coastal restoration[J]. *Ecological Applications*, 2016, 26(4): 1055-1074.

[3] Sinclair E A, Verduin J, Krauss S L, et al. A genetic assessment of a successful seagrass meadow (Posidonia australis) restoration trial[J]. *Ecological Management & Restoration*, 2013, 14(1): 68-71.

[4] van Katwijk M M, Thorhaug A, Marbà N, et al. Global analysis of seagrass restoration: the importance of large-scale planting[J]. *Journal of Applied Ecology*, 2016, 53(2): 567-578.

(七) 项目成本

如果一个项目支持者试图参与《减排基金》拍卖过程,项目的成本是至关重要的,因为这个方案的唯一标准是价格。这可能会使海岸带蓝色碳汇恢复项目立即处于劣势,因为它们往往比陆地生物封存项目更昂贵。[1] 此外,即使在海洋环境下,一些海岸带生态系统可能就比其他海岸生态系统的成本更低。

关于海岸带蓝色碳汇项目恢复成本的大多数文献讨论主要集中在红树林,最近的研究为如何选择最具成本效益的红树林恢复地点提供了建议。[2] 与其他海岸带生态系统相比,红树林可能是恢复成本最低的。也就是说,由于在发展中国家进行了大量的恢复工作,志愿者参与度很高,所以关于红树林恢复成本的大部分数据可能难以与其他海岸带蓝色碳汇生态系统进行比较。

一直以来,海草恢复项目都非常昂贵,一些示例性项目的成本高达每公顷16万澳元,尽管最近的研究表明,一些恢复项目可能在经济上更合理。同样,考虑到选择《减排基金》项目是价格因素影响,更昂贵的恢复项目可能难以与其他《减排基金》项目竞争。

如果澳大利亚联邦政府以成本作为《减排基金》项目选择的唯一标准,那么海岸带蓝色碳汇项目就会处于劣势。为了鼓励投资,政府可以考虑采取一些激励措施。一个潜在的选择是引入《减排基金》的配额或单独的《减排基金》政策,资金有意识地分布在不同的部门之间。另外,海岸带蓝色碳汇项目在拍卖过程中可以赋予更高的比例,这会使它们更具竞争力,同时不会完全消除成本标准。最后,政府可以重新引入生物多样性基金,允许支持者获得资金用于改善原生植被。参与者被允许与碳农业倡议一起获得该基金。[3] 在这样一个政策中,参与者可以获得资金来开展海岸带蓝色碳汇项目,从而降低每吨二氧化碳的减排成本。

---

[1] Bayraktarov E, Saunders M I, Abdullah S, et al. The cost and feasibility of marine coastal restoration[J]. *Ecological Applications*, 2016, 26(4): 1055-1074.

[2] Blandon A, Zu Ermgassen P S E. Quantitative estimate of commercial fish enhancement by seagrass habitat in southern Australia[J]. *Estuarine, Coastal and Shelf Science*, 2014, 141: 1-8.

[3] Department of the Environment (Cth), Biodiversity Fund: Frequently Asked Questions (18 July 2013).

三、澳大利亚建立海岸带蓝色碳汇交易制度的主要建议及对我国的借鉴

上述分析表明,海岸带蓝色碳汇项目可能被纳入《减排基金》,但也存在一些政府首先要考虑的门槛问题。总结这些问题是:(1)包含整个恢复活动范围的海岸带蓝色碳汇项目所需的新的方法学,特别是被动恢复活动必须包括在内,因为在某些情况下,它们的成本可能会更低,也更容易取得成功;(2)应选择潜在的海岸带蓝碳项目地点并进行空间规划,以便支持者能够识别其项目区域。这种空间规划可能会成为海岸带决策过程的一部分。鉴于一些具有潜在价值的海岸带蓝色碳汇储量受到竞争性使用的威胁,这一点尤其重要;(3)政府应该探索如何从法律上保护海岸带蓝色碳汇项目。这可以通过空间规划(例如,类似大堡礁海洋公园中的进入限制区域)与水产养殖租赁模式一起完成。无论如何,专属占有一个地区应该是一个优先事项;(4)海岸带蓝色碳汇项目的方法学必须对额外性问题敏感。额外性可以通过再生来证明,毫无疑问难以证明再生是提议者采取行动的直接结果;(5)与包括陆地碳汇项目在内的其他减排项目相比,海岸带蓝色碳汇项目可能需要更长的时间才能取得成果,这应在方法学和合同签订过程中加以考虑;(6)政府应该考虑采取某种激励措施来鼓励对海岸带蓝碳项目的投资,因为投资者可能需要更长的时间才能获得投资回报;(7)应仔细起草一套方法或多种方法,以确保支持者选择合适的场地和适当的海岸带蓝色碳汇项目,以降低失败风险并增加项目的持久性;(8)政府应考虑包括风险缓冲,以解决海洋或海岸带环境下项目失败的潜在较高风险,但这应该以不损害海岸带蓝色碳汇支持者的方式进行;(9)海岸带蓝色碳汇项目比其他减排项目更昂贵,因此支持者可能难以完全基于成本在《减排基金》过程中进行竞争。政府应该考虑各种激励机制的可能性,以减少对海岸带蓝色碳汇项目的偏见。

澳大利亚学者通过以上分析表明:科学知识的融合和新兴的政治意愿都表

明将海岸带蓝色碳汇纳入国家气候变化法律政策的时机已经成熟。以上内容提出海岸带蓝色碳汇是否可以纳入澳大利亚政府当前的气候变化方法,即《减排基金》,其结论是:在符合一定的法律条件的基础上是可行的。这些问题的成功解决将为海岸带蓝色碳汇生态系统纳入《减排基金》铺平道路;同时,也应该加强固碳作用,保护我们自然环境中这些重要的组成部分免受进一步的干扰和破坏。

海岸带蓝色碳汇遇到的一些挑战也可以借鉴现存机制予以解决。例如,海岸带蓝色碳汇项目方法学的编制,可以借鉴目前在这一领域取得广泛国际进展的陆地(或林业)碳汇项目方法学。另外,围绕法律安全的问题可能会更难以解决,也就是说,澳大利亚已经有很多的经验可以用来促进这些变化,其中包括生物多样性补偿的法律机制,海洋空间规划和水产养殖等活动的专属海洋权利。一旦这些法律问题得到考虑和处理,就必须注意《减排基金》的机制。这可能需要修改立法或政策,以允许更长的合同期和更大的缓冲区,并可能采取某种形式的鼓励投资海岸带蓝色碳汇项目的财政激励方案。海岸带蓝色碳汇已经开始成为《联合国气候变化框架公约》、REDD+等框架下项目的潜在来源,早期的科学研究已经考察了试点项目的可行性。[①] 然而,尚未对适当运作和确保海岸带蓝色碳汇项目所需的法律机制进行全面分析。虽然其中一些法律问题将具有高度的司法管辖权,但澳大利亚的经验可能有助于其他国家的法律和政策分析。

上述分析表明,海岸带蓝色碳汇可以纳入澳大利亚现存法律规范体系。在参考《减排基金》本身的法律规范基础上,借鉴陆地碳汇(林业碳汇)的相关规定,但同时也应当考虑陆地与海域各项权利属性的差异。例如,土地所有权、海域所有权、海域使用权的差异,同时在考虑"额外性""基线""永久性"等问题时,都应针对海岸带或者海洋特有的法律属性进行法律设置和参考。

其实以上问题,我国也同样存在。虽然我国的土地所有权制度与澳大利亚不同,但是在进行海岸带蓝色碳汇项目法律规范讨论时,土地所有权问题和

---

① Wylie L, Sutton-Grier A E, Moore A. Keys to successful blue carbon projects: lessons learned from global case studies[J]. *Marine Policy*, 2016, 65: 76-84.

海岸带蓝色碳汇所有权应该相互分离,还是可以融合考虑?澳大利亚的立法优势在于,已经在法律规定中统一规范"碳权",这为海岸带蓝色碳汇权的法律定位找到了很好的法律依据。但是目前我国还没有对"碳权"做出明确的法律规定,学界甚至关于"碳交易""碳权"的法律性质的探讨都存在很大分歧。有"物权说""准物权说""债权说""行政许可说"等多种探讨。目前阶段,我国应当在气候变化应对立法的具体法律方案中或者碳排放权交易法律规范中,明确规定"海岸带蓝色碳汇权",从而为海岸带蓝色碳汇项目业主取得碳汇核证减排量奠定法理基础。

第三节 域外海岸带蓝色碳汇交易项目实践分析

由于人为气候变化给国际社会带来日益严重的问题,政策制定者越来越多地寻求减少人类碳足迹的创造性方法,包括解决土地用途改变。土地用途的改变,占全球碳排放总量的20%,其中包括森林砍伐和农业活动在内的土地利用变化。对于许多毁林率高的国家更是如此。为了应对人为造成气候变化的这一重要因素,《联合国气候变化框架公约》通过了一些政策,允许各国通过土地使用变化说明获得和减少的碳排放,包括将这些排放纳入国家评估,并提供资金和激励保护项目的机制。正如前文所述,由于直接和间接的人为因素,海岸带蓝色碳汇生态系统正在以惊人的速度消失,估计过去几十年已经减少了全球总量的1/3。当这些生态系统退化时,它们不但不能充当碳汇,而且还转化为碳源,通过释放储存的碳进入大气导致碳排放。以下着重分析目前国际上已经进行的海岸带蓝色碳汇典型项目,以为我国海岸带蓝色碳汇项目的开发提供经验借鉴。[①]

[①] Wylie L, Sutton-Grier A E, Moore A. Keys to successful blue carbon projects: lessons learned from global case studies[J]. Marine Policy, 2016, 65: 76-84.

一、域外海岸带蓝色碳汇交易项目典型案例

为应对海岸带蓝色碳汇生态系统退化的重大负面影响,以缓解气候变化为目标的沿海湿地项目的开展,许多团体正在规划或实施海岸带蓝色碳汇保护项目。此外,国际社会已开始评估如何将这些生态系统更有效地纳入现有法律与政策框架,包括减少毁林和森林退化所致排放量(REDD+)和其他UNFCCC机制等碳融资机制。首先需制定一个以海岸带蓝色碳汇生态系统保护和恢复为重点的更大的项目清单。项目包括正在使用或试图使用的碳市场,如《联合国气候变化框架公约》机制下的REDD+和清洁发展机制以及自愿碳市场等,所有这些都基于碳信用抵消。

自然碳汇的碳市场是基于这样一个观点——存储于这些生态系统中的碳可以用科学的方法量化,并且作为信用来出售,然后买方将其用来抵消排放,这种方法也被称为碳汇交易,属于排放权交易的一种。碳信用通过一定的"标准"来验证,包括核算、监督、核查和认证标准以及注册和执行制度。这些信用在京都强制市场上出售。在强制市场中,诸如国家政府或行业成员等参与方需要依据条约(如《京都议定书》或"欧盟排放交易政策")或在自愿市场上减排,买家自愿购买信用以努力实现可持续性。在京都强制市场上核证的信用可以在自愿市场上出售,但在自愿市场上获得信用不可以在京都强制市场上出售。[1]

利用碳市场的《联合国气候变化框架公约》(简称《公约》)机制,如REDD+或清洁发展机制,属于强制市场。清洁发展机制是《京都议定书》附件一或发达国家可以在非附件一或发展中国家实施发展项目并获得这些项目的碳抵消额度的机制。REDD+是一种与清洁发展机制相似的机制,但增加了土地使用部门,以便更有效地实施减少因土地使用变化造成的碳排放。另外,由

---

[1] Kollmuss A, Zink H, Polycarp C. Making sense of the voluntary carbon market: A comparison of carbon offset standards[J]. *WWF Germany*, 2008: 1-23.

于自愿市场项目标准的多样性和灵活性以及与符合《联合国气候变化框架公约》机制相比,提交自愿碳项目所需的碳计算、核实和认证的成本较低。因此,海岸带蓝色碳汇项目可以通过使用核证减排标准(VCS)[1]等方法学,在自愿碳市场上出售碳信用额度。因为强制市场机制需要直接与发达国家以及《联合国气候变化框架公约》的国家政府进行合作。另外,由于达到合规标准的要求越来越严格,《公约》项目可能有一个最低门槛。海岸带蓝色碳汇项目难以达到该标准,因此小项目难以利用这些机制获利。[2] 例如,使用强制市场的CDM下的项目必须出售大约5 000吨的碳才能证明交易成本,而已获得成功的米可可蓝碳项目每年仅售出2 215个信用额度(每吨等于一吨的碳)。下文讨论的项目都是在已经探索了《公约》机制后,选择参与自愿性碳市场机制。

鉴于海岸带生态系统的碳封存和储存作用显著,许多拥有海岸带蓝色碳汇生态系统资源的国家开始利用碳融资机制开展海岸带蓝色碳汇恢复项目。这里以肯尼亚、印度、越南和马达加斯加的4个项目为例,分析各自的碳融资机制、项目成果以及法律政策,讨论实施海岸带蓝碳项目的优势和挑战,研究所有项目应该处理的问题,促进今后海岸带蓝色碳汇保护和减缓气候变化项目,使海岸带蓝色碳汇资源丰富的国家能够更容易地保护和恢复海岸带蓝色碳汇以减少碳排放,从而制定长期的可持续气候减缓或适应政策。

(一) 案例1: 肯尼亚米可可项目

米可可(Mikoko Pamoja)是目前在肯尼亚加济湾(Gazi Bay)实施的一个红树林恢复和再造林项目,该项目包括117公顷的国有红树林,非常有发展潜力。加济湾社区依靠红树林谋生,80%的社区靠捕鱼活动为生;加济湾红树林还提供建筑材料、旅游和海岸带保护。[3] 生态系统的退化是由于当地居民为了

---

[1] Brown B, Murdiyarso D. Guiding principles for delivering coastal wetland carbon projects [R]. UNEP and CIFOR, Nairobi, Kenya and Bogor, Indonesia, 2014.
[2] Lovell H C. Governing the carbon offset market[J]. *Wiley interdisciplinary reviews: climate change*, 2010, 1(3): 353 – 362.
[3] Plan Vivo. Mikoko Pamoja, Plan Vivo Foundation, Edinburgh, UK, 2015.

将木材用于建筑材料而造成的红树林砍伐。

米可可是由自愿碳信用额度资助的社区主导项目。该项目的目标是促进该地区的发展、恢复红树林生态系统、加强生态系统服务、促进红树林相关收入的可持续性,并作为未来项目的发展模式。加济湾社区已经与"维沃计划"(Plan Vivo)的NGOs签订了生态服务付费(PES)协议,该组织管理这些信用额度并进行长达5年的有关碳储存潜力的研究。该项目已成功实施并完成了首个计入期。销售信用所收取的收入已经投入项目实施,其中包括工作人员对红树林的种植和养护以及社区发展项目。信用由爱丁堡的"维沃计划"组织(the Edinburgh Organization Plan Vivo)通过与社区的生态服务付费(PES)协议进行管理。每年发放2215个信用额度,每5年重新评估一次。这些信用虽然与任何《公约》机制没有联系,但这个项目是仿照《公约》机制建立起来的。这些信用的价格在2013—2014年6.50—10美元。① 但是,这些碳信用并不包括土壤碳,而只包括红树林本身存储的碳。这些信用可以由任何公共或私人主体以及"维沃计划"经销商购买。目前为止,米可可信用的购买者包括个人、非政府组织和公司,这些人通过个人联系或者通过市场招募。在考虑了30%的风险缓冲后,年度销售碳信用达到12.5万美元。米可可团队希望逐渐增加受保护的红树林面积,而且这个项目除固碳以外还有许多好处,包括海上渔业、生物多样性保护和海岸带保护。但这些好处主要是使当地社区以外的人受益,国际社会正在探索一些可使当地社区受益的生态系统服务,同时也在开发有替代性的促进当地经济发展的模式。②

米可可项目通过红树林种植和保护达到了2014年的目标。当地社区受益于与红树林相关的多样化收入来源,如与"加济湾浮桥"相关的养蜂和生态旅游。所得利润还用于学校建设项目、购书和安装水泵。此外,在项目场地附近还种植了陆地森林的替代木材,为当地社区提供了一种替代的建筑材料。

---

① Brown B, Murdiyarso D. Guiding principles for delivering coastal wetland carbon projects [R]. UNEP and CIFOR, Nairobi, Kenya and Bogor, Indonesia, 2014.
② Kairo J G, Wanjiru C, Ochiewo J. Net pay: economic analysis of a replanted mangrove plantation in Kenya[J]. *Journal of Sustainable Forestry*, 2009, 28(3-5): 395-414.

这些项目由加济湾的妇女管理,她们从该项目中受益,因为该项目为他们创造了新的就业机会。

作为一个试点项目,米可可也面临一些挑战。由于市场不确定,信用价格往往出现波动;项目规模较小,难以实现规模经济效应,难以在全球碳市场上出售价格,因此很难找到买家。这个项目面临的其他挑战包括:一是难以获得资金支持以有效防止当地人非法砍伐红树林;二是降雨模式的改变和前所未有的沉积作用,阻碍了种植过程,导致部分红树苗死亡;三是项目协调员的失误。尽管面临诸多挑战,但是该项目迄今为止已经达到了目标,取得了相当显著的成功。

米可可项目的成功可能源于几个关键方面。首先,当地社区积极支持和参与,使该项目在比较透明的过程中实施。其次,发表了大量有关该地区红树林和固碳的科学研究,为该项目奠定了良好的科学基础。最后,来自肯尼亚政府的詹姆斯·凯罗(James Kairo)博士将当地社区、科学界和肯尼亚政府联合起来,对这个项目的成果发挥了宝贵的作用。米可可的成功表明,自愿碳市场既可以成功资助小型社区海岸带蓝色碳汇红树林恢复项目,也可以惠及发展中国家的当地社区。由于小型社区项目若从REDD+中受益,具有不确定性,因此该项目没有使用《公约》机制。因为资金必须通过政府引导,这也给很多发展中国家带来困难。此外,国际气候融资机制可能并不总是承认涉及社区的直接需求。

该项目的一个重要局限是缺乏土壤碳,这些生态系统大部分的气候缓解潜力尚未开发,需要大量额外的科学工作来测量和计算土壤碳含量。另外,这个项目在规划阶段没有考虑到海平面上升和气候变化的影响,这些影响在未来可能会变得更加严重,这可能是重要的考虑因素。尽管有这些限制,但米可可的成功鼓励了东非生态系统服务付费论坛(EAFPES)的相关机构,以协助在坦桑尼亚、马达加斯加、莫桑比克和肯尼亚与整个东非地区推广类似的项目。

(二) 案例 2: 越南的红树林与碳市场项目

越南的海鲜和水产养殖市场由 60 亿美元的产业组成,其中对虾养殖约占 1/3,为沿海社区的生计作出重大贡献。然而,这个行业的环境影响非常严重。随着对虾产业的发展,红树林生态系统正在以惊人的速度消失,近 30 年来越南一半以上的红树林已经消失。尤其是湄公河三角洲拥有越南一半的红树林,同时也占有 3/4 的国家水产养殖。而越南国家法律目前需要 60% 的红树林覆盖率,实际上红树林覆盖率要低得多,而且还在迅速下降。[①]

碳市场和红树林项目于 2012 年启动,位于湄公河三角洲 12 个省份之一的卡欧(Ca au)。市场和红树林项目旨在通过帮助虾农获得有机认证的养虾活动,保护该地区的红树林生态系统,为农民提高对虾的售价;同时,不允许建造虾池,以防止红树林遭到破坏。由此,项目区每年阻止了 23.5 公顷的红树林损失。要求每个农民维持或达到 50% 的红树林覆盖率,已达到保护或种植红树林的目的。这意味着在项目的前 5 年,为使整个项目区满足认证所需的 50% 的红树林覆盖率,平均 12.5 公顷的红树林需要在 5 年后重新造林 63 公顷。

虽然碳融资最初预计将在红树林与碳市场项目中发挥重要作用,但最终有机认证成为更符合实际的替代方案。该项目与全球知名海产品出口公司合作,由其负责收购有机对虾。随着全球对有机海鲜需求的不断增长,欧洲、美国和加拿大对有机虾的收购价普遍提高。红树林覆盖率的增加与虾产量的增加呈正相关,为农民提供了另一种认证农场的动力。因此,当地经济不断扩大,农民能够看到由于保护红树林而得到的直接经济效益。对于红树林综合养殖者来说,平均每年利润为每年每公顷 900 美元。这不包括劳动力成本每年每公顷 600 美元。

由于项目的成功,红树林与碳市场项目力求扩大参与该项目的农户数量。

---

① McEwin A, McNally R. Organic Shrimp Certification and Carbon Financing: An Assessment for the Mangroves and Markets Project in Ca Mau Province, Vietnam.[J]. *REAP Project. GiZ*, SNV, 2014: 81.

虽然该项目没有纳入《公约》的碳融资机制,但通过其他手段达到了同样的减排目标,同时提高了越南对虾产业的盈利能力。联合国环境规划署将有机认证政策称为一种间接的"国际 PES 形式"。通过确保项目所在地 50% 的红树林覆盖率,红树林与碳市场项目既可以防止森林砍伐,也可以保护现有森林,从而提高该地区创造更多碳汇的潜力。参与红树林与碳市场项目的利益相关者的多样性也可能有助于项目的成功。在项目实施之前对该地区的碳排放量进行评估,以便制订未来的碳融资机制,并在研究中对该项目碳融资的可行性进行评估,包括该地区的碳储量等。通过考察潜在的融资机制,最终建议将红树林与碳市场项目以及联合国 REDD 政策、VCS 或 PV 标准联系起来,或者将该项目提交给《国家适当减缓行动》资助。但是,项目开发者认为,他们无意将这个项目与联合国 REDD 联系起来,因为履行联合国 REDD 要求需要花费很长时间。尽管实施碳融资存在诸多挑战,但该项目已经成功地利用当地社区的经济需求,通过有机对虾市场的盈利将保护、减缓气候变化和经济增长相联系。该类型的项目可与碳融资机制相联系,但目前可持续的虾类养殖认证正在实现类似的保护目标,而不涉及碳融资。

(三) 案例3:印度桑德曼红树林恢复项目

印度西孟加拉邦和孟加拉国南部之间的一组岛屿——桑德曼,是地球上最大的河口红树林所在地。过去 40 年来,由于气候变化造成的海平面上升等影响,超过 28% 的土地流失,红树林生态系统迅速退化。[①] 人口增长和随后的生态系统紊乱等人为因素以及对虾的捕捞也造成了该地区红树林的退化。这些红树林为大约 500 万人的当地社区提供了重要的生态系统服务,成为保护人造堤坝的天然屏障。此外,红树林保护社区免受 20 英尺(1 英尺合 0.304 8 米)每日的潮汐变化。

---

① Dey A, Kar A. Scaling of mangrove afforestation with carbon finance to create significant impact on the biodiversity — a new paradigm in biodiversity conservation models[J]. *Field Actions Science Reports. The journal of field actions*, 2013 (Special Issue 7).

印度桑德曼红树林恢复项目政策在 3 年内种植 6 000 公顷的红树林,将在其生物量和土壤中存储预计 70 万吨的碳,贮存时间可超过 20 年。[1] 该项目的主要目标是减少碳排放、增加气候适应和生物多样性保护。该项目碳标准的适用性研究表明,碳融资是一个可行的选择。新的红树林种植园也将为当地社区提供木材和水产养殖机会。该项目已作为 VCS 集体项目实施,涵盖了桑德曼的 4 个区域。大部分资金作为工作报酬支付给社区,剩余的资金包括碳抵消认证所需的技术调查和科学监测。当地妇女接受了红树林种植过程的培训,并为他们的工作付费,为他们提供小型替代生计来源。

印度桑德曼红树林恢复项目是 VCS 部门范围的一部分,涉及"农业、林业和其他土地利用"(AFOLU)项目。在 AFOLU 内,该项目归入红树林的"造林,再造林和恢复"(ARR)类别。由于土壤碳含量属于本项目的范围,因此也必须符合"湿地恢复和保护"(WRC)的要求。项目规划人员最初试图将 CDM 应用于小规模捆绑项目。但是当 VCS 进行大规模红树林恢复时,项目转换成了集体 VCS 项目的验证过程。截至 2015 年 9 月,该项目得到验证,《公约》向一个名为"生计"的公益组织发放了减排信用额度。目前,"生计"并不打算出售信用,而是将信用作为公司和公司品牌的社会和环境价值减排抵消战略的一部分。[2]

该项目迄今已取得成功,项目的财务目标也已实现。此外,报告显示封存的碳数量几乎是预期数量的 3 倍。该项目提供了一些额外的生态效益,如贝类栖息地,而社区的经济正在从红树林恢复中缓慢获益。此外,该项目还具有社会效益,赋予当地妇女在贫困线以下人口多的地区从事有意义的工作。在

---

[1] Verified Carbon Standard (VCS): India Sunderbans Mangrove Restoration, India. VCS, 2015.
[2] 迄今为止,项目的成本已由 Livelihoods 提供,这些成本包括支持当地社区的恢复活动。最初帮助保护红树林免受放牧等威胁的那些被认为是"森林之友"的人,主要是为了抵消差不多每月 45 美元的差旅费。该项目正在过渡到一个自愿的监测系统,由社区中关心红树林的人进行监督管理。那些种植的人通常可以在退潮的时候每天工作 4 个小时左右,每天可以挣大约 2.54 美元,或者每个月大概 50—56 美元。这个项目的项目经理每个月的收入大概是 120 美元,当地官员每个月的收入是 225 美元。抚育幼苗的每株树苗都要付费。迄今为止,每株树苗价格为 0.015—0.037 5 美元,取决于已经作为该项目的一部分种植的总共 80 万株树苗的物种。

整个项目的规划和实施过程中,社区也参与其中。该项目面临的挑战,包括在新种植的红树林中发生的非法砍伐森林、畜牧放牧以及水产养殖或捕鱼。由于红树林生态系统为虾类和其他鱼类提供了丰富的苗圃,捕捞活动造成的物理干扰可能导致红树林健康状况下降。为防止这些活动,实施了红树林防护系统。还为一些必须依靠放牧谋生的社区提供了支持。例如,可以在小块土地上种植饲料草,以供牲畜食用。此外,气候变化引起的盐度升高改变了该地区某些红树植物的适应性,而未来的红树苗则是基于耐盐性选择的;冰雹和飓风等自然灾害继续威胁着某些种植地新近种植的红树林。由于这些人为和自然因素,许多红树林已经被重新种植。尽管面临这些挑战,许多地方的红树林恢复情况仍在蓬勃发展。

迄今为止,印度桑德曼红树林恢复项目是一个大型 VCS 项目的成功范例。它表明 VCS AFOLU 方法学为海岸带蓝色碳汇项目提供资金的可行性,特别是因为土壤碳已被纳入本项目的碳计算。但是,该项目没有考虑到气候变化引起的海平面上升,如果红树林苗无法生存的话,未来可能会出现问题。为了解决渔业和水产养殖业造成的红树林退化问题,未来另一个可能的办法是探索一项包括红树林渔业可持续商业模式的政策,类似于越南的碳市场和红树林。这样的政策可以进一步支持当地的生计,并防止红树苗从捕鱼活动中退化。

(四)案例4:马达加斯加的蓝色森林项目

马达加斯加是世界上 2% 的红树林的所在地,为沿海社区提供支持,包括渔业、木材和其他生态系统服务,例如防止风暴和侵蚀等。蓝色风投公司(Blue Ventures)开展的蓝色森林倡议与当地社区合作,实施碳融资项目,通过保护红树林以支持可持续社区发展。在马达加斯加,蓝色森林的努力旨在将红树林保护和恢复项目纳入国家 REDD+战略,并在多个项目点使用自愿碳市场标准实施红树林保护项目。蓝色风投公司所进行的研究集中于量化红树林保护和恢复所能实现的温室气体排放,其中包括对湿地损失驱动因素的分析和预测未来湿地变化的模型。此外,蓝色森林试图了解其活动的社会经济影响,其中包括确定其他生计来源、分析红树林的用户权利。这些目标旨在实现 VCS,Plan Vivo 标准以及"气候社区和生物多样性联盟"制定的标准。最近的一项研究确定了在马达加斯加两个海湾开展海岸带蓝色碳汇项目的可行性,过去 20 年来,这些地方已经损失了近 24% 的红树林,主要原因是开采木炭。[①]

蓝色森林最终试图在马达加斯加的国家 REDD 战略中纳入海岸带蓝色碳汇项目。马达加斯加对森林的国家定义,将森林限制在高于 5 米的树林,但这并不包括大部分的红树林。蓝色风险投资公司目前正在与马达加斯加政府合作,改变其国家森林的定义,包括所有高于 3 米的树木,这样便包括了超过 98% 的红树林项目。如果这些谈判取得成功,蓝色森林项目将在马达加斯加采取 REDD+ 碳抵消战略。与此同时,该公司正在评估马达加斯加海湾的一个大规模 VCS 红树林保护项目以及刺客湾一个小规模的 Plan Vivo 项目的可行性。[②] 虽然该项目还未实施,但是蓝色森林公司已经在马达加斯加海湾的 REDD+ 红树林项目的社区能力建设方面取得了进展。特别是该组织克服了与红树林用户权利谈判的挑战,使依赖这些红树林的社区能够获得公平的利益,成为这些红树林的合法用户。此外,蓝色森林公司还分发教育材料与当地社区进行接触,确保社区有可持续的替代品作为建筑材料的自然资源,类似于肯尼亚的米可可所使用的方法。

蓝色森林公司在马达加斯加的蓝碳评估和规划,为自愿碳信用项目的建立和最终实施红树林项目的 REDD+ 鉴定了重要基础。在马达加斯加进行的蓝碳评估包括红树林中的土壤碳,这是充分利用海岸带蓝色碳汇生态系统的全面减缓气候潜力的积极步骤,而且这个项目迄今为止在整个 REDD+ 流程中已经成功地与当地社区进行了融合。如果马达加斯加的国家森林定义可以

[①] Jones T G, Ratsimba H R, Ravaoarinorotsihoarana L, et al. Ecological variability and carbon stock estimates of mangrove ecosystems in northwestern Madagascar[J]. *Forests*, 2014, 5(1): 177-205.

[②] Wylie L, Sutton-Grier A E, Moore A. Keys to successful blue carbon projects: lessons learned from global case studies[J]. *Marine Policy*, 2016, 65: 76-84.

更改为高于 3 米的树木，并且该项目开始获得碳信用额，那么红树林 REDD 的成功可以得到更全面的评估，并可以作为其他国家的典型案例。在某些情况下，该项目强调各国政府必须参与改变或制定必要的政策，以实施 REDD＋或 UNFCCC 其他机制的海岸带蓝色碳汇项目，因为海岸带蓝色碳汇项目可能需要专门的政策和战略安排，而不再依赖陆地"森林碳汇"项目下的这些相同机制。

二、域外海岸带蓝色碳汇交易案例分析与经验借鉴

以上讨论的案例在范围、阶段和方法上差异很大，但是成功的项目也有一些共同特点。所有这些案例研究都表明将社区生计纳入恢复项目设计的一部分，以及让当地社区成员参与规划和实施的各个阶段的重要性。对于案例研究项目，社区从一开始就有理由参与这些项目，因为他们会从中受益。

（一）成功实现海岸带蓝碳项目的建议

考虑到项目开发期间当地社区的需求，并确保不会发生碳泄漏，即在一个地方保护红树林不会导致其他地方砍伐红树林。例如，在肯尼亚的米可可项目中，社区已经努力通过在红树林项目地点外种植松树来避免渗漏，为社区提供替代木材来源，以帮助防止红树林砍伐。在桑德斯坦群岛，由于水产养殖和捕捞活动，新种植或受保护的红树林有时会退化，这表明项目经理可能希望考虑更多的可持续生计选择，如可持续的养虾，以帮助确保红树林的长期可持续性碳项目。越南市场和红树林项目采用可持续的养虾方式，可以使当地社区从养虾业中获得收入，同时保护红树林，从而使桑德班项目受益。不过，除非当地社区能够寻求其他收入机会，否则海岸带蓝碳项目可能无法克服由于当地使用红树林而产生的威胁。

所有这些项目都将减缓气候变化作为其主要目标之一，而目前没有一个项目正在使用《公约》机制来实施。目前正在使用碳融资的两个项目，即肯尼

亚的米可可和印度的桑德曼红树林恢复项目都产生了自愿碳信用额度,迄今为止自愿信用额度对于这些小型项目比《公约》机制更可行。因为《公约》下的交易成本更高、标准更严格。此外,为使《公约》机制能够为更多项目提供资金和制度支持,各国政府必须执行强制的法律规范。因此,这些海岸带蓝色碳汇项目可执行的碳资助机制是在自愿性市场。也就是说,有两个项目正处于《公约》机制的规划阶段,希望今后能够参与强制市场。这表明海岸带蓝色碳汇项目有可能被纳入《联合国气候变化框架公约》体系以具备适当的规划和能力建设。同时,在有些情况下,非碳融资可能也会成为项目的更优选择。

(二) 海岸带蓝色碳汇自愿市场的优势和挑战

根据案例研究,自愿市场更容易被小型社区项目所接受。自愿市场的参与者可以在标准中进行选择,并且可以完成项目,同时可以避免与满足CDM标准或获得REDD+项目所需的详细过程付出相关的高成本和管理负担。在越南和马达加斯加项目中,REDD+项目所需的时间和规划的时间较长,因此"红树林和碳市场项目"在越南推出了另一种融资机制(可持续发展的对虾),马达加斯加尚未实施REDD+项目。对于一些项目来说,在UNFCCC进程变得更加精简之前,利用另一个标准将会更具时效性和成本效益。但重要的是,需要认识到自愿性市场的信用往往低于强制市场。这主要是因为需求低、质量标准不同以及缺乏对强制市场的可转让性。因此,使用自愿碳机制只是折中选择。此外,随着越来越多的海岸带自愿碳市场项目的实施,自愿市场的额外供应可能会导致碳汇信用价格下降,并更难找到买家,这在肯尼亚已经有所体现。

(三) 海岸带蓝色碳汇项目的其他限制和科学需求

在考虑海岸带生态系统最大碳量时,最重要的考虑因素之一就是纳入土壤中储存的碳含量,这是迄今为止所有海岸带生态系统中最大的碳库。上述4个案例中,只有1个案例包括碳排放量中的土壤碳含量,这意味着这些生态系统中的大部分碳含量尚未被统计,从而影响项目获得更充分的经济潜力。纳入土壤碳,需要进行土壤碳测量,这可能需要与可以提供必要研究的科学家或相关领域的专家学者合作,以提高海岸带蓝色碳汇项目的气候缓解价值。

海平面上升和气候变化的影响,也是海岸带蓝色碳汇项目所取得长期成功的重要考虑因素。桑德曼红树林项目未将海平面上升的影响考虑在内,虽然仅是 20 英尺的潮汐变化,但也会导致新种植的红树林可能在未来的海平面条件下被淹没,从而缩短项目周期。海岸带蓝色碳汇项目设计者必须尽最大努力考虑未来的气候变化影响,包括未来 100 年而不是 20—50 年的影响。因此,海岸带蓝色碳汇项目的顺利进行,需有科学的海平面上升预测或解释现有数据的能力,以更好地考虑未来的环境和气候变化,这将影响海岸带蓝色碳汇项目是否取得长期成功。

以上讨论的所有项目均针对红树林生态系统。这项研究无法确定包括其他海岸带蓝色碳汇生态系统在内的项目,因为大多数正在努力发展碳抵消项目的国家都在红树林丰富的热带地区,而且由于一些 UNFCCC 机制,特别是 REDD+和 CDM,只包括红树林生态系统。尽管如此,盐沼和海草也是有效的海岸带蓝色碳汇生态系统,隔绝和储存碳的速度要高于陆地森林。如果强制市场的规定足够宽泛,盐沼和海草项目也可以包含在自愿性市场项目中。例如,适合本国缓解行动允许个别国家提出自己的缓解政策,使所提议的项目类型和项目筹资机制类型具有更大的灵活性,这对于海岸带蓝色碳汇项目来说是较为理想的。多米尼加共和国目前在规划阶段有一个红树林恢复的"国家适当减缓行动"(NAMA)项目,可能成为如何开发海岸带蓝色碳汇"红树林和碳市场项目"的全球模式。

绿色气候基金(GCF)是 UNFCCC 资助机制的另一个选择,该机制于 2015 年开始启动。UNFCCC 要求国家主管部门批准以实施该基金,要求各国优先考虑海岸带蓝色碳汇项目。该机制对于寻求利用海岸带蓝色碳汇生态系统的气候缓解和适应效益的项目很有帮助,特别是对已知海岸带蓝色碳汇生态系统提供适应性,如风暴和侵蚀风险降低。① 另外,正如通过越南的"红树林和碳市场项目",一些国家可能会从使用不以碳为基础的替代融资机制中受益。

同时,虽然以上项目均位于发展中国家,但海岸带蓝色碳汇项目可以在这些生态系统所在的任何国家实施。阿布扎比是一个正在进行海岸带蓝色碳汇项目的发达国家的典型例子,虽然该项目没有使用碳融资机制。在发达国家实施这些项目的方法需要更多的研究。虽然这些案例研究分析了各种海岸带蓝色碳汇项目类型,但世界各地还有更多的项目正在开发。这些项目中有许多要么处于开发早期阶段;要么还没有公开更新的信息。为了促进更多的海岸带蓝色碳汇项目,建议像联合国环境规划署这样的全球机构开发和维护最新的现有已完成项目在线数据库以及目前正在政策规划中的项目或者实施阶段。

本 章 小 结

目前,全球海岸带蓝色碳汇项目是新思路、新方法和融资机制的试验场。这些案例表明,使用自愿碳市场或替代融资机制的小规模海岸带蓝色碳汇项目是目前最成功的。主要由于其对项目开发的要求较为简单,更具成本效益,更易于执行。当然还有其他可行的《联合国气候变化框架公约》机制的强制碳交易市场。尽管自愿市场相对较小,只占全球温室气体减排贡献的一小部分,但自愿市场确实成为一项新的程序、方法和技术的重要"测试领域",并很可能以后被纳入强制交易监管政策。随着越来越多的国家和机构寻求通过减少碳足迹来应对和适应气候变化影响,强制市场可能会因此得到增长,更多的海岸带蓝色碳汇项目将有望纳入。在自愿碳交市场试验场开发的项目可以帮助更多的关于全球气候减缓政策的讨论。国际社会仍在学习实施 REDD+、CDM

---

① Abu Dhabi Global Environmental Data Initiative. Blue Carbon in Abu Dhabi — Protecting our Coastal Heritage: The Abu Dhabi Blue Carbon Demonstration Project[R]. AGEDI, 2013.

和"国家适应减缓行动"项目的最佳做法,但希望能够在未来促进纳入更多海岸带蓝色碳汇项目。将海岸带蓝色碳汇纳入《联合国气候变化框架公约》,将使世界各国开始出现许多新的问题。因此,各国应从这些案例研究中学习,使海岸带蓝色碳汇项目的实施进程更加精简和有效。海岸带蓝色碳汇项目有望在全球范围内实施,将会有更多的以提高对这些生态系统提供服务的认识,并开发不同的支持项目以及替代方法。

对于中国而言,以上国家的海岸带蓝色碳汇项目以及交易机制值得借鉴。尤其是交易模式方面,考虑到自愿市场的规模小、灵活可操作、便于执行等优点,以及强制市场的法律规范清晰、责任体系更明确、产量大的优势,目前可以考虑构建一个以自愿市场为主、强制市场为辅的交易模式。具体在法律层面,可以考虑在进一步修改和完善《温室气体自愿减排交易管理暂行办法》等的基础上,将海岸带蓝色碳汇纳入我国温室气体自愿减排交易体系,并且与我国的 CCER 交易体制相衔接。同时,在实践层面,在海岸带蓝色碳汇项目的开发、设计和实施时,可以借鉴以上国家的经验,注重对当地社区(或集体)利益的保护以及对当地群众的生存和发展权的维护。

第四章　海岸带蓝色碳汇权法律属性探析

海岸带蓝色碳汇作为一种新生事物，为海岸带生态系统服务价值的市场配置提供了可能，也为提升其市场竞争开辟了一种新的模式。但是海岸带蓝色碳汇首先面临的主要问题是作为一种财产权其利益如何分配。因此，本章将从私法领域对海岸带蓝色碳汇的法律属性进行剖析，以便明确其所有权归属，也为海岸带蓝色碳汇交易机制的正常运行提供必要的法律前提。

在《联合国气候变化框架公约》《京都议定书》以及《巴黎协定》等指导下，确定国内法视域下海岸带蓝色碳汇交易的法律应对体系，是建立海岸带蓝色碳汇市场交易规则、明确碳汇项目参与方利益相关者的法律权利和义务，以及完善符合我国实际情况的市场交易体系的重要前提。其中，对海岸带蓝色碳汇的权利化探讨必不可少。同时，由于私法规则规范的严重缺位，导致海岸带蓝色碳汇法律规制仍然存在诸多问题，主要包括以下方面。[①]

一是海岸带蓝色碳汇交易中涉及诸多利益相关者，其相互关系以及性质属性不明确。海岸带蓝色碳汇交易双方不仅可以增加新的收入来源，而且可以促进高排放企业低成本减排，可谓双赢。我国《海洋环境保护法》《海域使用管理法》虽然规定了海域资源使用权和所有权制度，但是对于海岸带蓝色碳汇

---

① 李海棠.海岸带蓝色碳汇权利客体及其法律属性探析[J].中国地质大学学报(社会科学版)，2020，20(01)：25-38.

活动中的利益关系该如何界定,则是一个全新的问题。目前,对于海岸带蓝色碳汇项目中所涉及的相关利益主体的法律调整,暂时还没有可供借鉴的国际立法经验,虽然美国和澳大利亚有关学者对于海岸带蓝色碳汇的法律问题有所思考并且提出了相关建议,但是对于该问题的考虑仍然没有相关法律予以明确规定,因此还需要进一步研究和明确。正如美国学者达菲(Duffy)所言:"传统的民法、合同法等财产法很难明确和类型化一块土地或者海岸带湿地、沿海滩涂等生态系统碳汇的能力,因为这种能力到底应该属于矿产资源、地役权、土地所有权、海域所有权、海域使用权、天然生长的作物的一部分还是其他个人财产,都不明确,而且也没有相关的立法经验可资借鉴。"[1]海域使用权要比森林使用权复杂得多,从而表明蓝色碳汇权的法律权利更难界定。

二是海岸带蓝色碳汇项目相关主体获得经核证减排量的法律依据不足。海岸带蓝色碳汇是一种将具有公共物品属性的大气环境资源,通过一定的科学技术以及明确的方法学将其转换为一种确定的资产,该资产可以在特定主体间相互交易,并且形成一种有效的资源流通机制,从而达到对大气环境容量这一环境产品进行资源优化配置的目的。与此同时,也产生了一个最基础的法理学问题:海岸带蓝色碳汇权是否为一种新型权利?如果是,谁有权创设该法律权利,谁有权可以依法获得基于海岸带蓝色碳汇权而产生的相关利益?关于海岸带蓝色碳汇核证减排量的所有权归属问题,国外也有学者提出相同看法,认为"有关气候变化的相关立法,首先应当明确有权利生产并获取碳信用额'所有者'的主体"。[2]

三是海岸带蓝色碳汇相关利益的法律界限不清晰。根据传统民法,依照"原物孳息"理论,自然资源当然地附属于其所生长的土地(或海域)。但是随着时间的推移,这种情况也发生了巨大改变。对自然资源以及生态系统的开发和利用以其相互独立的生态价值形成了各自不同的权利义务格局。海岸带

---

[1] Duffy K. Soil Carbon Offsets and the Problem of Land Tenure: Constructing Effective Cap & Trade Legislation[J]. *Drake J. Agric. L.*, 2010, 15: 299.

[2] Duffy K. Soil Carbon Offsets and the Problem of Land Tenure: Constructing Effective Cap & Trade Legislation[J]. *Drake J. Agric. L.*, 2010, 15: 299.

蓝色碳汇根据对海域和海岸带蓝色碳汇生态系统植被和土壤碳(红树林、盐沼和海草)的多元化利用而产生,作为新型的资源利益,它与海岸带、滨海湿地、沿海滩涂的使用密不可分,但又与海域使用权、土地使用权相互区别。在我国,海岸带蓝色碳汇项目的运行制度主要由海域资源以及土地资源的归属和利用的基本制度决定,其中必不可少地会涉及与海域资源相关的各种主体,包括国家、集体、项目业主、私人主体、各种环保 NGOs 等,并且也必然会引发各种财产性法律权利的相互冲突与彼此协调。海岸带蓝色碳汇项目的运行,同时还需要考虑各种由于自然或人为原因造成的海岸带蓝色碳汇生态系统被破坏,例如海平面上升、上游水质污染等导致海岸带红树林、海草、盐沼等生态系统被毁,从而影响海岸带蓝色碳汇信用额度的产生。因此,具体责任风险的承担与划分应当提前明确,而海岸带蓝色碳汇项目各主体义务的明确界定也有利于该风险责任的分担。

四是海岸带蓝色碳汇活动缺乏明确的利益救济途径。有关权利的救济途径,分为私力救济和公力救济,而公力救济主要包括司法救济、行政救济、仲裁救济。由于海岸带蓝色碳汇权属于新兴权利,我国法律还未明确规定,更何谈司法救济和仲裁救济。虽然《行政许可法》第 12 条第 2 项明确规定,自然资源的开发利用等特定权利事项,可以设定行政许可。但是,仅以简单的行政法律关系的设置规定权利义务的主要问题是缺乏救济途径。所以,针对海岸带蓝色碳汇这一新兴资源,如果不从司法救济和仲裁救济的途径予以规制,而仅依靠"管理办法"之类的行政法律规范,相关权利主体的利益将无法得到及时救济和完全保障。

解决上述问题的首要方法是对海岸带蓝色碳汇进行私法规制。海岸带蓝色碳汇项目及其市场交易机制的发展,不仅可以为海岸带蓝色碳汇生态系统的保护和恢复提供充分的资金保障,增加海岸带蓝色碳汇项目业主的收益,激励我国海洋及海岸带生态保护与可持续发展的机制创新,而且还可以通过碳排放权交易强制市场的抵消机制,降低温室气体减排成本。但在我国碳汇市场中,只有林业碳汇项目及其运行机制初具一定规模,并且开始进一步的完善和发展,进而"延伸至碳产业链的最前端"。① 尽管林业碳汇与海岸带蓝色碳汇有一定的相似性,对于海岸带蓝色碳汇法律制度的构建可以借鉴林业碳汇的相关制度,或者将其纳入现存法律制度和碳交易机制中,但是由于林业碳汇与海岸带蓝色碳汇从权属到法律关系的明显区别,使得简单的将海岸带蓝色碳汇纳入原有法律机制并不能完全规制海岸带蓝色碳汇项目在市场运行中出现的法律问题。因此,最有效的法律应对应该是,具体问题具体分析,建立成熟完善的海岸带蓝色碳汇交易法律运行机制和市场监督机制。而确立海岸带蓝色碳汇权的法律依据,应当改变原有的依靠行政法规范碳汇市场的规制模式,在不违背传统民法权利义务体系下,考虑时代的发展与进步,对新型权利的法律规制进行私法化配置。

第一节 海岸带蓝色碳汇权的法律构造

海岸带蓝色碳汇权作为一种新型权利,学界尚无统一认识。若从理论层面较为精确地界定碳排放权,则必须明确其构成要素,即权利客体、权利主体和权利内容。清晰的权利构成要素有助于权利属性的界定。权利构成三大要素(主体、客体和内容)中,权利客体最为根本。据此,法律在不同的客体之上设定权利,就必须根据不同客体的不同状况,合理设计权利内容和保护方法,以便权利客体将某权利与其他权利加以区别。②

一、海岸带蓝色碳汇权的客体

客体是权利的基础,同时也是法律关系的要素之一。按照德国学者的观点,权利只是一个框架性概念。例如,对于"某人拥有一种权利",指的是某人

---

① 涂永前.碳金融的法律再造[J].中国社会科学,2012(03):95-113,207.
② 胡吕银.股权客体研究及其意义[J].法学论坛,2003(04):67-71.

可以或者应当享受到何种便利或服务。它也可以指一种自由的选择,可以选择做某事,或者不做某事,可以在法律规定范围内选择做或不做某事的程度。它可以是对其他人的不得侵犯,也可以是对另一主体的义务履行,还可以是权利享有者的行为范围等。由此,各种不同类型的权利便由此而产生。权利类型之所以不同,其决定因素主要是由于客体不同。因此,但凡是一种权利,必定有明确的客体。正如德国著名法哲学家卡尔·拉伦茨指出:权利所之客体,也就是权利所指向的对象,必须是明确的。权利人对此特定物享有排他权、处分权,或者依据法律规定请求某个特定的人(债务人)履行特定的给付。允许权利人按照"法无禁止即自由"的理念指导其行为,虽然这是一种符合法理的做法,但是由于权利客体确定性的缺乏,并不能推断出某种"权利"。① 也就是说,客体是某种权利存在的前提和基础,没有"客体",权利也将不复存在,即"皮之不存,毛将焉附?"

民法规范中有关权利客体的概念存在诸多论述,主要有:民事权利客体指"民事权利义务共同指向的对象"②、"主体之间据以建立民事法律关系的对象性事物"③、"民事权利或者民事义务的载体"④、"主体之间得以形成法律关系的目标性事物"⑤、"权利由特定利益与法律上之力两要素构成,本质是受法律保护的特定利益,此特定利益之本体,即是权利的客体"⑥。在上述定义中,民事权利客体须是民事权利和民事义务所共同指向,基本上是一致的;分歧在于所指向的是什么,有的认为是对象,有的认为是对象性事物,有的认为是载体,有的认为是目标性事物。对于这些不同的对民事权利客体的解释性表述,其实并没有本质上的差别,只有特定利益之本体的说法比较特殊。⑦ 本书赞成多数人的意见,仍然界定民事权利客体是指对象。故民事权利客体是指民事

---

① [德]拉伦茨.德国民法总论(上册)[M].王晓晔,等译.北京:法律出版社,2004.
② 王利明.民法总则研究[M].北京:中国人民大学出版社,2012.
③ 张俊浩.民法学原理(上册)[M].北京:中国政法大学出版社,2000.
④ 李永军.民法总论[M].北京:中国政法大学出版社,2008.
⑤ 龙卫球.民法总论[M].北京:中国法制出版社,2002.
⑥ 梁慧星.民法总论[M].北京:法律出版社,2007.
⑦ 杨立新.中国民法总则研究(下卷)[M].北京:中国人民大学出版社,2017.

主体之间民事权利和民事义务共同指向的对象。

民法中不同类型的权利之所以不同,主要是因为其权利客体不同。区分各种权利的基本标准就是有无客体,或者客体是否明确。[①] 虽然《民法典》民法总则对个人信息、数据、网络虚拟财产等规定体现出了法律制度的创新和历史意义,[②]但却并未对权利客体的类型做出具体规定。由于一些专家学者认为"权利客体应当根据其不同分类,纳入相关权利的法律规范中予以明确规定,在民法总则中规定其一般准则,并不符合法理要求。"[③]因此,对于新型权利客体的界定可按照基础法学理论知识予以界定。

(一) 海岸带蓝色碳汇权客体之内涵

海岸带蓝色碳汇权利客体的确定,应当根据民法理论对权利客体的内涵做出基本判断,同时借鉴林业碳汇权客体的相关内容可以得出,海岸带蓝色碳汇权的客体是指海岸带或者海洋蓝色碳汇项目活动中可以确定的各参与主体之间法律权利和义务所共同指向的对象。由于海岸带蓝色碳汇权属于一种新型权利,国际具体实践较少,但是随着林业碳汇权利讨论的日趋成熟,加之海岸带蓝色碳汇和林业碳汇共同的植被和土壤碳属性,使其为海岸带蓝色碳汇权利客体的确定提供了可资借鉴的蓝本。

譬如,学者林旭霞认为:根据国内外实施的林业碳汇实践,各方主体利益的集中体现是"碳减排量",这主要是根据碳汇林吸收和储存大气中的二氧化碳以及相关规则与碳汇交易相结合的活动和机制所确定。[④] 从自然科学角度而言,碳减排量就是由于碳汇项目的实施所带来的温室气体的减少量,也可以说是温室气体减排空间的增加量。源自造林和再造林项目的林业碳汇权,其价值在于在天然的、自然形成的植被和土壤吸碳、储碳的基础上产生的"增量",或者符合"额外性"要求的核证减排量。也就是说,在碳交易市场中,能够

---

① 李永军.民法总则民事权利章评述[J].法学家,2016(05):60-75,177.
② 崔建远.我国《民法总则》的制度创新及历史意义[J].比较法研究,2017(03):180-192.
③ 尹田.论中国民法典总则的内容结构[J].比较法研究,2007(02):44-54.
④ 林旭霞.林业碳汇权利客体研究[J].中国法学,2013(02):71-82.

在强制市场中起到抵消作用的只能是增加的那部分储碳量,可用于碳汇交易或者抵消碳信用额度。在林业碳汇领域,碳减排量与碳汇的增量部分相对应,即"碳减排量"和"碳汇的增量"具有质和量上的统一性,是一个问题的两面。其中,通过对碳贮存量的计量和监测,满足"核证减排量"中的"核证"要求。①

这样的定义虽然具有创新意义,但也并非完美。因为在实践中,"碳减排量"只有经法定机关通过特定程序核证后才方可用于交易。根据《气候变化框架公约》《京都议定书》等规定,"碳减排权交易""碳汇交易"等温室气体多边控制机制大多以"核证碳减排量"(CERs)为交易客体。我国碳交易市场也以"中国核证自愿减排量"(CCER)为交易对象。因此,笔者认为,核证减排量(CERs)应为碳汇权利的客体。具体而言,海岸带蓝色碳汇权客体指的是通过海岸带蓝色碳汇项目产生的海岸带蓝色碳汇经核证减排量。那么,作为交易对象的 CERs 到底蕴含了哪些利益关系,核证减排量究竟属于何种法律属性,与其他自然资源要素有怎样的相互联系？即,核证减排量何以成为民事权利客体？

(二) 海岸带蓝色碳汇权利客体之证成

如前文所述,民事权利客体是指民事主体之间民事权利和民事义务所共同指向的对象。具体而言,民事权利客体包括物、行为、智力成果、人身要素(人格、身份)等。② 相应地,民法意义上的物,是民事权利客体中重要的形式之一,体现的是民事权利客体中的利益;民法上的行为,一般指在债权中,债权人请求债权人为一定行为或者不为一定行为的权利;民法中的智力成果,包括作品、发明、实用新型、外观设计、商标、地理标志、商业秘密、集成电路布图设计、植物新品种等知识产权的客体;③民法意义上的人身,指民事主体在物质和精

---

① 夏梓耀.碳排放权研究[M].北京:中国法制出版社,2016.
② 龙卫球.民法总论[M].北京:中国法制出版社,2002:35.
③ 《民法总则》(2017)第 123 条第 2 款规定:"知识产权是权利人依法就下列客体享有的专有的权利:(一)作品;(二)发明、实用新型、外观设计;(三)商标;(四)地理标志;(五)商业秘密;(六)集成电路布图设计;(七)植物新品种;(八)法律规定的其他客体。"

神上的人格和亲属之间的身份。① 作为海岸带蓝色碳汇权利客体的核证减排量,显然不可能是行为、智力成果和人身要素,但能否定义为民法意义上的"物"呢?

物,是民法的基本范畴之一,与人相对应,是民法社会物质构成要素之一。关于物的概念的界定有很多种,笔者比较认同刘凯湘教授的定义,即"物是指具有使用价值、能满足人的某种需要并能为人所控制和支配的物质对象"。② 海岸带蓝色碳汇核证减排量CERs虽为无体物,不具备典型意义上物的一般属性,但是根据法学基本理论以及著名法学家的经典论述,CERs可以成为权利的客体。譬如,法学家张文显教授曾经提出,只有符合以下3个特征才可以成为权利的客体:首先,依据基本法理,只有能够被人类支配(控制)或者部分支配(控制)的物,才可属于法律调整的范围,才可以成为权利义务作用的对象。即,它必须是为我之物;其次,它必须是有用的、有价值的,而且以它为中心可能发生某种利益纠纷或者冲突。也就是说,它必须对主体为"有用之物",从而需要对其明确归属,作出利益确定以及权利和义务的划分;再次,它必须在认识上独立于主体,可以与主体分离,也就是说相对于主体,它是"自在之物"。③ 这一论述为判断CERs能否成为法律上之物提供了重要指导,同时也与上文提到的刘凯湘教授对"物"的界定相契合,即应当看CERs是否符合"有用之物""为我之物"和"自在之物"这三个条件。④

1. 海岸带蓝色碳汇核证减排量(CERs)具有价值性,即为"有用之物"

权利的客体是民事主体之间民事权利和民事义务所共同指向的对象,而权利的背后就是一定的民事利益,即,民事主体之间为满足自己的生存和发展而产生的,对一定对象需求的人身利害关系和财产利害关系。因此,作为物权客体的物应当能够为权利人带来一定的经济利益,或者能够满足其某种需要。

---

① 杨立新.中国民法总则研究(下卷)[M].北京:中国人民大学出版社,2017.
② 刘凯湘.民法总论[M].北京:北京大学出版社,2006.
③ 张文显.法哲学范畴研究(修订版)[M].北京:中国政法大学出版社,2001.
④ 曹明德.论气候资源的属性及其法律保护[J].中国政法大学学报,2012(06):27-32.

物权法的功能之一,在于确定特定财产的归属关系。对人类没有意义、不满足人类需要的物,没有必要纳入法律或者民法的调整范围并为其确定归属和利用的秩序。[1]

海岸带蓝色碳汇核证减排量虽为"无体物",不满足传统民法学对"物"的界定,但对人类而言,它不仅有助于海岸带蓝色碳汇生态系统的保护和恢复,还能实现节能减排以及满足人类的低碳生活需求。根据法学家曹明德教授的观点:所谓自然资源,在被人们发现之前,即在原生状态下就是有用途并且有价值的物质。[2] 但是,自然资源并不能当然地成为法律意义上的"物";只有可以被人类开发和利用,并且带来经济利益的自然资源,才可以称为"物"。当然,可以被人类开发和利用的"物",并不是一成不变的,其范围会随着社会的进步、科技的发展以及人类的认知而越来越广泛。但同时,随着人类对利益的无限需求以及增长的极限,也会造成"公地悲剧"。为了平衡温室气体排放容量和经济发展需求之间的矛盾,需要法律创设一定的经济激励机制,实现节能减排和生态经济发展的双赢。此时,碳汇交易机制应运而生,同时也产生了 CERs。

海岸带蓝色碳汇的减排价值证明了其对人类的有用性。譬如,与陆地土壤不同,海岸带蓝色碳汇生态系统的土壤大部分是无氧的,这表明融合在土壤中的碳分解速度非常慢且可储存数百上千年;同时,许多海岸带蓝碳生态系统的高盐度限制了一种强有力的温室气体——甲烷的产生;[3]而且,与其陆地和淡水区域不同,海岸带蓝碳生态系统不会因碳而饱和,因为当生态系统维持稳定状态时,沉积物会随着海平面上升而垂直分布。[4] 因此,碳封存的速度和碳汇的大小可能会随着时间的推移而持续增加,即作为一种客观存在,海岸带蓝

---

[1] 杨立新.中国民法总则研究(下卷)[M].北京:中国人民大学出版社,2017.
[2] 曹明德.中国参与国际气候治理的法律立场和策略:以气候正义为视角[J].中国法学,2016(01):29-48.
[3] Livesley S J, Andrusiak S M. Temperate mangrove and salt marsh sediments are a small methane and nitrous oxide source but important carbon store[J]. *Estuarine, Coastal and Shelf Science*, 2012, 97: 19-27.
[4] Kirwan M L, Megonigal J P. Tidal wetland stability in the face of human impacts and sea-level rise[J]. *Nature*, 2013, 504(7478): 53-60.

色碳汇产生的核证减排量不仅可以带来净化水质、保护海岸线安全的生态服务价值，而且还能抵消温室气体排放主体的排放额度，或者为温室气体自愿减排主体提供可以交易的海岸带蓝色碳汇核证减排量。此外，海岸带蓝色碳汇权利主体可以通过保护和恢复海岸带蓝碳生态系统而获得CERs，不仅为买方赢得减排空间和法定排放配额，也为海岸带蓝色碳汇项目业主带来经济收益，实现海岸带蓝色碳汇经济和生态双重价值。

2. 海岸带蓝色碳汇核证减排量（CERs）具有"可支配性"，属于"为我之物"

物应当能够为人类所控制。有体物必须能够为人类所控制。对于目前人力所不能控制的物，例如日月星辰等，由于其无法为人们所支配，因此不能作为物权的客体，也不是民法上的物。随着人类对自然力认知能力的不断提高，人们对物的控制力不断增加，物的范围也在不断扩大。现代民法关于"物"的概念已经从罗马法上的有形物扩展到一切固体、液体、气体、热、光、电磁波、能量等自然力，以及能够为人力控制并具有价值的特定空间。①

海岸带蓝色碳汇在很长时间以来被人们所忽视，主要是因为科学技术手段的局限性，使得红树林、盐沼、海草床等海岸带生态系统的固碳、储碳速率难以被统计和测量，对于"基线""额外性""持久性"等指标和数据也难以准确掌握。由此，海岸带蓝色碳汇产生的核证减排量也更加无法确定和监测。但是近年来，随着科技的发展以及国际社会各界对海岸带蓝色碳汇的重视，国内外相关机构发布了一系列蓝色碳汇标准和方法学，②使得人类有机会和可能对海岸带蓝色碳汇核证减排量进行一定程度的掌握和理解，具体包括以下几种：

第一，最新版的"黄金标准"③，即2013年公布了第一个红树林造林和重新造林准则。在此标准之前，没有一个红树林项目获得过的碳信用额。

---

① 杨立新.中国民法总则研究（下卷）[M].北京：中国人民大学出版社，2017.
② 黄祥燕.海洋碳汇标准浅析[A].中国标准化协会.标准化助力供给侧结构性改革与创新——第十三届中国标准化论坛论文集[C].中国标准化协会：中国标准化协会，2016：4.
③ 黄金标准（Gold Standard，GS），它是一个自愿登记机构，负责签发自愿减排信用和排放配额。黄金标准，一直是碳市场领域研究和创新碳排放方法学的先驱。为了获得一般事务部门发放的信用，减排项目必须具有系统效益，包括社会环境和经济利益以及"技术可持续性"。

第二，核证碳标准(VCS)①在 2014 提出了与海岸带蓝色碳汇相关的第一部方法学文件——《沿海湿地创造方法学》，提出了两种湿地的创造方法；2015 年又开发了另外一部蓝色碳汇方法学文件——《潮汐湿地和海藻地修复方法学》，这是第一个针对全球海岸带蓝色碳汇生态系统的计量方法学规定。

第三，IPCC 在 2014 年发布了《湿地指南》，将红树林、盐沼、海草床等属于滨海湿地范围的海岸带蓝色碳汇纳入其中，并且提供了单位面积碳储量的全球平均值作为参考，用以计算海岸带蓝色碳汇项目的碳储量。②

第四，2014 年 9 月，UNEP 发布了《沿海蓝碳——红树林、潮滩湿地、海藻地碳储存及排放因子的计量方法手册》，其提供的基本的方法学为海岸带蓝色碳汇项目参与自愿减排市场提供了可资借鉴的方法学基础。③

第五，我国广西红树林研究中心起草的广西地方标准《红树林湿地生态系统固碳能力评估技术规程》，④也为我国海岸带蓝色碳汇的保护与管理提供技术支撑。

以上这些标准分别从民间和官方两个层面，对海岸带蓝色碳汇产生的核证减排量提供了所需的方法学理论或者开发和制订相关方法学的经验，为海岸带蓝色碳汇核证减排量的确定奠定了坚实的科学基础。总之，海岸带蓝色碳汇产生的 CERs，通过具体方法学中的参数和计算方法可实现对其支配、控制和利用，以达到利用经济杠杆来激励和促进海岸带蓝色碳汇生态系统的保护和恢复。

3. 海岸带蓝色碳汇核证减排量(CERs)具有独立性，即为"自在之物"

物的独立性包括两方面：一方面，指独立与人身之外，与"人"对应，构成

---

① 核证碳标准(VCS)，它也是一个自愿登记机构，负责发放经核实的碳单位。它只侧重于减少温室气体，而没有对环境或社会共同利益的要求。
② Emma Xie He. Blue Carbon: How Carbon Trading Can Help Preserve Coastal Ecosystems [R]. Climate Institute, Washington, 2016.
③ Howard J, Hoyt S, Isensee K, et al. Coastal blue carbon: methods for assessing carbon stocks and emissions factors in mangroves, tidal salt marshes, and seagrasses[R]. IUCN, Washington, D.C., 2016.
④ 《中华人民共和国地方标准备案公告 2016 年(第 5 号)》，2016 年 6 月。

民法社会的两大基本物质构成要素。现代民法不允许对人身进行支配。因此,人的身体或者身体的一部分不能认为是物;另一方面,物必须在物理上、观念上、法律上能够与其他的物相区别而独立存在,不依附于人或者其他物,因此,物必须为独立一体。只有如此,物才能被人所支配,并能够满足人的某种需要。否则就不能称之为物,而只是物的部分。物必须在物理上、观念上能够与其他的物相区别而独立存在。物理上的独立性是指物必须在现实形态上与其他物相区别,传统民法观念认为物必须具有物理上的独立性,才能成为独立物。但随着社会的发展,物即便不具有物理上的独立性,也可以根据交易观念和以法律规定作为标准来确定物是否具有独立性。[1]

海岸带蓝色碳汇权主体可以对该权利占有和排他支配。因此,海岸带蓝色碳汇CERs是独立于权利主体而单独存在的独立的个体。权利有明确的边界,是权利主体对其有效支配的基础。虽然从物理形态而言,海岸带蓝色碳汇不容易与蓝色碳汇生态系统的保护和恢复过程分离,但正如前文所述,海岸带蓝色碳汇可以通过科学技术手段和方法予以控制,从而实现海岸带蓝色碳汇核证减排量与海岸带蓝色碳汇项目主体的分离,也可以对海岸带蓝色碳汇在特定时间和空间范围内定量化。[2]

另外,从碳汇交易的市场机制中,也可以证明CERs的独立性。核证减排量的交易形式,主要根据"信用"(Credit),其产生主要是通过特定的行政机关或者中立的第三方审核机构的审核与签发。"信用"作为海岸带蓝色碳汇核证减排量的外在表现形式,也蕴含了多层法律关系:首先,海岸带蓝色碳汇交易虽然以"信用"的外在形式进行市场流通,但是归其根本,主要还是海岸带蓝色碳汇核证减排量的交易;其次,"信用"是海岸带蓝色碳汇权利客体——核证减排量的表征,可以成为其他权利的客体。例如,碳金融就是以此为基础产生的交易形式。碳"信用"可以具备金融衍生品的某些特点,并使碳金融进入碳交易活动中,主要是因为各种碳"信用"的分配、归属以及实际控制,并非在同时

---

[1] 杨立新.中国民法总则研究(下卷)[M].北京:中国人民大学出版社,2017.
[2] 林旭霞.林业碳汇权利客体研究[J].中国法学,2013(02):71-82.

空内发生;①再次,"信用"是由交易机制创设的权利载体,代表一定的使用、控制碳减排量的碳汇权利。

总之,碳汇交易机制的发展和运行,促使海岸带蓝色碳汇生态系统的温室气体减排功能得以最大限度发挥,也使生态服务价值得以彰显;同时,也足以说明进行海岸带蓝色碳汇交易的核证减排量可以作为独立交易对象出现在碳市场并进行碳汇交易或碳交易的抵消;并且也符合社会的整体利益、绿色低碳可持续发展理念以及"2030碳达峰"和"2060碳中和"的应对气候变化的国家战略。②继而,根据相关法律规则,经过特定法律机关的核准与公示,海岸带蓝色碳汇权利主体可以拥有对海岸带蓝色碳汇核证减排量的可排他性支配权;同时,海岸带蓝色碳汇项目的权利主体可以在法律规定的范围内自由行使权利,并且可要求其他人对其权利的行使排除妨碍和停止侵害等权利救济。

综上可知,CERs虽然不是一般意义上的"权利客体",但是符合法学理论和发展中的民法理论中有关"物"的基本属性,也符合关于权利客体的基本规定,从而理应被纳入民法、物权法以及环境法的调整范围。

二、海岸带蓝色碳汇权的主体

海岸带蓝色碳汇权的权利人,指海岸带蓝色碳汇权所蕴含利益的享有者,也即具有支配海岸带蓝色碳汇权客体法律资格的人。海岸带蓝色碳汇权的主体包括法人、自然人、其他组织等在一定条件下可成为海岸带蓝色碳汇权的法律主体。

(一) 国家

作为海岸带蓝色碳汇权的客体,核证减排量是国家法律拟制的产物。这

---

① 李威.国际法框架下碳金融的发展[J].国际商务研究,2009,30(04):42-53.
② 林旭霞.林业碳汇权利客体研究[J].中国法学,2013(02):71-82.

些法律包括国际法和国内法。在国际层面,国家通过缔结国际条约的方式创制核证减排量。譬如,《京都议定书》规定,发达国家可以通过清洁发展机制投资一定范围的节能减排环保项目,并且经核证减排部门核准,获得一定数量的核证减排量,以抵消发达国家自身的强制减排义务,履行对《联合国气候变化框架公约》的承诺。也就是说,《京都议定书》创制了核证减排量,这也是海岸带蓝色碳汇权产生的国际法基础。在国内层面,国家通过国内立法创制中国核证自愿减排量(CCER)并将之归于国家所有。国家需根据海岸带蓝色碳汇减排项目确定CCER,而且过程较为复杂。国家创制CCER的主要目的在于将其转让给符合条件的法人或组织等社会主体,希望通过合法主体之间的海岸带蓝色碳汇交易以低成本的方式实现温室气体减排。

国家作为海岸带蓝色碳汇权的原始权利主体具有理论和实践上的合理性。CCER是制度创设的公共资源,关系绿色发展、气候变化以及社会公益。作为社会公益代表的国家,理应能够对国家核证自愿减量进行最初的控制,对其享有原始的权利,该观点类似于国家享有自然资源所有权。[①] 我国《清洁发展机制运行管理办法(修订)》第36条规定国家参与清洁发展机制项目产生的温室气体减排量转让收益分成,分成比例高达65%。也许有人质疑国家收取价款的正当性,但恰恰因为国家是碳汇权的原始权利主体,对碳汇权核证减排量享有初始的权利,其他主体从国家继受取得核证减排量,理应向国家支付对价。在很多情况下,国家向企业无偿转让碳排放权或者仅收取少量对价,这是权利人对权利行使的自由。国家通过转让核证减排量获取的收益,应当用于应对气候变化或其他公益事业,实现公共资源转让收益由公众共享。[②]

(二) 法人

在我国民法理论中,法人有企业法人、机关法人、事业单位法人和社会团

[①] 巩固.自然资源国家所有权公权说[J].法学研究,2013,35(04):19-34.
[②] 夏梓耀.碳排放权研究[M].北京:中国法制出版社,2016.

体法人之分,在大陆法系民法理论中法人有社团法人与财团法人之分。① 在一定情形下,这些不同类型的法人,均可成为海岸带蓝色碳汇权的主体,其中以从事生产经营活动的企业法人或社团法人最为重要。

一般而言,在海岸带蓝色碳汇权交易中,有两类企业主体。一是纳入总量控制与交易的温室气体排放企业。这类主体主要在市场上通过购买海岸带蓝色碳汇权、林业碳汇权等碳汇权利以抵消自身碳排放量,也是海岸带蓝色碳汇权的需求方。二是海岸带蓝色碳汇减排项目运行企业。该类企业通过实施保护或恢复海岸带生态系统蓝色碳汇项目获取海岸带蓝色碳汇核证减排量,从而成为海岸带蓝色碳汇权的主体,并有权通过获得一定对价的形式,将其出售给海岸带蓝色碳汇核证减排量的需求方,成为海岸带蓝色碳汇权的供给方。海岸带蓝色碳汇项目的运营企业须符合一系列要求才能够顺利获得海岸带蓝色碳汇核证减排量,这些要求包括海岸带蓝色碳汇项目类型适格、减排活动具有额外性、减排项目位于认可的管辖范围内,以及减排项目应符合可测量、可报告、可核证(MRV)的要求。对于因达不到门槛条件或其他原因,而不能参与总量控制与交易机制的企业,可自愿参与温室气体自愿减排交易,通过发展海岸带蓝色碳汇项目,获得自愿核证减排量,从而成为海岸带蓝色碳汇权的主体。

众多企业为抵消自身生产经营活动所产的碳排放量而取得海岸带蓝色碳汇权,不过也有些企业并没有抵消碳排放量的需要,仅为投机目的取得海岸带蓝色碳汇权而成为权利主体,如参与海岸带蓝色碳汇权交易的投资公司。这些企业通过预测海岸带蓝色碳汇权市场价格的未来走向实施交易,低价时买入,高价时卖出,以获取海岸带蓝色碳汇权价格波动的价差收益。允许企业为投机目的参与碳排放或者碳汇权交易,其益处在于增加市场流动性,提升海岸带蓝色碳汇权交易的活跃程度。尤其是在从事碳金融、期货等衍生产品交易的情况下,如缺乏投机者参与,则会使市场交易的流动变差,从而导致交易的

---

① 魏振瀛主编.民法[M].北京:北京大学出版社、高等教育出版社,2000.

可能性微乎其微。① 但同时,允许企业为投机目的进行的海岸带蓝色碳汇交易,也会助长市场价格风险,可能造成市场紊乱。因此,当碳汇交易市场不成熟的时候,立法应对允许企业对碳市场的投资保持审慎的态度;等到碳汇市场体系和机制成熟,在条件允许的情况下,可以适当开放以碳金融投资为目的的企业参与海岸带蓝色碳汇交易市场。

(三) 其他主体

自然人以及一些环保组织当然无需承担强制减排义务,也无需购买海岸带蓝色碳汇权以抵消自身的碳排放权。但是,自然人和环保组织也可以自愿承担温室气体减排义务,主动购买海岸带蓝色碳汇权,以抵消个人和组织的碳足迹。前文已对NGOs自愿参与海岸带蓝色碳汇交易进行了详细阐述。例如,在肯尼亚米可可项目中,与加济湾社区签订了生态服务付费(PES)协议的"维沃计划"(Plan Vivo)组织;在印度桑德曼红树林恢复项目中,《联合国气候变化框架公约》向一个名为"生计"(livelihoods)的公益组织发放了减排信用额度。目前,"生计"并不打算出售信用,而是将信用作为公司和公司品牌的社会和环境价值减排抵消战略的一部分;在马达加斯加的蓝色森林项目中,蓝色风投公司(Blue Ventures)开展的"蓝色森林"倡议与当地社区合作,实施碳融资项目,通过保护红树林以支持可持续社区发展。②

同时,自然人也可以因为投资目的参与海岸带蓝色碳汇交易市场。但是不能否认,允许自然人进入碳市场还是存在一定风险的,因为并不能排除一些恶意购买与囤积海岸带蓝色碳汇权,从而造成其稀缺性严重,进而扰乱市场秩序的海岸带蓝色碳汇购买者。因此,立法对于自然人和环保组织的准入机制,在海岸带蓝色碳汇交易市场机制建立之初,应当考虑建立一定的审核机制,待市场发展相对成熟之时,再逐渐放开自然人进行市场交易的准入机制。

---

① 中国期货业协会.期货市场教程[M].北京:中国财政经济出版社,2013.
② Wylie L, Sutton-Grier A E, Moore A. Keys to successful blue carbon projects: lessons learned from global case studies[J]. *Marine Policy*, 2016, 65: 76-84.

三、海岸带蓝色碳汇权的内容

权利的内容,体现为权利人为实现其利益而对权利客体所施加的影响。由于海岸带蓝色碳汇权的客体核证减排量具有法学理论中"物"的基本属性。所以,海岸带蓝色碳汇权的内容与物权的内容存在一定的相似性,具有积极权能和消极权能两个方面。

(一) 海岸带蓝色碳汇权的积极权能

海岸带蓝色碳汇权的积极权能,指权利人为实现海岸带蓝色碳汇权而可在法律规定的范围内对海岸带蓝色碳汇核证减排量所采取的各种手段,包括占有、使用、收益和处分权能。

1. 占有权能

占有的本质含义是权利人对物具有事实上的管领力,可以对物进行支配。[①] 占有针对有体物而言,对于作为无体物的权利的占有,理论上称为"准占有"。[②] 海岸带蓝色碳汇权的客体核证减排量为无体物,因此权利人对海岸带蓝色碳汇权的占有,严格来说应为"准占有"。因为海岸带蓝色碳汇权核证减排量具有无形性,权利人对其进行占有首先必须解决占有的外观问题。也就是说,必须将权利人对权利的占有状态以某种方式表现出来,为外界所感知。因为有体物具有一定的物理形态,对其占有容易从外观感知。但是,对于无体物的占有,必须有一定的外在形式被外界接受并认可。核证减排量就是海岸带蓝色碳汇权的客体,而"信用"(credits)便是其外在表征,权利人可以通过对海岸带蓝色碳汇核证减排量额度进行占有权能的行使。例如前文提到,自然人或者环保公益组织,为了抵消其碳足迹或者出于投资的目的购买海岸带蓝色碳汇核证减排量后,便享有了对该权利的占有权能。

[①] 王泽鉴著.民法物权(二)[M].北京:中国政法大学出版社,2001.
[②] 江平主编.中国物权法教程[M].北京:知识产权出版社,2007.

2. 使用权能

使用,是指依物之性质对物进行利用,以满足生产和生活需要。海岸带蓝色碳汇权的主要作用是抵消负有碳减排义务的主体的碳减排量。因此,权利人对核证减排量之使用,就是用海岸带蓝色碳汇核证减排量抵消自身的碳排放量,以达到法定排放要求。权利人对核证减排量的使用,就是权利人根据自身实际的碳排放需求,将其账户中相应数量的碳配额和拥有的核证减排量,通过法定机关进行抵消,从而在一定范围内,消除权利人相应量的减排义务。

3. 收益权能

收益,一般指权利人可以收取由原物产生新增经济价值的权能,此新增经济价值,包括有原物派生出的天然孳息以及利用原物进行生产经营活动而产生的利润。[1] 海岸带蓝色碳汇权为法律拟制之物,不存在天然孳息问题。因此,海岸带蓝色碳汇权的收益权能,最主要的体现就是权利人通过在一定场所,按照法律要求转让给符合条件的受让方,从而获得一定经济利益。或者作为受让方,当其通过合法途径购入的海岸带蓝色碳汇权抵消其自身的减排量时,本身也是一种收益。因为通过抵消,可以保障自身生产经营的顺利进行从而获得一定利润。

4. 处分权能

处分权能是指依法对物进行处置,决定物的命运的权能,分为事实上的处分和法律上的处分。事实上的处分是对物进行物理上的变形、改造和毁损等事实行为,如拆毁房屋等;法律上的处分指对标的物所承载的权利加以转移、限制或消除,从而使物权发生变动的法律行为,如买卖中某商品所有权的转移。[2] 因为海岸带蓝色碳汇权客体核证自愿减排量为法律拟制,是一种无体物,所以不可能对其构成事实上的处分,只能形成法律上的处分。处分是海岸带蓝色碳汇权最重要的权能,因为作为碳排放权的一种,海岸带蓝色碳汇权设立的初衷,就是旨在通过碳交易市场的利益诱导机制,促进温室气体排放主体以低成本实现减排。

---

[1] 梁慧星,陈华彬.《物权法》[M].北京:法律出版社,2007.
[2] 梁慧星,陈华彬.物权法[M].北京:法律出版社,2007.

海岸带蓝色碳汇权的处分权也可以表现为以下三方面：权利人在交易市场中转让海岸带蓝色碳汇权，获得转让对价收益；权利人可以海岸带蓝色碳汇权设立权利质押，为其融资提供担保；①权利人可以将海岸带蓝色碳汇权赠与他人。

（二）海岸带蓝色碳汇权的消极权能

海岸带蓝色碳汇权的消极权能，是指权利人排斥并去除他人对海岸带蓝色碳汇核证减排量的不法侵夺、干扰与妨害。在权利未受他人不法侵害之时，碳排放权的消极权能并不显现；只有当其权利受到不法干涉时，海岸带蓝色碳汇权人的消极权能才能得以显现，以充分保障权利人可以享有其权利，并实现相关利益。例如，海岸带蓝色碳汇权的客体虽为海岸带蓝色碳汇核证减排量，但是其外在形式只是碳交易市场系统中的一系列序号，在掌握一定技术手段的情况下，可能会被黑客所盗取利用。在海岸带蓝色碳汇权被他人非法干扰、妨害的情况下，权利人可以凭借其消极权能排除他人的不法干涉，恢复其权利的原始状态。当然，权利人在依据其消极权能，使自己的权利状态恢复圆满的过程中，应当不得侵犯他人的合法利益，并且应当尊重社会公共利益。在一定情形下，国家可能会对海岸带蓝色碳汇权的行使进行一定程度的干涉。譬如，当市场上出现有些自然人或者社会组织，为了投机赚取非法利润而囤积居奇，影响海岸带蓝色碳汇市场价格及市场稳定的不法主体，国家可以通过法律形式，规定权利主体购买的上线以及严格审查市场交易主体等来维护海岸带蓝色碳汇市场的正常有序运行。

第二节 海岸带蓝色碳汇权"准物权"法律属性解构

就法律视角而言，海岸带蓝色碳汇交易涉及诸多法律问题，首先是海岸带

---

① 徐海燕,李莉.论碳排放权设质依据及立法建议[J].北方法学,2014,8(01):16-22.

蓝色碳汇权法律属性的界定,因为法律属性的界定直接影响海岸带蓝色碳汇权交易市场的健康发展以及温室气体减排目标的实现,而且还会影响海岸带蓝色碳汇权在行政法、金融法、税法、破产法、会计法中的地位。譬如,从金融法角度,其性质的界定决定了相关从业者是否需要满足金融机构资本制度的要求;从税法角度,其性质直接决定它是否需要缴纳增值税;从破产法角度,其性质决定了它是否可以作为信用担保,破产后能否将其作为破产财产进行分配。①

从前文分析可知,海岸带蓝色碳汇权的客体是核证减排量,具有"物"之一般属性——价值性、可支配性、独立性和特定性。根据"物"为物权之唯一客体可知,海岸带蓝色碳汇权为一种物权。但是,海岸带蓝色碳汇权到底是哪种物权呢?自物权还是他物权?

首先,尽管海岸带蓝色碳汇核证减排量体现的是一种正外部性,但指向的也是温室气体容量,或者说,由于权利主体对海岸带蓝色碳汇权的行使,增加了温室气体排放空间。无论是温室气体容量,抑或温室气体排放空间,都是一种大气容量资源。根据《宪法》第9条规定:"矿藏、水流、森林、山岭、草原、荒地、滩涂等自然资源,都属于国家所有,即全民所有;由法律规定属于集体所有的森林和山岭、草原、荒地、滩涂除外。国家保障自然资源的合理利用,保护珍贵的动物和植物。禁止任何组织或者个人用任何手段侵占或者破坏自然资源。"但是大气容量或者说温室气体排放空间是否属于"等自然资源"?宪法虽未明确列举,但学理上可以继续讨论。另外,我国《民法典》《气象法》等对此也无明确规定。②

根据碳排放权的国际与国内具体法律实践,无论是基于总量控制与交易的配额碳排放,还是基于项目的温室气体自愿减排产生的核证减排量,交易的上位概念都是针对减少或增加的温室气体排放空间。尽管我国法律并未明确规定温室气体资源是否属于国家所有,但作为一种大气容量,理应为全人类所

---

① 王慧.论碳排放权的特许权本质[J].法制与社会发展,2017,23(06):171-188.
② 曹明德.论气候资源的属性及其法律保护[J].中国政法大学学报,2012(06):27-32.

共有。因此,不能将海岸带蓝色碳汇权规定为自物权(所有权)。那么,如果是他物权的话,应该规定为何种他物权,用益物权还是担保物权?

用益物权是权利人对他人所有的物在一定范围内进行占有、使用和收益的权利。①《民法典》对用益物权也进行了较大修正。首先,新增用益物权人对环境保护的义务②,这也是对《民法典》之"绿色原则"的体现和贯彻。其次,对于土地承包经营权、建设用地使用权、宅基地使用权、地役权等用益物权的设立原则、使用方式和期限等作出明确规定。最后,除上述4种用益物权外,还规定了居住权及其设立原则、方式与期限。这也是《民法典》物权编的亮点之一。但是,可否将海岸带蓝色碳汇权定义为用益物权呢?其实也并非妥当。一方面,海岸带蓝色碳汇权并不属于以上5种用益物权的范围;另一方面,用益物权主要是由自物权(所有权)的权能分离所得。如果将其定义为用益物权,核证减排量本身所具有的公法性质似乎难以解释,因为核证减排量需要行政机关的核准和签发才可获得。担保物权,是指为确保债权的实现,在债务人或者第三人的物上设定的以直接取得或者支配其交换价值为内容的权利,主要包括抵押权、质权和留置权等。③很明显,海岸带蓝色碳汇权并不是担保物权。由此,可以将其定义为一种新的物权——准物权。

准物权是指某些性质和要件相似于物权、准用物权法规定的财产权。准物权虽然不是严格意义上的物权,但是由于这些财产权与物权、债权相比较,性质和成立要件上均相似于物权,因此法律上把这些权利当作物权来看待,准用民法物权法的规定。属于准物权的财产权有:林木采伐权、渔业权、狩猎权、先买权等。④也有学者提出,准物权仍然属于物权范畴。对于具体的准物权,如无相应的具体规定时,适用《民法典》之规定;⑤当某特定准物权是否存在

---

① 《民法典》第323条规定,用益物权人对他人所有的不动产或者动产,依法享有占有、使用和收益的权利。
② 《民法典》第326条规定,用益物权人行使权利,应当遵守法律有关保护和合理开发利用资源、保护生态环境的规定。所有权人不得干涉用益物权人行使权利。
③ 魏振瀛主编.民法[M].北京:北京大学出版社、高等教育出版社,2000.
④ 尹田.中国海域物权制度研究[M].北京:中国法制出版社,2004.
⑤ 王利明.物权法研究[M].北京:中国人民大学出版社,2007.

或其归属发生争议、遭受不法侵害的场合,依然适用民事诉讼法规定的程序,存在着确认之诉、给付之诉等。① 也有人认为用益物权和准物权,在实质上并无太大差别。② 其实不然,笔者将海岸带蓝色碳汇权定义为准物权,并进行相关理论阐释和法律属性解构。

一、海岸带蓝色碳汇权具有物权的基本特征

海岸带蓝色碳汇权作为准物权的首要方面,是海岸带蓝色碳汇权具有物权的基本特征,对其物权化既是必要的,也是可行的。尽管对财产权的理解莫衷一是,但就其本质而言,是人身权以外具有经济价值的各种民事利益。③ 海岸带蓝色碳汇权的产生主要是对海岸带蓝色碳汇交易的进行奠定法理基础,从而加强基于森林、海洋、海岸带等自然方法吸收和去除大气中二氧化碳等温室气体的机制的运行。纳入碳交易市场的前提在于其具有经济价值的非专属权利。因此,海岸带蓝色碳汇权在法律上将其定性为财产权。

在大陆法系的法学理论中,财产权是一个及其宽泛的概念,包含物权、债权、知识产权等若干基本类型的权利。海岸带蓝色碳汇权的特征与知识产权、债权相去甚远,但却与物权较为接近。

(一) 海岸带蓝色碳汇权与知识产权

知识产权,又叫作智慧财产所有权,是指基于创造性智力成果和工商业标记依法产生的专有的民事权利的统称。知识产权的客体是智慧劳动或者知识产品,是一种没有形体的精神财富,也是创造性的智力劳动所产生的劳动成果,④是权利人就其智力成果所享有的专有权利。虽然其客体智力劳动成果与海岸带蓝色碳汇权的客体一样,也是无体物。但是,两者还存在一定区别:第

---

① 崔建远.物权法(第 4 版)[M].北京:中国人民大学出版社,2017.
② 丁丁,潘方方.论碳排放权的法律属性[J].法学杂志,2012,33(09):103-109.
③ 王智斌.行政特许的私法分析[M].北京:北京大学出版社,2008.
④ 杨立新.中国民法总则研究(下卷)[M].北京:中国人民大学出版社,2017.

一,作为海岸带蓝色碳汇权客体的核证自愿减排量只能为一人所用,具有消耗性质;但是作为知识产权的客体智力成果可以为多人所用,而且并非消耗性。第二,海岸带蓝色碳汇权的产生,不需要投入人的智力成果,可能需要一定的人类劳动成果,从而使其具有价值,而知识产权的产生需要投入具有较强新颖性和较高创造性的智力成果。海岸带蓝色碳汇权并无此要求,它是一种法律拟制,一种制度的产物。因此,海岸带蓝色碳汇权不能将其归类为知识产权。

(二) 海岸带蓝色碳汇权与债权

债权和物权作为财产权的两个主要权利,具有明显的区别。首先,债权是请求权,请求债务人为或不为一定行为以实现自身利益的权利,但不能支配债务人的行为,而物权是支配权,权利人通过对特定的物享有直接支配和排他的权利实现自身利益。其次,债权是相对权,债权人的权利只能向特定的债务人主张,而物权是绝对权,其权利可对抗其他一切人。[①] 海岸带蓝色碳汇权的权利人可基于自身意志支配海岸带蓝色碳汇权核证自愿减排量,不需要请求他人为或者不为一定行为而实现;其权利具有对世性,权利人以外的其他人负有不得任意干涉其行使权利的义务。因此,海岸带蓝色碳汇权并不具有债权属性,而具有物权属性。可能有人认为,因为海岸带蓝色碳汇权的产生,需要海岸带蓝色碳汇项目业主与政府签订一定的合同,所以应当界定为债权。实际上此种说法值得商榷。在实践中,虽然海岸带蓝色碳汇权的产生,需要行政机关予以审批,或者需要与其订立合同,但这都只是对海岸带蓝色碳汇权的一种权利确认行为,而并不是因为签订合同才导致权利的产生,而且许可合同转让的也并不是债权。

二、海岸带蓝色碳汇权的"准物权"属性

海岸带蓝色碳汇权虽然具有物权的基本特征,但也有典型物权所不具有

[①] 张广兴.债法总论[M].北京:法律出版社,1997.

的基本特征,使其只能成为准物权而不能构成典型物权,主要表现在其权利客体的特殊性和某种程度的公权属性。

(一) 海岸带蓝色碳汇权客体的特殊性

首先,准物权的客体具有不确定性。所谓客体的不确定,一方面指该客体的存在与否是不确定的;另一方面,即使该客体存在,其数量也是不确定的。例如,渔业权的权利人在取得行政许可后,可在某特定的区域行使该权利,即在确定区域进行捕捞,但是该权利能否实现(例如,该区域的渔业资源量),并不确定。因此,准物权在于取得了一种资格,使其可以合法进行一定行为。而用益物权的客体需为不动产,而且是特定的。[①] 海岸带蓝色碳汇其权利客体是海岸带蓝色碳汇核证减排量,虽然在一定程度上可以将其量化,但具有不特定性,因此符合准物权的性质。

其次,传统物权法理论认为,"占有"是指权利人对物实际上的占领、控制。这里的"物"指的是有体之物。而海岸带蓝色碳汇权核证减排量属于无体之物,海岸带蓝色碳汇权人显然无法对其进行实际上的占领和控制。实际上,除了物理形态方面的制约外,海岸带蓝色碳汇权没有占有权能,但却注重对权利的使用。有学者提出,"对于不因物之占有而成立的财产权,如地役权和专利权等,不得成立占有,而仅可成立准占有"。[②] 所谓准占有,又称权利占有,是指以财产权为标的的占有。[③] 因此,海岸带蓝色碳汇权也并不是传统意义上的占有,而是准占有,因此应当是一种准物权。

(二) 海岸带蓝色碳汇权客体的公法色彩

首先,海岸带蓝色碳汇权的取得方式较为特殊。准物权与行政许可的关系非常密切。"没有行政许可,就没有准物权",[④] 但是典型物权却不是因为行

[①] 尹田.中国海域物权制度研究[M].北京:中国法制出版社,2004.
[②] 梁慧星,陈华斌.物权法[M].北京:法律出版社,2007.
[③] 李锡鹤.物的概念和占有的概念[J].华东政法大学学报,2008(04):23-29.
[④] 崔建远.准物权研究[M].北京:法律出版社,2003.

政许可而产生的,例如用益物权是在所有权的权能中分离出来的。虽然有些用益物权也需要行政机关的登记和审批,看起来也需要履行一定的行政手续,例如土地承包经营权和建设用地使用权的产生和转让等。但是这种行政登记等程序,只是对用益物权的产生、转让过程中的一种行政公示,并不是对权利的创设或者确认。① 行政许可是各类准物权产生的共性。所谓行政许可,是指行政机关根据行政相对人的申请,依据法律的规定,通过颁发证明或批准、登记、认可等方式,允许其从事某项活动,行使某项权利,获得某种资格和能力的具体行政行为。② 行政许可的设定和监督实施,有助于确保权利人对海岸带蓝色碳汇权的行使符合法律规定。③ 海岸带蓝色碳汇权核证减排量的签发与核准,应当是属于"公共资源配置"。对于海岸带蓝色碳汇权而言,因其与林业碳汇权类似,可以考虑将其纳入《温室气体自愿减排管理办法》或者《碳排放权交易管理办法(试行)》,或者设立专项行政法规——《海岸带蓝色碳汇条例(或实施办法等)》。无论采取怎样的规范路径,其权利的取得,均需要公权力的介入。正如前文所述,海岸带蓝色碳汇权的客体为核证减排量,而核证减排量的取得,需要海岸带蓝色碳汇项目业主向一定的行政机关提出申请,行政机关根据一定的方法学进行核准和签发,以准予海岸带蓝色碳汇项目业主从事海岸带蓝色碳汇权交易的行为。

其次,海岸带蓝色碳汇权的滥用,产生公法上的责任。海岸带蓝色碳汇权的滥用表现为权利人超过限度购买海岸带蓝色碳汇权,囤积居奇,恶意造成市场混乱等给社会造成损害。权利人滥用海岸带蓝色碳汇权,通常会受到行政处罚,一般包括消除影响和罚款等。对纯粹的私权而言,权利的滥用通常只产生民事责任,而不会有行政责任。

再次,还有学者认为碳排放权是准物权的同时,也具有发展权的属

---

① 通说认为:"准占有者,乃对无形之物之占有而成立之财产权,为事实上之行使者,法律予以与占有同等保护之谓。"参见尹田.中国海域物权制度研究[M].北京:中国法制出版社,2004.
② 王连昌.行政法学[M].北京:中国政法大学出版社,1994.
③ 《行政许可法》第12条规定,对"有限自然资源开发利用、公共资源配置以及直接关系公共利益的特定行业的市场准入等,需要赋予特定权利的事项"可以设置行政许可。

性。① 海岸带蓝色碳汇权虽与碳排放权不完全相同，但从广义而言，也属于碳排放权的范畴。因此，按照此种观点，海岸带蓝色碳汇权也具有发展权的属性。所谓发展权，根据联合国《发展权利宣言》第1条，是指每个人及各国人民享有参与、促进并享受经济、社会、文化和政治发展的不可剥夺的基本人权。在对各国可得排放的温室气体总量进行控制，同时经济活动又不可避免的情况下，拥有更多的碳排放权空间，意味着拥有更大的发展空间。发展中国家由于迫切的发展需求，更多的温室气体排放空间，可以满足国民的基本生活水平；而发达国家的发展已经达到一定程度，其排放温室气体有相当一部分是为了奢侈性消费，超出了发展的需要。因此，确定海岸带蓝色碳汇权的发展权属性，有助于在世界范围内进行温室气体减排时维护发展中国家的利益。在一定程度上，发展权的政治意义大于法律意义，其作用主要体现为包括我国在内的发展中国家在国际气候谈判中，可以为争取更多利益提供基本理论支撑。但对于一国内基本的法律规则与制度设计意义不大。因此，本书并不讨论其发展权属性，而是主要探讨其"准物权"的法律属性。

第三节　海岸带蓝色碳汇权法律属性争议与回应

由于海岸带蓝色碳汇具有极强的减缓和适应气候变化的生态价值，因此也应该像林业碳汇一样，依据国际法规则参与到碳排放权交易中，以CDM机制中量化登记的核证减排量（CERs）为形式，用于抵消强制减排市场中的温室气体排放配额，或者可以通过国内温室气体核证自愿减排量（CCER）进行交易。自CDM被《京都议定书》规定之后，核证减排量（CERs）开始受到广泛关注，主要表现在对碳排放权的法律属性的界定上形成了不同学说。由于核证

---

① 王明远.论碳排放权的准物权和发展权属性[J].中国法学,2010(06):92-99.

第四章　海岸带蓝色碳汇权法律属性探析 / 139

减排量(CERs)属于碳排放权的范畴,因此可以借鉴对碳排放权属性争议之探讨,延伸至海岸带蓝色碳汇权。核证减排量起初以法律拟制的形式出现,因此其法律属性必然与传统的财产权利益不同,而且对其法律属性的界定也存在多种学说,其中主要的代表性观点有"用益物权说""行政特许权说""新型财产权说"等不同观点。

一、对"用益物权说"的探讨与回应

用益物权说认为,碳排放权具有用益物权属性,应定性为用益物权。[①] 用益物权,是指权利人对他人所有之物享有的占有、使用和收益的他物权。[②] 该说认为,海岸带蓝色碳汇权的客体核证减排量可以物化成为用益物权客体,因为核证减排量具有价值性、可支配性和独立性的特征。因此,有学者认为,核证减排量应当属于民法上的"物",并且归《民法典》之物权编的调整。[③] 其主要原因是,核证减排量(CERs)具有"物"的基本特征,其产生的主要目的是通过交易形成利益诱导机制,促使温室气体的排放者可以低成本抵消其排放量,实现节能减排的目的,因为它具有经济价值,所以应当将其认定为财产权无疑,并且受到物权法的保护。同时,如果将其定性为"物",也就表明其所有权可以属于海岸带蓝色碳汇项目业主个体,并且在碳汇交易市场上依据《民法典》之民法总则和合同编等交易规则进行自由交易。这样才能实现核证减排量(CERs)的利益最大化,也能满足其权利设计的初衷,即以经济激励的手段最优化地实现温室气体减排,同时也促使碳金融的发展,为节能减排提供资金支持。但是,由于国家核证自愿减排量(CCER)的直接对象是大气资源,因为我国实行自然资源国家所有权制度,因此核证自愿减排量只能归国家,进而海岸带蓝色碳汇权只能形成他物权,而不能形成自物权。据此,似乎用益物权才是

[①] 王慧.论碳排放权的法律性质[J].求是学刊,2016,43(06):74-86.
[②] 杨立新.物权法[M].北京:高等教育出版社,2007.
[③] 王明远.论碳排放权的准物权和发展权属性[J].中国法学,2010(06):92-99.

最佳选择。

但是笔者认为,"用益物权说"不如"准物权说"妥当。首先,核证减排量虽具有物权的基本特征,但也与典型物权有显著区别,集中体现在客体的无形性方面。用益物权为典型物权,如将海岸带蓝色碳汇权定性为用益物权,容易回避海岸带蓝色碳汇权与典型物权的差异,仅看到了两者的共性,却忽视了两者的差异。例如,海岸带蓝色碳汇权的取得需要行政许可,但是用益物权取得并不需要行政许可。虽然在用益物权的产生、转让等过程中行政机关起到一定作用,例如,用益物权的产生、转让等行为,均需到主管部门进行登记。但是,登记仅仅是用益物权的产生和变动的一种公示,而不是确认或者创设用益物权。① 而采用准物权的概念则不同,"准物权"的"准"字,说明海岸带蓝色碳汇权具有物权的基本特征,但又与典型物权不同,可谓实至名归。

二、对"新型财产权说"的探讨与回应

虽然物权说是学界的主流观点,但是也有很多人持反对意见。持反对观点的人认为,如果将碳排放权"物权化"会有严重的道德风险。他们认为,一方面,碳排放权是一种为了矫正环境外部性的政策工具,如果将其物权化,会使一些投机分子扰乱市场秩序,将不利于环境容量资源的稳定。另一方面,将其定义为"物",将会突破"物权法定"的基本原则,因为在《民法典》之物权编中无法找到碳排放权或者碳汇权为"物"的法律规定。② 因此,他们提出,可以参考英美法系的新财产权理论,将碳排放权界定为"新财产权"。③ 新财产权说是美国学者莱希提出的概念,是指由政府供给所创造的财产权,包括专营权、特许权、执业许可证、补助金等。④ 在传统上,财产权被认为是私法领域的概念并尽

---

① 尹田.中国海域物权制度研究[M].北京:中国法制出版社,2004.
② 占红沣.哪种权利,何来正当性——对当代中国排污权交易的法理学分析[J].中国地质大学学报(社会科学版),2010,10(01):93-98.
③ 高秦伟.政府福利、新财产权与行政法的保护[J].浙江学刊,2007(06):23-31.
④ Reich C A. The new property[J]. *The Yale Law Journal*, 1964, 73(5): 733-787.

量排除公权力的干涉。随着现代福利国家的兴起和政府管制的增强,由政府供给创造的财产权对个人而言日益重要,新财产权以及与之相随的法律制度应运而生。依据新型财产权说,由于碳排放权(包括碳汇权),不仅带有"行政许可"的公法性质,同时还具有私法上的私有财产权性质。因此,无论将其纳入行政许可等公法领域,抑或将其纳入物权等财产领域,都值得商榷,将其界定为新型财产权是一种尝试。

笔者认为,新财产权说具有某些合理因素。首先,该说对基于环境容量资源的排污权物权化的批评存在合理性。大气容量因具有全球一体性、流动性等自然属性,确实难以依国家疆域划分特定一部分而成为国家所有权客体,并且脱离各国排污权交易实践。正是考虑到碳排放权客体的大气容量说具有这些缺陷,本书才提出海岸带蓝色碳汇权的客体为核证减排量的观点。其次,"新财产权说",看到了包含碳汇权在的碳排放权兼具公权和私权的双重属性,与典型的物权或者行政许可存在重要区别。

但同时,新财产权说也有值得商榷之处。首先,关于将核证减排量界定为物权法中的"物"违反了"物权法定原则"的论说,应该以发展的眼光对其进一步探讨。针对"物权法定"原则,杨立新教授提出"物权法定缓和"原则,也就是说,"物权法定原则"在一定条件下不会那么刚性。如果物权法定原则是绝对刚性的话,就没有办法应对现实生活中出现的新物权。只有"物权法定缓和"了,才能够在法定物权范围之外对出现的新物权予以承认,从而进一步推动经济的发展。[①] 海岸带蓝色碳汇权作为一种具有很强生态和经济价值的新型权利,不应机械地适用"物权法定"的刚性原则,而应该根据"物权法定缓和"原则,对其合法性予以承认,进而推动生态经济社会的全面发展。其次,引入英美法中"新财产权"的概念并将碳排放权定性为新财产权的基本思路并不十分完美。英美法系与大陆法系的财产权理论存在明显不同,直接将美国学者提出的"新财产权"理论引入大陆法系的结构中,可能并不能与大陆法系本身的

---

① 杨立新.民法总则精要10讲[M].北京:中国法制出版社,2018.

权利谱系相融合,而且可能还会因为定性过于宽泛而产生一些排异反应。英美法系之所以引入"新财产权"的概念,主要是因为碳排放权具有传统财产权所不具有的特性,其产生于行政许可,并且本身兼具公法和私法的性质。正如新财产权说认为,碳排放权自产生之日起,其目的就是在通过权利界定和权利交易的方式消除经济行为的负外部性。在平等主体之间可交易的私权属性是碳排放权(排污权)的基本属性,排污权可归入私权范畴,是带有公权因素的私权。但是,海岸带蓝色碳汇权并不同于碳排放权,虽然海岸带蓝色碳汇权也属于广义上碳排放权的一种,但是海岸带蓝色碳汇权的产生主要是为了平衡和消除经济行为的正外部性。通过给海岸带蓝色碳汇权人(项目业主)提供经济激励或奖励,以促使其更好地保护和恢复海岸带蓝色碳汇生态系统,同时,海岸带蓝色碳汇权人可以在碳交易市场转让海岸带蓝色碳汇核证减排量,具有强制减排义务的排放源企业可以购买海岸带蓝色碳汇核证减排量,从而抵消其自身的减排义务。因此,并不能简单地将英美法系给"排污权"确立的"新财财产权"属性,直接给予海岸带蓝色碳汇权。相比而言,"准物权"兼具公法与私法的性质,符合海岸带蓝色碳汇权的本质,而且也能更好地融入大陆法系债物二分的财产权结构体系。

三、对"行政特许权说"的探讨与回应

也有学者认为核证减排量(CERs)是一种行政特许权。[①] 首先,因为核证减排量(CERs)从一种基于自然属性以吸收和贮存二氧化碳等温室气体的原始状态到被纳入法律视野中予以探讨,最主要的环节是特定行政机关按照法律以及特定的方法学进行签发、审核与批准,只有经过行政机关"核准"的"碳汇增量"才拥有进行交易的法律资格。其次,有学者认为,虽然行政许可被认为是公权对私权的一种限制,[②]但是却不能否认行政特许的存在有助于控制危

[①] 王慧.论碳排放权的特许权本质[J].法制与社会发展,2017,23(06):171-188.
[②] 高富平.浅议行政许可的财产属性[J].法学,2000(08):23-24,29.

险、配置资源和产生信息。在资源的开发和保护领域,特许是有效的治理工具。譬如,碳汇权制度最主要的目标是为了控制危险,通过排放权总量控制人类向大气排放的温室气体总量,进而预防出现灾难性的大气"公地悲剧"——气候变化。这完全是一个政治主导的决策过程,政府决定资源的使用主体和分配方法,并借助于法律法规将其制度化。再次,鉴于气候变化速度、规模及其损害函数的不确定性,政府需要保留及时调整大气资源这一"稀缺资源"的权力。气候变化政策及立法必须考虑根据新的科学信息和变化的大气环境进行重大的立法或规制变革的可能性。因此,相对于"物权说"来说,"特许权说"碳汇交易制度更能体现灵活性。[1]

由于海岸带蓝色碳汇权通过行政许可而取得,因此有学者将碳排放权定义为"特许物权",以表明碳排放权基于行政许可而产生。[2] 也有学者将碳排放权定性为"行政许可性权利",[3]行政许可是受益性的行政行为,被许可人基于各类行政许可均可获得一定法律上的利益。可见,基于行政许可而产生的权利多种多样,既有公法上的权利,也有私法上的权利。

笔者认为,如果将海岸带蓝色碳汇权定性为行政许可性权利,明显过于笼统以至于不能清晰表明海岸带蓝色碳汇权的法律性质,同时也会存在"行政许可性权利究竟是何权利"的疑问。另外,如果按照以上逻辑将其界定为行政许可的话,由于政府机关的干预,势必会影响海岸带蓝色碳汇交易市场机制的自由运行,也会使海岸带蓝色碳汇交易面临极大的政策风险,从而影响交易双方的积极性,导致通过碳汇机制进行节能减排的初衷大打折扣。

本 章 小 结

将海岸带蓝色碳汇权定性为准物权,能使碳排放权与既有权利理论体系

---

[1] 王慧.论碳排放权的特许权本质[J].法制与社会发展,2017,23(06):171-188.
[2] 苏燕萍.论碳排放权的法律属性[J].上海金融学院学报,2012(02):97-103.
[3] 王彬辉.我国碳排放权交易的发展及其立法跟进[J].时代法学,2015,13(02):13-25.

相容,同时也符合实践的需要。但从长远来看,如此定义也并非完美。准物权实际是"口袋型权利",凡具有物权的基本属性但同典型物权相比又具有差异性的权利都可以纳入准物权的范围,而定性为准物权的各权利之间性质与特征也存在显著的差别。例如,通说认为,准物权由矿业权、取水权、渔业权和狩猎权组成,这四种权利各不相同。[①] 因为这些权利具有物权的基本特征,但又不同于物权,因此定义为准物权。如同海岸带蓝色碳汇权一样,当社会经济形式不太复杂,而且该权利还在发展初期时,对于少数无形财产权,可通过解释论路径使之物权化,从而得以融入传统的二元财产权体系,保持既有财产权解构的稳定。随着社会经济发展,特许经营权和市场经营自由权等无形财产权不断涌现,难以全部融入物权的理论和立法体系。因此可以设想,随着将来无形财产权理论和立法体系的完善,碳排放权、碳汇权等权利可在无形财产权体系中谋得一席之地,成为由环境法规定的独立的无形财产权类型。这样一来,更符合理论的发展趋势以及实践层面的具体操作。

[①] 例如矿业权,指探采人依法在已经登记的特定矿区或工作区内勘察、开采一定的矿产资源,取得矿石标本、地质资料及其他信息,并排除他人干涉的权利;取水权,是权利人依法从地表水或地下水取引一定量水的权利。参见崔建远.准物权研究[M].北京:法律出版社,2012.

第五章　构建我国海岸带蓝色碳汇交易法律制度

由于海岸带蓝色碳汇市场以及海岸带蓝色碳汇项目属于新生事物,因此,对于该种碳汇交易市场的培育,需要法律规范对其进行指导和规范。海岸带蓝色碳汇交易法律体系的健全与完善,能够最大限度地保证海岸带蓝色碳汇交易市场的发展及运行。我国海岸带蓝色碳汇交易市场机制的法律制度,是海岸带蓝色碳汇交易过程中交易主体需要遵守并执行的规则,主要包括海岸带蓝色碳汇交易模式、交易主体、交易客体、交易价格、交易合同以及交易法律责任的承担。

第一节　海岸带蓝色碳汇交易市场机制的法律构建

近年来,随着绿色低碳理念的推进以及人们对环境保护意识的增强,人们在利用海洋或海岸带资源获取经济利益的同时,更加注重对海洋或海岸带生态环境的保护,着重于生态经济与低碳环保的双赢。中国海岸带蓝色碳汇交易市场法律体系的构建将侧重于对海岸带蓝色碳汇生态系统的保护和恢复,以及对海岸带蓝色碳汇产生的核证减排量进行市场配置,从而为海岸带蓝色碳汇项目业主提供充分的资金支持,在促进海岸带生态环境保护的同时,实现节能减排。我国海岸带蓝色碳汇交易市场具有五大基本要素,包括:清晰的交易模式、成熟的交易主体、标准化的交易对象、公正透明的交易价格、公正有效的交易合同选择。[①] 通过研究以上这些方面,可使海岸带蓝色碳汇交易中的不确定性以及信息不对称发生的可能最小化,使交易过程中的风险降到最低;同时,也使海岸带蓝色碳汇资源的配置合理化,进而降低碳汇交易成本,最终扩大碳汇交易市场。鉴于海岸带蓝色碳汇交易是专门针对其交易客体海岸带蓝色碳汇核证减排量由法律拟制的一种交易方式,不同于一般商品的交易制度,因而海岸带蓝色碳汇交易的法律制度具有以下特点:

1. 海岸带蓝色碳汇交易的法律制度必须有科学合理的系统监测计量制度和登记备案对其进行保障,需要专业的技术对其进行支持

在碳汇交易过程中,交易双方所需的核证减排量直接影响整个海岸带蓝色碳汇交易市场的供求,并且直接影响每一位市场参与者的经济利益。由于核证减排量并非"有体物",无法对其进行直接感知,只有依靠一定技术手段对其进行衡量。对核证减排量进行技术衡量的过程等同于对一般商品交易进行产品的质量认证,因此对准确性的要求非常高,必须依靠科学的方法学体系为其提供科学基础。

2. 在制定针对海岸带蓝色碳汇交易的法律制度中,行政机关地位特殊、作用独特,对海岸带蓝色碳汇交易的法律制度和体系建设具有引导的责任与义务

一方面,特定行政机关管理并且监督海岸带蓝色碳汇交易市场;另一方面,行政机关也能够在特定情况下直接成为交易方参与海岸带蓝色碳汇交易。虽然针对海岸带蓝色碳汇交易所设计的系统框架、市场因素以及安全机制都是提前规划、预先设计的,但该法律在设计的过程中难免存在一些问题。因此,海岸带蓝色碳汇交易制度需要先行先试,以政府为引导,在具体实践中不

---

① 梅宏.蓝色碳汇交易与滨海湿地保护[N].中国海洋报,2018-05-02(002).

断调整和完善,必要时进行相关立法探索和保障。

3. 受时空限制和二氧化碳排放量不确定性影响,海岸带蓝色碳汇交易法律制度的作用可能会受到限制

海岸带蓝色碳汇交易是在全球变暖的前提下随着人们环保意识的增强而发展起来的,是一种创新。然而,海岸带蓝色碳汇的交易也具有不确定性,不仅会因为时空地域的不同而具有明显差异性,还可能存在计量、监测、核发方式的不统一,造成市场混乱。

一、海岸带蓝色碳汇交易法律模式的选择

碳交易,主要是在碳排放权方面进行交易,广义的碳排放权交易包括碳汇交易。关于国际碳交易模式的种类,不同的分类标准有不同的规定。碳交易模式一般可划分为京都交易市场和非京都交易市场两大类,亦即强制交易市场和自愿交易市场。按照交易的不同方式,可分为基于配额的交易和基于信用的交易,前者主要是总量控制交易模式,后者主要是基于项目产生的信用交易模式。[1]

《联合国气候变化框架公约》明确规定各国均对控制全球变暖负有责任和义务。《京都议定书》明确提出了排放交易、联合履约和清洁发展等三大机制,允许欧盟、澳大利亚等国通过交易转让或其他有效方式获得温室气体排放。同时,为了获得温室气体排放额,也可以通过海外合作的方式。三大机制中的清洁发展机制可以有效针对保护生态系统的项目来大幅度减少温室气体的排放,并被用于实现欧盟、澳大利亚等国在《京都议定书》中承诺的减排目标。2010 年,在德国波恩举行的缔约方第六届会议以及此后举行的第七届会议上,《波恩政治协定》《马拉喀什协定》在对碳排放方面取得了一定共识,即将部分因活动引起的碳净变化纳入碳排放总量中。这些活动主要包括砍伐森林、植

---

[1] 夏梓耀.碳排放权研究[M].北京:中国法制出版社,2016.

树造林和再造林等。其中,唯一符合清洁发展机制条件的,便是造林和再造林碳汇项目。目前国际碳汇交易市场也已形成,国内林业碳相关的基金项目也在多地开启。在此情况下,国内外学者更加关注森林碳汇问题,并对其开始进一步研究。国内相关研究主要体现在对碳汇项目的认识、项目相关政策、发展区域的选择以及管理、评估等体系方面。

如同林业碳汇交易一样,国际碳交易市场也应将海岸带蓝色碳汇交易纳入其中。现阶段,虽然清洁发展机制尚未规定海岸带蓝色碳汇交易,但可以充分借鉴国际碳交易的发展模式,建立海岸带蓝色碳汇交易发展模式,可以考虑建立以非京都志愿市场的交易模式为主、以强制交易市场为辅的交易方式。在强制交易模式和自愿交易模式相结合的形式下,首先应构建以政府为主导的海岸带蓝色碳汇交易模式,保证海岸带蓝色碳汇核证减排量的额度,以促进海岸带蓝色碳汇交易的发展;在碳交易市场以及海岸带蓝色碳汇交易初步发展之后,其市场配置能力将显示出更大的优势;最终依据法律要求构建我国以市场为导向的海岸带蓝色碳汇交易模式并建立相关交易法律制度。

目前,陆地碳汇(尤其是森林碳汇)已被列入中国试点碳交易市场。中国正面临经济发展和节能减排的双重压力,迫切需要调整结构,填补短板,推进供给侧结构性改革,努力探索新的经济增长方式。中国的海岸带蓝色碳汇潜力巨大且碳储存时间长,发展海岸带蓝色碳汇交易的市场机制,有助于温室气体减排目标的实现,但其发展仍然欠缺。基于国际社会对海岸带蓝色碳汇研发的良好基础,中国将率先建立海岸带蓝色碳汇评估标准和方法体系,并将海岸带蓝色碳汇作为碳排放交易市场的试点。海岸带蓝色碳汇交易模式的构建,不仅能够有效降低企业成本,同时还能产生巨大的经济效益、社会效益和国际影响力。

二、海岸带蓝色碳汇交易的主体资格

海岸带蓝色碳汇交易法律关系的主体,主要是指参与海岸带蓝色碳汇交易活动,在海岸带蓝色碳汇交易客体,即核证减排量的产生、流转的过程中,享有与交易有关的权利和承担义务的组织和个人。[①] 海岸带蓝色碳汇交易法律关系的主体,是海岸带蓝色碳汇交易市场的基本要素。在具体交易中,将依法享有权利和承担义务的海岸带蓝色碳汇项目的参与方作为交易市场主体。交易主体权利义务的完善程度,决定了交易市场的发展规模和阶段。具体而言,海岸带蓝色碳汇法律关系的主体,根据其交易模式的不同而不同。

(一) 京都强制市场的海岸带蓝色碳汇交易主体

1. 卖方主体

卖方主体也是海岸带蓝色碳汇核证减排量的供应方,主要包括海岸带蓝色碳汇项目投资方和其他拥有海岸带蓝色碳汇核证减排量的项目业主,他们大多是出于对海岸带蓝色碳汇市场的前景判断,或碳资产运营的考虑,主动从事碳减排、开发海岸带蓝色碳汇项目的主体,一般不承担强制性减排义务。在海洋或海岸带生态系统服务市场中,对于海岸带蓝色碳汇项目业主最基本的要求是其拥有一定数目的海岸带蓝色碳汇核证减排量,并且有一定的意愿将其投入市场进行流通和交易。另外,还有一类主体,即从事海岸带蓝色碳汇项目开发投资的基金组织或金融资本的代理机构,它们通过我国碳汇市场寻求合适的海岸带蓝色碳汇项目并予以投资开发,通过合同获得一定额度的海岸带蓝色碳汇经核证减排量的所有权或者处置权。由此,他们在一定程度上便取代了原海岸带蓝色碳汇项目业主,而成为海岸带蓝色碳汇核证减排量在二级市场上的卖方。

2. 买方主体

买方主体也即海岸带蓝色碳汇核证减排量的需求方,尤其是一些负有减排义务并且具有一定的财务和投资能力的高污染企业和社会组织,它们通过合理的价格和公平交易来实现海岸带蓝色碳汇的最终交易。但实际上,在我

---

① 曹明德,刘明明,崔金星.中国碳排放交易法律制度研究[M].北京:中国政法大学出版社,2016.

国当前碳市场的发展阶段,项目市场的买方主体以各类碳基金或碳资产经营机构为主,最终买卖双方直接交易的很少。当前我国碳减排项目的开发只能在国内一级市场进行,也就是说,海岸带蓝色碳汇项目业主很难与真正的潜在买方主体在国内碳排放市场的二级市场上进行交易。其原因,主要是由于信息技术和专业人员不足,造成当前我国的项目碳市场沦为国际碳市场试产碳产品的"初级生产基地"。[①] 为了使海岸带蓝色碳汇交易能够融入国际碳排放权二级市场,应该制订符合国际标准的方法学和核证减排量标准,努力培养和发展适合我国海岸带蓝色碳汇项目的中介机构和市场投资主体。

3. 交易辅助方

在项目市场中,交易辅助方主要是指交易双方共同指定的具有相关资质的核证减排量的市场评估机构。对于海岸带蓝色碳汇市场而言,由于需要对拟开发的海岸带蓝色碳汇的"基线""额外性""永久性"等标准作出测定,交易辅助方对项目减排量额度的核查与核证依据标准,具有很强的广泛性和灵活性,同时也对海岸带蓝色碳汇项目的开发与落实起到非常重要的作用。另外,碳汇交易的经纪人、监控机构、测量机构以及认证机构都属于碳汇交易的辅助方。其中,经纪人主要充当海岸带蓝色碳汇供给方与购买方的桥梁,寻求合作的达成;监控机构和测量机构对海岸带蓝色碳汇交易进行审查和调控,并提供林业碳汇贸易市场的发展方向;认证机构通过认证和核实,对核实通过的机构颁发相关认证文件。经认证机构审核通过的海岸带蓝色碳汇所有人和经过转让过程获得碳汇所有权的所有人都属于碳汇权所有者。

4. 监督主体

为了促进海岸带蓝色碳汇交易的经纪人和相关的环境组织,即促成交易成功的碳汇交易的中间人,也作为海岸带蓝色碳汇交易主体,虽然他们自己不需要出售或购买海岸带蓝色碳汇,但他们可以通过自己的环保活动来监督交易的顺利进行,其重要性不容忽视。此外,提供补充服务的第三方也是海岸带

---

① 曹明德,刘明明,崔金星.中国碳排放交易法律制度研究[M].北京:中国政法大学出版社,2016.

蓝色碳汇交易的市场参与者,他们提供资金、经纪、咨询和其他相关服务,为交易的顺利进行提供便利。总之,必须具备一定的资质才能作为交易市场的实体参与者。首先,相关实体必须具有进行海岸带蓝色碳汇交易的行为能力和权利能力,才能使海岸带蓝色碳汇市场交易行为成为有效的法律行为,由于海岸带蓝色碳汇的市场要求使得实现交易需通过对价方式,因此,交易主体在具备交易能力和行为能力的同时,还必须具备处置海岸带蓝色碳汇的资格和能力。但在实践中,交易规则和交易的具体情况并非能被所有海岸带蓝色碳汇供应商所理解和熟悉,因此需委托具有专业知识、海岸带蓝色碳汇交易能力的组织或专业人员来完成。

(二) 自愿交易市场的海岸带蓝色碳汇交易主体

自愿性交易主体,不需要履行强制性的减排义务,其主体具有自治性和自愿性特点。因此,自愿交易市场的主体,都是自愿承担减排约束的排放主体。自愿性交易的买方主要分为4类:(1) 有减排义务的排放源运营主体,主要是纳入强制性配额交易的排放源,可以通过购买海岸带蓝色碳汇项目产生的核证减排量以抵消自身的减排义务;(2) 由政府参与的采购基金和信托基金,在海岸带蓝色碳汇交易中,可以考虑设立海岸带蓝色碳汇基金,主要支持海岸带蓝色碳汇项目的发展,为其提供金融支持;(3) 在海岸带蓝色碳汇项目中,商业化运作的碳基金或银行买家等可能会有投资意愿的金融主体参与其中,进行碳汇投资,发展碳金融;(4) 其他买家,包括愿意购买海岸带蓝色碳汇核证减排量以抵消自身碳足迹的个人、公司等以减缓气候变化为目的的非营利性组织。[1]

自愿性碳减排市场的监管机构以交易所为主,同时也发挥第三方核证机构的作用。国际上各大自愿交易体系的通常做法是在一定范围内由独立的碳排放核查机构从事对所交易体系的碳资产核证义务,同时也要求核证机构有

---

[1] 袁杜鹃,朱伟国.碳金融:法律理论与实践[M].北京:法律出版社,2012.

义务按照它们发布的减排项目开发标准和准则,对自愿性碳交易进行监管,以保证核证减排量和减排项目的真实性和额外性。① 对于海岸带蓝色碳汇交易而言,美国专家学者建议引入碳审计或碳会计制度,以防虚假交易或交易信息不实等有损市场信誉和破坏市场整体性的行为。②

(三) 我国海岸带蓝色碳汇交易主体的权利义务

海岸带蓝色碳汇交易主体依据碳汇交易的法律规范享有权利和义务。其中,既有依据法律规范强制性规定所产生的权利义务,也有基于碳汇交易合同所产生的义务;既有依据诚实信用、公平、平等等原则所产生的权利义务,也有基于碳排放交易管制所形成的权利义务。

1. 海岸带蓝色碳汇核证减排量持有者的权利义务

作为海岸带蓝色碳汇交易市场的卖方,他们在交易过程中于参加交易各方主体及监管主体围绕海岸带蓝色碳汇项目的审核与注册、减排量的核证与签发、交易的媒介与磋商、交易的登记等行为享有以下权利并承担相应义务:

(1) 海岸带蓝色碳汇项目开发者依据法律规定的范围提交项目开发申请,以及项目的可行性报告、排放监测计划和监测报告。

(2) 海岸带蓝色碳汇项目开发者向海岸带蓝色碳汇交易主管机构认可的第三方核证机构提交项目可行性报告和监测计划与报告,并请求对其科学性、合理性、合规性及额外性进行审查。海岸带蓝色碳汇项目核证减排量的持有者有义务配合核证机构提交相关排放信息和海岸带蓝色碳汇项目的运行信息,有权就核证报告的合规性和合法性问题向核证机构的主管机构提请复查。

(3) 海岸带蓝色碳汇项目开发者有权凭第三方核证机构出具的核证报告,向有资质从事海岸带蓝色碳汇交易的交易所申请核证减排量额度的挂牌出售;有权建立交易账户、获得相关交易信息;有权依据交易合同约定出售海

---

① 曹明德,刘明明,崔金星.中国碳排放交易法律制度研究[M].北京:中国政法大学出版社,2016.

② Ullman R, Bilbao-Bastida V, Grimsditch G. Including blue carbon in climate market mechanisms[J]. *Ocean & Coastal Management*, 2013, 83: 15-18.

岸带蓝色碳汇核证减排量并获得相应价款。

（4）有义务配合交易相对方完成交易登记等交易流程。

2. 海岸带蓝色碳汇经核证减排量购买者的权利义务

海岸带蓝色碳汇核证减排量的购买方包括负有减排义务的企业、商业化运作的碳基金、银行资本以及其他个体买家，在海岸带蓝色碳汇交易中的权利义务包括：

（1）有权在交易平台查询相关数据和信息，有权要求对方对一些商业秘密或者交易信息进行保密，有义务遵守相关规范和交易流程，并且提供真实交易信息。

（2）有权自由选择交易相对方，并且如果因为对方提供信息有误，有权获得赔偿。

（3）有权要求有资质的第三方提供核证文件、检测报告或者监测报告等文件信息。

（4）在完成交易时，买方有义务及时交付相应价款。①

3. 主管机构或者监管部门的权力和义务

（1）指导核证机构正确适用海岸带蓝色碳汇核算方法学，受理各方主体关于调整现有方法学的申请，并组织论证和更新方法学。

（2）指导海岸带蓝色碳汇核证减排量额度的登记注册、交易等业务，并监督其运营。

（3）出台自愿性碳减排交易管理办法，制订统一合理的、与配额交易的折抵方案和比例。

（4）监督排放报告、检测报告的真实性和科学性，制定不实申报和虚假交易的处罚和惩罚规定等。

4. 第三方核证机构的权利义务

（1）按照法定程序和规则开展排放报告和监测报告的核实业务，对于海

---

① 刘明明.温室气体排放控制法律制度研究[M].北京：法律出版社，2012.

岸带蓝色碳汇核证减排量独立进行核证，据实出具核证报告。

（2）对在核查核证过程中获得的商业秘密，负有保密义务。

（3）有义务根据法律规范，接受主管机关的稽查和监督，有义务提供相关业务对象的资料。

（4）定期进行营业资格的认证，这个期限一般而言是在3—5年。对于经过审查不合格的主体，海岸带蓝色碳汇的相关主管部门可以将其营业资格进行吊销处理；对于情节较轻的，一段时间内可以让其赎回资格证书，继续进行市场活动。在营业和从业资格证书的双重防护之下，海岸带蓝色碳汇市场可以在很长的一段时间内保持市场的相对稳定。

三、海岸带蓝色碳汇交易的对象及其来源

在海岸带蓝色碳汇交易中买卖标的物即为市场交易中的对象。目前，由于"碳中和"目标的提出，开始重视海岸带蓝色碳汇，可以预见海岸带蓝色碳汇需求也将大大增加，这为海岸带蓝色碳汇交易市场的形成产生了巨大推动力。在海岸带蓝色碳汇交易中，碳汇服务在一般意义上属于由海洋或海岸带提供的社会公共物品，但由于市场需求的增加，使得原本公共属性的物品有了商业属性，碳汇资源所具备的专项性与专属性不复存在。在交易过程中，应对交易对象进行明确的定位，从而对海岸带蓝色碳汇交易市场的正常持续运行起到积极作用。

（一）海岸带蓝色碳汇的交易对象

"海岸带蓝色碳汇经核证减排量"是人们对于海洋吸收和储存二氧化碳的生态服务功能进行评估而得出的，是海岸带蓝色碳汇权的客体，也是海岸带蓝色碳汇交易的对象。海岸带蓝色碳汇的交易对象核定主要包括以下两个方面：一是对"海岸带蓝色碳汇经核证减排量"持有者进行明确，打破海岸带蓝色碳汇生态系统的公共物品属性；二是"海岸带蓝色碳汇经核证减排量"的性

质要符合海岸带生态服务价值的要求。海岸带生态服务要求中主要针对产品的公共属性和外部属性两个方面。市场交易中需要对根据确定的方法学对"海岸带蓝色碳汇经核证减排量"在时间、空间上的质量变化进行明确的测算，保证交易对象的明确性。另外，由于交易链的产生，必将有一系列附加产品的出现，这些衍生物被称为碳金融产品，也属于交易对象。① 在海岸带蓝色碳汇交易中，理财产品随之出现，人们将创造出一种加强海洋或海岸带管理以及保护海洋或海岸带资源等为主题的投资方式。碳金融产品的增加可以促进市场投资的发展，使市场资金更加充足、融资更加容易，在对生态产品的开发与交易中，创造更多的经济效益和生态效益。

（二）海岸带蓝色碳汇交易对象之来源

海岸带蓝色碳汇核证减排量作为海岸带蓝色碳汇交易的对象，其来源主要依靠海岸带蓝色碳汇项目的开发和运营。海岸带蓝色碳汇项目主要指对海岸带蓝色碳汇生态系统的保护和恢复，是维持其生物质和在土壤中存储和分离碳的重要策略。海岸带蓝色碳汇交易的标的为核证减排量，核证减排量的来源主要依靠海岸带蓝色碳汇项目。我国由于缺乏具体的海岸带蓝色碳汇项目开发的法律指导，因此海岸带蓝色碳汇交易尚处于探索阶段。包括红树林、潮汐沼泽和海草床在内的海岸带生态系统是全球碳循环的重要组成部分，它们提供范围广泛的生态系统服务，支持沿海生计并适应气候变化，为栖息地和许多商业鱼类的食物链提供支持、养分循环，维持海岸线稳定，进行风暴保护和洪水衰减。这些生态系统服务为开发保护和恢复沿海湿地以缓解和适应气候变化的干预措施提供了基础。② 这里借鉴联合国环境规划署发布的蓝色碳汇项目开发指导方法，从土地利用、土地利用变化及林业碳项目（LULUCF）发展的指导方针出发，介绍海岸带蓝色碳汇项目的实施方法，以期为我国海岸带

---

① 夏梓耀.碳排放权研究[M].北京：中国法制出版社，2016.
② Pendleton L, Donato D C, Murray B C, et al. Estimating global "blue carbon" emissions from conversion and degradation of vegetated coastal ecosystems[J]. *PloS one*, 2012, 7(9): e43542.

蓝色碳汇项目的开发和运行提供经验借鉴。[①]

1. 海岸带蓝色碳汇项目概述

蓝碳项目的范围包括保护、恢复和创造海岸带蓝色碳汇生态系统,即:海岸带蓝色碳汇项目保护因植被的去除或湿地土壤碳的损失和氧化所引起的蓝碳生态系统不受退化,通过恢复红树林、盐沼或海草植被以生长植被的形式生成碳汇以隔离碳,通过诱导植物凋落物产生和创造必要的水文条件以增加土壤和沉积物中的碳储存;保护有风险的海岸带蓝碳生态系统,包括直接修改水文和沉积物供应;淹没沿海湿地的沉积物补给,为海平面迁移的湿地创造生存空间;恢复和创建滨海湿地以防止堤坝流失,养护土壤表层,通过拆除大坝增加沉积物供给、恢复盐度条件、改善种植植被恢复的水质;等等。

2. 海岸带蓝色碳汇项目可行性评估

可行性评估主要指使用现有的信息使项目提议者能够筛选和缩小替代方案的范围或确定进展中存在的主要障碍。初步可行性评估是对海岸带蓝色项目规划中所有步骤的初步考虑。总的来说,与典型的 LULUCF 项目相比,由于项目活动的类型和规模较为复杂,海岸带蓝色碳汇项目可能需要更多的努力。例如,与林业碳汇项目不同的是,如果项目活动主要是以种植树木为目的,海岸带蓝碳项目可能会有大量拆除基础设施和建设新基础设施相关的活动以避免相邻土地的洪水泛滥;大量的项目活动和洪水管理可能需要更科学的环境影响评价,以评估项目带来的额外收益,如生态系统服务和洪水风险降低。沿海项目必须考虑到海平面上升和恢复轨迹以及作用于现场的动态物理和生物过程。由于这些额外的成本,一些项目可能无法完全基于核证减排量进行支付,但可以从一些机构积累信用额度或相关支持。

另外,法律和体制可行性评估主要在碳标准评估之外完成的,即设立各种

[①] Brown B, Murdiyarso D. Guiding principles for delivering coastal wetland carbon projects [R]. UNEP and CIFOR, Nairobi, Kenya and Bogor, Indonesia, 2014.

标准,特别是核证碳标准(例如"所有权证明""使用权证据"等),验证者根据项目的特殊性检查这些资格。然而,尽管法律和制度为项目的启动和发展提供了相应的环境,但它们并没有将项目定义为"标准性"的活动,而碳标准几乎没有给出任何关于法律和制度安排的指示;更重要的是,关于在产生的碳信用额进行索赔或交易的环节,"自由事先知情同意"(FPIC)政策原则的出现适用于集体和社区,但当进行基于陆地项目并因此设计碳标准时,仍然可以帮助国家或地方填补部分法律空白。而且,对于项目开发者和海岸带碳汇开发者来说,项目遵循的法律和制度在土地计划(规划)、环境制度、土地使用权等司法意义方面非常重要,其审查和识别过程是任何可行性评估的必要组成部分。如果一个海岸带蓝色碳汇项目旨在产生海岸带蓝色碳汇核证减排量,那么具体的符合法律规定的交易特征则会影响各个层面的项目实施。

3. 海岸带蓝色碳汇项目的标准

温室气体核算方法在各种标准下概述了量化项目温室气体效益的程序,并为确定项目边界、基准、评估永久性以及最终量化减少的温室气体排放量或从大气中排除温室气体提供了指导。借鉴国际海岸带蓝色碳汇实践,可供选择的海岸带蓝色碳汇标准包括:REDD+方法[1]、潮汐湿地和海草恢复方法(VCS)[2]、密西西比三角洲退化的三角洲湿地恢复(ACR - Tierra Resources LLC)[3]、退化红树林栖息地造林和再造林(CDM)[4]、在湿地实施的小规模

---

[1] REDD+,该方法的综合程序适用于减少毁林和森林退化、造林、重新造林和植被重建活动、湿地恢复或保护或这些组合的项目活动。该方法学意在涵盖这 3 个 VCS 项目类别下符合资格的整个项目的活动范围,为使用在保护和恢复相结合的复杂环境中的会计程序提供单一类别的干预措施。

[2] 潮汐湿地和海草恢复方法(VCS),该方法概述了 VCS 批准的程序,用于通过增强、创建或管理水文条件,比如沉积物供应、盐度特性、水质等来估计在整个盐度范围内恢复潮汐湿地和海草床所产生的净温室气体减排量和清除量,恢复活动旨在保护和重建环境效益,包括减排量和固碳量。

[3] 密西西比三角洲退化的三角洲湿地恢复(ACR - Tierra Resources LLC),这种方法经美国碳登记局批准,介绍了在密西西比三角洲退化湿地实施湿地恢复活动的温室气体减排核算程序。其为许多类型的湿地恢复项目提供了灵活性,包括那些需要水文管理的湿地恢复项目,以及基准线中是否包含湿地损失。

[4] 退化红树林栖息地造林和再造林(CDM),该方法概述了清洁发展机制批准的程序,以估算红树林造林或再造林产生的温室气体净减排量和清除量;允许使用红树林物种和非红树林物种,但在非红树林种植覆盖率超过 10% 的地区,禁止项目区水文变化;将该项目土壤扰动的程度限制在不超过 10%;采用这种方法的项目活动可能会选择排除或包括任何死木和土壤有机碳碳库的核算,但不能包括枯枝落叶碳库。

CDM造林和再造林项目①。

主要的自愿市场核证减排标准(VCS)已经涵盖了整个海岸带蓝碳项目。根据《联合国气候变化框架公约》的要求,包括5个项目类别:造林再造林和植被恢复(ARR)、改进森林管理(IFM)、避免草地和灌木地的转换(ACoGS)、减少森林砍伐和森林退化(REDD)、湿地恢复和保护(WRC)造成的排放。在WRC下,还有两类情况得以认可,即恢复湿地生态系统(RWE)和提供完整湿地保护(CIW)。大多数海岸带蓝色碳汇项目将是两个或更多这些类别的组合。例如,海岸带生态系统中红树林可能受到保护而不会退化,其已经退化的部分将会得到恢复。这种干预将REDD,ARR和WRC要素结合到一个REDD+活动中。

4. 海岸带蓝色碳汇项目的注意事项及考虑因素

对项目支持者设立较高的门槛,这对海岸带蓝碳项目特别重要,因为海岸带蓝碳项目的性质通常是多目标且涉及多个合作伙伴。首先,明确的项目所有权结构有助于促进项目的开发和实施。如不可将控制权分配给一个行为者、组织或集体参与者,那么整个项目管理从一开始就面临风险。其次,项目支持者是碳资产的自然权利持有者。如果官方支持者与项目控制的真正持有者之间不匹配,那么对碳资产的定义要求可能会引起争议。支持者和其他利益相关者,例如碳信用的买方,如果项目旨在产生碳信用,则必须创建特有的有运营、法律、财务需求的公司结构。具体而言,包括以下内容:②

(1) 项目倡议人。在不同程度上,碳标准要求识别一个或多个"项目支持者"。虽然CDM允许更加宽松地定义"项目参与者",但VCS对项目提议者提出了实质性要求,并针对"对项目或个人有全面控制和责任的个人或组织"与

---

① 在湿地实施的小规模CDM造林和再造林项目,该活动的监测方法(CDM)概述了清洁发展机制所批准的相关程序,根据清洁发展机制下的小型项目简化模式,估算湿地造林或再造林产生的温室气体净减排量和清除量。
② Brown B, Murdiyarso D. Guiding principles for delivering coastal wetland carbon projects [R]. UNEP and CIFOR, Nairobi, Kenya and Bogor, Indonesia, 2014.

其他人一起作为项目倡导者,对项目有全面的控制权或责任。①

（2）温室气体核算方法。现有一系列针对 AFOLU 项目活动的温室气体核算方法,其中包括生物质和土壤有机碳作为主要碳汇和温室气体排放源。只有严格覆盖海岸带蓝色碳汇生态系统的碳标准,即在海岸带进行的各种项目活动必须符合相应的项目类别,除非项目情景中土壤有机碳库的预期排放量或土壤有机碳库变化不显著。

（3）碳库。与其他 AFOLU 项目一样,海岸带蓝色碳汇项目应考虑几大碳库：地上生物量、地下生物量、枯枝落叶以及土壤碳。② 如果它们的排除将影响所产生的碳信用额度,则可以忽略。虽然基准线和项目之间的土壤有机碳库变化对干旱地区的影响常常被视为微不足道的,但如果作为海岸带蓝色碳汇生态系统的话,应当予以考虑。

（4）合格气体。项目必须考虑合理归因于项目活动的二氧化碳、甲烷和氧化亚氮等重要"源"和"汇"。温室气体核算方法为这些气体提供了不同的程序。不过并非所有项目都需要详细监测二氧化碳、甲烷和氧化亚氮,而是取决于项目活动的性质以及基线和项目活动之间的比较。农用地排水湿地可能会成为基准线内二氧化氮的来源,但许多恢复的湿地不会。在这种情况下,项目倡导者可能会考虑二氧化氮排放量的减少或降低监测活动的水平,并不予承认这些效益。项目提议者可以选择对项目进行说明,具体取决于监测的成本效益。

（5）项目界址。根据 AFOLU 碳项目指导原则,项目倡导者必须明确界定项目的边界,以促进项目减排量或温室气体清除量的测量、监测、核算和验证。项目边界不仅涉及地理边界,还涉及时间边界所涉及的碳库（如生物量、土壤有机碳）和温室气体。在项目验证时,即根据监测结果对项目成果进行事后评估时,地理项目界址必须包括受控制的地区或受项目参与方控制的地区。

---

① VCS Project Definitions, version 3.5, October 2013.
② Fang J Y, Guo Z D, Piao S L, et al. Terrestrial vegetation carbon sinks in China, 1981 - 2000 [J]. *Science in China Series D: Earth Sciences*, 2007, 50(9)：1341 - 1350.

例如，VCS支持海岸带蓝色碳汇项目，这些项目可能沿着具有当地特定基线或项目条件的海岸线制订，或要求在区域项目内汇总众多小型活动。在确定海岸带蓝色碳汇项目地理边界时，须考虑预期的相对海平面上升以及将项目区向陆地扩展以解释海岸带蓝色碳汇生态系统迁徙以及洪水侵蚀的可能性。[1] 从法律意义上讲，设定的项目边界还可以作为开发商评估哪些区域可以合理管理和控制的实际检查。

（6）基线和项目情景。任何碳管理项目的排放收益都是通过比较项目成果与基准线来确定的。项目和基线情景都是按照时间预测的，从最初的条件看，项目和基准条件随着时间的推移会发生分歧。[2] 对于海岸带蓝碳项目，应在基准线和项目情景中考虑景观可能的演变，包括气候变化和人类影响。例如，在海岸带蓝色碳汇生态系统恢复之前的盐沼、海草或红树林可能成为裸露的浅水、开阔水域或潮滩。由于随着时间的推移，海岸系统将继续演变。[3] 因此，必须考虑通过各种土地覆盖类型进行的地点演变轨迹来进行后续操作。

（7）碳泄漏。泄漏是指温室气体项目活动触发项目边界以外区域的排放。两种常见的形式是活动转移泄漏和市场泄漏。当项目边界内的活动（如砍伐森林）迁移到界外时，就会发生活动转移泄漏；当项目活动影响已建立的商品市场（例如养殖鱼虾）并导致在其他地方替代或替换该商品时，就会出现市场泄露。泄漏现象以及对其计量的会计准则和缓解策略已在REDD范围内得到广泛研究，[4] 而海岸带蓝碳泄露正在进一步评估，相关结果通常适用于蓝碳保护与恢复措施。此外，还有生态渗漏，指在海岸带蓝色碳汇生态系统，需

---

[1] Abuodha P A O, Woodroffe C D. Assessing vulnerability to sea-level rise using a coastal sensitivity index: a case study from southeast Australia[J]. *Journal of coastal conservation*, 2010, 14(3): 189-205.

[2] Bayrak M M, Marafa L M. Ten years of REDD+: A critical review of the impact of REDD+ on forest-dependent communities[J]. *Sustainability*, 2016, 8(7): 620.

[3] Crooks S, Herr D, Tamelander J, et al. Mitigating climate change through restoration and management of coastal wetlands and near-shore marine ecosystems: challenges and opportunities[J]. 2011.

[4] Anderson P. *Free, prior, and informed consent in REDD+: principles and approaches for policy and project development*[M]. RECOFTC — The Center for People and Forests, 2011.

要考虑导致沉积物供应中断的项目活动或导致下游或邻近温室气体影响的水文变化。因此,监测和量化生态泄漏显得更为重要,可以通过确保与邻近地区的水文连通影响来实现。[1]

(8) 持久性。持久性通常是指碳库的寿命。在大多数碳标准下,需长期保持由于项目活动而增加的碳储量或避免碳储量损失而发生碳逆转。使用海岸带蓝色碳汇清除量作为抵消时,持久性很重要。如果潜在的碳库消失,抵消也将受到影响。海平面上升的高速率可能会淹没潮间带湿地,导致正在进行封存的库存遭受损失,而已经埋在土壤中的碳将大部分保持封存状态。海岸带蓝色碳汇生态系统的恢复重启了碳封存过程。[2] 人类活动是累积碳储存永久性的最大威胁,例如围湖造田、垃圾倾倒以及湿地排水等。[3] 海平面上升也对海岸带蓝色碳汇项目构成威胁,因为如果潮间带被淹没,累积生物量中的碳储量将随着持续的封存潜力丧失而释放到大气中。[4] 可以通过选择能够适应海平面上升的地点,以避免蓝碳地区被淹没。

(9) 不确定性。对于一些海岸带地区而言,预测其对气候变化的反应是可广泛实施的。保护和恢复具有高沉积物的海岸带蓝色碳汇生态系统,将有助于减少海平面上升对其产生的影响,也可不受人类基础设施的影响而迅速重建新的生态系统。但是在某些地形条件下,海岸带蓝碳生态系统将会出现海平面向陆地迁移,可能出现潮间带替代陆地,海草正在替代潮间带的变迁。因此,对于许多海岸带蓝色碳汇生态系统而言,对与"基线""泄露""持久性"有关的预测将存在相当大的不确定性。

---

[1] Bayraktarov E, Saunders M I, Abdullah S, et al. The cost and feasibility of marine coastal restoration[J]. *Ecological Applications*, 2016, 26(4): 1055-1074.

[2] Siikamäki J, Sanchirico J N, Jardine S, et al. Blue carbon: coastal ecosystems, their carbon storage, and potential for reducing emissions[J]. *Environment: Science and Policy for Sustainable Development*, 2013, 55(6): 14-29.

[3] Pendleton L, Donato D C, Murray B C, et al. Estimating global "blue carbon" emissions from conversion and degradation of vegetated coastal ecosystems[J]. *PloS one*, 2012, 7(9): e43542.

[4] Lau W W Y. Beyond carbon: Conceptualizing payments for ecosystem services in blue forests on carbon and other marine and coastal ecosystem services[J]. *Ocean & Coastal Management*, 2013, 83: 5-14.

四、海岸带蓝色碳汇交易的价格规则

交易价格是海岸带蓝色碳汇交易市场中的关键指标,是调剂需求核定成本的主要依据。每个市场参与方都以价格为信号来适时调整自己的策略和行动;同时,每个市场主体的行为又影响着市场价格的形成。[1] 海岸带蓝色碳汇交易市场如无法形成稳定清晰的价格信号,将无力持续吸引投资人进入海岸带蓝色碳汇项目的开发和运营,也无助于海岸带蓝色碳汇生态系统的保护与恢复,以及社会经济的绿色、低碳、可持续发展。如若海岸带蓝色碳汇制度的运行成为经济发展的阻碍因素,反过来也会制约海岸带蓝色碳汇制度本身的实施。因此,立法有必要确立海岸带蓝色碳汇权市场价格波动时的调控规则,以寻求在推行海岸带蓝色碳汇交易时实现经济效益与环境效益的统一。

(一)海岸带蓝色碳汇经济价值的影响因素

由于海岸带蓝色碳汇交易市场的形成主要来源于海岸带生态系统服务价值,因此,海岸带蓝色碳汇交易价格的确定与海岸带生态效益价值有直接关联,但是如果对海岸带蓝色碳汇生态效益及其价值进行相应的评估,甚至精确计算是较为复杂的,所以人为的估算需要由相应的其他因素来确定,而这些因素则影响海岸带蓝色碳汇的交易价格。

1. 海岸带蓝色碳汇核证减排量的价格主要由社会平均减排成本决定

具体而言,如果海岸带蓝色碳汇核证减排量的市场价格过分高于减排成本,则海岸带蓝色碳汇核证减排量的需求方宁愿自行采取措施减排以达到排放要求,也不愿从市场中购买海岸带蓝色碳汇核证减排量来抵消自身排放量。这样,海岸带蓝色碳汇权的市场需求缺乏,交易也无从发生。同理,如果海岸带蓝色碳汇核证减排量的市场价格过分低于减排成本,不仅会使海岸带蓝色

---

[1] 陆敏,苍玉权.中国碳交易市场减排成本与交易价格研究[M].北京:中国社会科学出版社,2016.

碳汇权出让方的经济利益受损,而且还会变相降低减排企业采取措施努力减排以及创造剩余碳排放配额的积极性,从而使海岸带蓝色碳汇的减排价值大打折扣。因此,海岸带蓝色碳汇交易双方都能接受并且有益于节能减排的交易价格是在社会平均减排成本附近波动的价格。社会平均减排成本不是一个规定的概念,随着生产技术、污染治理技术、经济发展水平等因素的变化而变动。此外,海岸带蓝色碳汇权的交易价格还受到供求关系的影响,供过于求或供不应求均会导致海岸带蓝色碳汇权市场价格的波动。[①]

2. 海岸带蓝色碳汇项目的成本效益分析影响其交易价格

根据成本效益分析理论,海岸带蓝色碳汇核证减排量之所以可以进行市场交易,其主要前提是海岸带蓝色碳汇项目产生的收入必须大于对该项目所投入的成本。根据美国学者乌尔曼(Ullman)分析,收入是指通过在碳市场上出售海岸带蓝色碳汇核证减排量额度得到的收益,等于每个抵消的价格(代表1吨减少的排放)乘以所售核证减排量的数量。碳信用的价格由市场决定,所销售的核证减排量是碳封存和排放的相关函数,为了保护现有海岸带蓝碳生态系统,核证减排量等于(a)避免的自然碳固存损失生态系统和(b)破坏可能造成的碳排放量之和;对于恢复已经破坏的生态系统,核证减排量等于(a)恢复固碳和(b)生态系统恢复停止的碳排放之和。其中,由于碳抵消的成本包括直接成本、交易成本和机会成本。直接成本是项目提供者为保护或恢复生态系统而发生的现金成本,例如建立和运行海岸带或海洋保护区有关的生态系统,或者建立那些减少水污染的生态系统;交易成本是与监控、报告和验证碳信用以及与在市场上出售信用相关的成本;机会成本是保护或恢复生态系统所预见的经济价值。例如,如果土地不受保护,将会发生房地产或农业发展的相应损失。一旦估算出这些数值,就应该通过保护生态系统所维系的生态系统服务的预估价值以促使这些数值减小,这里可能包括了生态系统提供渔业食品或保护海岸避免风暴潮的功能。因此,净机会成本等于保护或恢复生

[①] 夏梓耀.碳排放权研究[M].北京:中国法制出版社,2016.

态系统所预期的经济价值,减去生态系统遭到破坏时将损失的生态系统服务的经济价值。①

3. 能源价格与天气变化也会影响海岸带蓝色碳汇的交易价格

广义而言,海岸带蓝色碳汇属于碳交易的范畴,因此碳交易价格的影响因素也会对海岸带蓝色碳汇交易的价格产生影响。有学者认为具有依赖模式的能源、天然气、石油、煤炭以及股权指标是碳排放权价格的主要驱动因素,认为化石能源与碳价之间存在显著的长期均衡比例不断变化的协整关系,而且在天然气、石油、煤炭三种能源价格中,油价冲击是影响碳价波动最显著的因素,然后是天然气和煤炭,但天然气对碳价波动的影响持续时间最长。② 还有学者用不同的方法研究后发现,原油价格上涨在碳价很高时会导致碳价大跌,天然气价格的变化也会对很低的碳价产生负面影响,电价会对碳价产生积极影响,而煤炭价格则会对碳价产生负面影响。③ 就海岸带蓝色碳汇而言,其吸收、存储功能会形成碳汇资源,这种资源属于可再生资源,但是地球的存在量十分稀少,并且海岸带蓝色碳汇资源的形成也与气候有直接关系,所以目前地球上的海岸带蓝色碳汇资源分布十分不均匀,在适宜海岸带蓝色碳汇项目开展的地区,海岸带蓝色碳汇核证减排量相对充足,但是就大多数地区而言,海岸带蓝色碳汇的稀缺性是确实存在的,由于该条件的限制,所以海岸带蓝色碳汇项目的发展一直处于起步阶段。

(二) 海岸带蓝色碳汇交易价格的确定——以政府指导价为主

近年来林业碳汇交易的发展有了明显的提升趋势,但是由于林业碳汇交易处于发展初期,所以碳汇交易市场还未形成成熟的交易机制,交易双方在进行交易过程中对于价格的制定仅仅以简单的规格作为标准,这些现象表明我

---

① Ullman R, Bilbao-Bastida V, Grimsditch G. Including blue carbon in climate market mechanisms[J]. *Ocean & Coastal Management*, 2013, 83: 15 - 18.
② 张跃军,魏一鸣.化石能源市场对国际碳市场的动态影响实证研究[J].管理评论,2010,22(06): 34 - 41.
③ Hammoudeh S, Lahiani A, Nguyen D K, et al. An empirical analysis of energy cost pass-through to CO_2 emission prices[J]. *Energy Economics*, 2015, 49: 149 - 156.

国碳汇市场上仍缺失价格规则和交易机制,长期如此便会直接影响我国海岸带蓝色碳汇资源的合理配置,并且导致资源在配置过程中的效率明显下降。

目前我国正处于对海岸带蓝色碳汇交易法律规范研究与制定阶段,其间的各种决定将会产生较为深远的影响,所以我国相关机构应在该时段把握构建合理有效、影响涉及范围大的法律制度,只有这样才能尽可能在海岸带蓝色碳汇交易中获取主动权,建立的法律制度才能更好地保护市场主体的利益。中国碳交易处于发展初期阶段,相较于其他发达国家,我国在国际碳交易市场中缺乏相应的主动权,加之中国的交易信息传递能力较为薄弱,因而无法向国际碳市场提出自己的意愿与想法,失去了商品的定价权。就目前中国在国际碳市场的交易情况来看,中国的碳产品价格较低,远远低于国际市场的标准价格,许多境外交易者通过与中国碳商品提供商交易,获取大量的商品差价。由于我国没有形成完善的碳汇金融体系,以及与碳金融相关的产品以及衍生品缺乏相应的法律保障,导致我国在国际市场上无法对碳汇商品及衍生品定价,造成中国碳商品商家在国际市场上面临越来越大的压力,逐渐失去原有的竞争优势。

我国政府以及学者应当认识到目前市场中问题的严重性,及时开展研究、分析,制定中国市场的碳交易准则与法律法规,提升中国市场与国际市场之间的信息交流频率,才能确保我国在国际交易市场上的主动权,中国碳商品从业者才能获取合理公正的交易价格,同时,还应当认识到海岸带蓝色碳汇的产生与地域气候问题有直接的关联,人们在获取海岸带蓝色碳汇资源的同时还需要保护生态环境,所以不同地区的海岸带蓝色碳汇资源应当具备专属的指导价格,这样才能保证海岸带蓝色碳汇经营者的利润。我国还应当提供相应的技术,以支持我国海岸带蓝色碳汇经营者在生产过程中保证碳获取量,提高我国海岸带蓝色碳汇资源在国际交易市场上的成交价格。

交易价格的确定方式包括政府定价、市场调节价以及政府指导价等 3 种。由于海岸带蓝色碳汇交易客体(海岸带蓝色碳汇核证减排量)的公益性、稀缺性、不确定性等因素,在确定其交易价格时应与普通商品的定价方式有所区别。

鉴于碳汇交易双方的利益分配,以及政府部门对海岸带蓝色碳汇的核证结果会影响海岸带蓝色碳汇交易价格,笔者建议海岸带蓝色碳汇交易价格实行政府指导价,即政府价格主管部门及其他相关部门,依据定价权限和范围指导海岸带蓝色碳汇项目经营者制定价格,在具体实施过程中各级政府需根据各区域的具体情况来确定交易价格,还可以通过竞拍或交易双方谈判的方式来确定相似区域海岸带蓝色碳汇保护与恢复的交易价格,反映市场的实际供求状况。[①]

中国政府及其相关部门不仅要保证中国碳市场社会公共利益而进行全方位的价格指导,还需要根据市场的变化趋势进行交易商品的价格标定,确保各种行为符合市场规范。海岸带蓝色碳汇在交易过程中的价值主要与其自身经济价值、生态价值有关,所以海岸带蓝色碳汇的最终交易价格与项目成本、交易过程中碳汇变化产生的成本、交易的经核证减排量等变量有直接的关系。以上变量的变化目前较为稳定,所以交易价格的变化幅度并不大;但是,海岸带蓝色碳汇的产生与自然环境、气候有着直接关系,不能排除由于自然灾害问题所产生的成本损失,所以海岸带蓝色碳汇的交易价格以及不同时段的交易成本具有绝对的不稳定性,这会直接导致交易成本计算的困难性,严重影响整个碳汇交易市场的交易量稳定性。为了尽可能保证我国海岸带蓝色碳汇商品商户的基本利益,应该尽可能稳定交易市场。目前我国的海岸带蓝色碳汇交易尚未形成完整的交易体系,我国相关部门在构建合理的交易市场的同时,应当简化碳汇交易程序的复杂性。海岸带蓝色碳汇交易量的计算是必须经历的过程之一,可以设立专门的部门用程序化的过程对交易量进行计算,这样可以降低交易程序过程中耗费的时间与精力,从根本上降低交易成本;此外,我国目前进行的海岸带蓝色碳汇交易项目规模较小,这是因为我国年碳商品的产量较低。为此,我国相关技术人员应当提升海岸带及海洋自身固碳储碳能力

[①] 张瑞萍,杨肃昌.林业碳汇交易市场机制路径探析[J].兰州大学学报(社会科学版),2013,41(06):138-142.

的监测能力,减少碳商品在产生过程中的浪费。

另外,政府在对海岸带蓝色碳汇权的市场价格进行指导调控时,可以从调节企业的减排成本和市场中海岸带蓝色碳汇权的供求关系入手,具体规则安排有以下几种类型:

(1) 抵换规则,是指碳排放企业可从市场中购买经由海岸带蓝色碳汇项目产生的核证减排量,并能通过有权机构将之转换为碳配额,用以冲抵碳排放量的规则。由于海岸带蓝色碳汇项目所产生的核证减排量价格受多种因素制约,其价格与碳配额的价格转换相对比较复杂,因此需要我国以立法的形式确立价格管理机制以及具体的抵换规则安排。例如,在开展碳排放权交易试点的省市中,天津、广东等制订的碳排放权交易方案没有具体的抵换规则安排,湖北、重庆虽设计有抵换规则但又没有数量上的限制,这些都具有较大的改进空间。

(2) 储存规则,是指企业在海岸带蓝色碳汇权交易某一阶段未使用完的权利,可以储备至下一交易阶段使用或者出售的规则。储存规则的确立,可以增强企业应对市场价格风险的能力。如果缺乏储存规则,因权利的有效期限仅局限于某一交易阶段,过期失效,企业可能会被迫在价格走低时卖出海岸带蓝色碳汇权,而储存规则可以增强其应对市场价格风险的能力。

(3) 价格上下限规则,是指由立法确定碳排放权价格的上限与下限,市场主体达成的海岸带蓝色碳汇交易价格最高不得超过法律规定的上限,最低不得低于法律规定的下限,否则无法成交的价格管理规则。

(4) 安全阀规则,这是美国区域温室气体行动协议(RGGI)独具特定的维护碳排放权稳定的一项规则,[1]其核心是确定一定的碳排放权价格为安全阀,一旦市价过高达到或突破该阈值,碳排放权交易规则就会有所调整,以使碳排放权价格降低。虽然在具体执行中由于存在一定问题,已被删除,[2]但是在海

---

[1] Stavins R N. A utility safety valve for cutting CO_2[C]//The Environmental Forum, 2006, 23:14.
[2] 夏梓耀.碳排放权研究[M].北京:中国法制出版社,2016.

岸带蓝色碳汇交易价格的确定中,可以考虑升级使用安全阀机制,使该机制与消费者价格指数相关联,使安全阀值的设定自动考虑通货膨胀的影响等方面,以期在海岸带蓝色碳汇交易价格确定方面具有指导意义。

五、海岸带蓝色碳汇交易的合同规则

碳交易是一种定义目标(销售和转让一定数量的碳信用额度),确定卖方和买方、碳价格以及交付和付款细节的合同,合同中的各项条款都需各方达成一致。自愿的海岸带蓝色碳汇交易市场一般包括项目支持者、当地社区、政府等主体在内的关于惠益分享的条款,并包含特定的财务机制或创建特殊的财务目标工具来管理资金流动。碳汇交易合同的签订使得中国的海岸带蓝色碳汇交易顺利发展起来,只有合理、公正、有效的交易合同规则才能保证交易双方的权益不受损害,才能更好地发展海岸带蓝色碳汇交易。

(一) 海岸带蓝色碳汇交易合同所适用的准据法

在国际海岸带蓝色碳汇交易中,由于交易双方多为不同国家的经营主体,在交易合同确定之时,合同应当适用哪国法律?这是交易方最为关切的问题。交易合同准据法的确定决定着合同的效力、履约方式、违约责任的承担方式以及法律争议的解决方式等。

在碳交易实践中,大多以英国法作为准据法。由于中国与英国分别属于大陆法系和英美法系,中国合同法遵循将一般抽象理论适用于特殊个案的模式,而英国法则遵循从个案判决到个案适用的"先例判决"的体制。从具体法律规定来看,中英两国合同法亦存在较大的差异。以违约赔偿为例,英国法不仅存在期待利益赔偿责任,还存在违约获利赔偿责任。而中国合同法只规定了期待利益赔偿责任;违约获利赔偿责任不以非违约方的财产损害为前提,而是以违约方从违约行为中受益为出发点,为非违约方提供更充分的救济。如果没有对英国法有充分的了解和研究,我国的清洁发展机制海岸带蓝色碳汇项目业主可能不会请求合同违约方承担违约获利赔偿责任。因此，一旦清洁发展机制海岸带蓝色碳汇交易发生纠纷，海岸带蓝色碳汇项目业主对英国法的判例规则可能会不熟悉或者不适应，在运用英国法保护自身合法利益方面处于弱势地位。此外，碳汇交易合同以英国法为准据法，将增加我国项目业主的项目准备成本和诉讼成本。例如，在项目准备阶段，项目业主因需要研究英国法而增加额外的支出。当然，碳汇交易合同也可直接约定依据冲突规范选择其他国家的法律作为准据法。从全局来看，以国外法为准据法增加了海岸带蓝色碳汇项目业主的履约风险和法律责任风险。

另外，随着我国"碳达峰""碳中和"的迫切需求与绿色、低碳、可持续经济的深入推进，以及我国拥有丰富的海岸带蓝色碳汇生态系统资源的现状，如果交易合同适用的准据法并非我国法律，将不利于保护我国海岸带蓝色碳汇项目主的利益，也在一定程度上影响我国海岸带蓝色碳汇交易的发展。为了最大限度地保护我国海岸带蓝色碳汇生态系统保护者的正当利益，建议在气候合作、碳交易等领域的国际谈判中，适当增加我国话语权和影响力，在国际海岸带蓝色碳汇交易合同中应尽量选择我国法律作为合同的准据法。但是，我国现行民事法律并不能有效地调整清洁发展机制海岸带蓝色碳汇交易法律关系，交易争议的解决可能会出现"无法可依"的尴尬局面。因此，我国应当在遵循《民法典》合同编的基本原则的基础上，结合海岸带蓝色碳汇交易的特点，制定调整碳汇交易的特别法。

（二）保证海岸带蓝色碳汇交易合同的有效性

合同的效力是指依法成立的合同在当事人之间产生的法律约束力。[①] 目前海岸带蓝色碳汇交易主要通过签订合同的方式完成，若要交易双方能够在签订合同后遵约履行合同权利和义务，就需要在合同中制定有效的能够保证双方利益的规定，在这些规定下双方才能更好地履行合同义务。实际上，海岸

---

① 王利明.合同法研究[M].北京：中国人民大学出版社，2002.

带蓝色碳汇交易是一种针对修复环境海岸带生态环境恶化、降低全球气候变暖步伐而制定的一种法律约束下的交易行为。所以,它并不是一般的民商合同中只为限定个人商业利益的行为,是需要对国家、社会、环境甚至全人类利益进行保证和维护的公益行为。

合同的有效性是保证交易合同存在的主要先决条件。建议海岸带蓝色碳汇交易的合同,应当采取登记生效主义的方式。因为开发海岸带蓝色碳汇交易项目虽然具有较大的经济、社会和生态价值,但在开发过程中也存在诸多交易风险,包括自然生态环境的限制、相关政策的约束、在国际交易中可能受到一定程度政治因素的影响等。虽然以上风险并不能完全规避,但是可以建议通过要件登记形式,赋予海岸带蓝色碳汇交易合同更强的对内约束力和对外对抗力,从而保障海岸带蓝色碳汇交易的顺利进行。另外,通过对海岸带蓝色碳汇交易合同的审查,可以规避和打击故意扰乱正常海岸带蓝色碳汇交易的投机倒把行为,将真正符合法律规定、进行正当交易的合同予以登记,由此可以确保所进行的交易是符合法律规范的,从而真正起到保护海岸带生态系统、减缓温室效应的作用。

(三) 海岸带蓝色碳汇交易合同的违约救济

民事合同最重要的内容之一,是合同的违约救济。按照民商事的责任追究原则,有损害就得有救济。一般来说,合同非违约有权要求违约方继续履行合同(替代性安排)、赔偿损失、终止合同以及综合运用这些权利。[①] 对违约责任的约定是海岸带蓝色碳汇交易合同中重要条款之一,交易双方可以在交易过程中约定违反海岸带蓝色碳汇交易合同的法律责任,其约束双方的交易行为,促使双方尽力全面、及时完成合同的约定。海岸带蓝色碳汇交易卖方需依合同约定,按时、足额地向卖方交付海岸带蓝色碳汇核证减排量额度,买方需依约定的方式支付相应价款。双方可以约定,如若卖方违约,海岸带蓝色碳汇

---

① 黄小喜.国际碳交易法律问题研究[M].北京:知识产权出版社,2013.

核证减排量买方可以享有获得违约金、替代履行、损害赔偿以及中止、终止履行合同等方面的权利救济。

首先,对于违约金而言,如果以我国《合同法》为准据法,可以在合同订立之时约定违约金,也可以按照具体的损失进行合理赔付。同时,对于明显不合理的违约金条款,司法部门应当予以调整。

其次,获得赔偿损失的权利。其损失的范围,应当与非违约方受到的损失尽量一致。[①] 损失的计算包括直接损失、间接损失、机会损失、名誉损失等的平衡。

再次,要求替代履行的权利。即,如若海岸带蓝色碳汇交易卖方违约,买方可以要求卖方将其拥有的,但在本交易合同之外的其他海岸带蓝色碳汇核证减排量额度转移给自己,也可以要求其购入同等数量的海岸带蓝色碳汇核证减排量额度。

最后,单方解除合同的权利。解除合同是民商事合同中最较严厉的处罚方式,其效力在于免除当事人继续履行合同的责任,并互惠性地将所有交换恢复至履行前阶段或使当事人有权恢复原状或使当事人获得替代物。[②] 对于海岸带蓝色碳汇交易而言,可以在合同中约定单方解除合同的具体情形。同时,当交易目的已经无法实现时,海岸带蓝色碳汇交易双方均有权单方终止合同。[③]

总之,在海岸带蓝色碳汇交易中,买卖方双方都会遇到一些未知的突发事件以及交易风险。交易合同只是尽可能地规定一些可以预见的交易风险,却不可能将所有交易风险予以全部规定。交易双方需要在合同订立之前,注重

[①] 《合同法》第114条第1款:"当事人可以约定一方违约时应当根据违约情况向对方支付一定数额的违约金,也可以约定因违约产生的损失赔偿额的计算方法。"《合同法》第114条第2款:"约定的违约金低于造成的损失的,当事人可以请求人民法院或者仲裁机构予以增加;约定的违约金过分高于造成的损失的,当事人可以请求人民法院或者仲裁机构予以适当减少。"《合同法》第113条:"当事人一方不履行合同义务或者履行合同义务不符合约定,给对方造成损失的,损失赔偿额应当相当于因违约所造成的损失,包括合同履行后可以获得的利益,但不得超过违反合同一方订立合同时预见到或者应当预见到的因违反合同可能造成的损失。"

[②] 黄小喜.国际碳交易法律问题研究[M].北京:知识产权出版社,2013.

[③] 陈英.林业碳汇交易法律制度研究[M].北京:法律出版社,2012.

相互协同与沟通,提前预见一些风险事项。重要的是,交易双方应在合同起草过程中,注意对合同条款的仔细审定,并且预留一定空间,同时明确规定法律救济方式。

第二节　海岸带蓝色碳汇交易配套制度的法律构建

我国海岸带蓝色碳汇交易机制的法律构建,除了灵活的交易模式、适格的交易主体、确定的交易对象、公正的交易价格、有效的交易合同等市场机制外,还包括构建多元共治的海岸带蓝色碳汇交易监管法律机制、海岸带蓝色碳汇交易风险防范法律机制以及海岸带蓝色碳汇交易资金法律机制等配套法律机制。

一、海岸带蓝色碳汇交易监管制度的法律构建

从我国林业碳汇交易发展的情况来看,现今整个交易市场的运行是在政府监管下进行的。由于海岸带蓝色碳汇交易的市场体制还未形成,因此由行政机关进行引导并监督其发展是比较科学有效的。但是,由于目前监督机制的不健全,导致公平、公开、公正的海岸带蓝色碳汇交易法律制度没有得到足够保障。因此,建立完善的海岸带蓝色碳汇监管制度势在必行。

(一) 构建多元共治的海岸带蓝色碳汇交易法律监督制度

由上文可知,政府在海岸带蓝色碳汇交易机制中扮演重要角色,是海岸带蓝色碳汇交易市场体系中最为重要且核心的监管主体。在海岸带蓝色碳汇交易行为的市场监管中,特定的政府部门依法行使或履行对海岸带蓝色碳汇交易行为以及对海岸带蓝色碳汇核证减排量的签发进行监督管理的职权或职

责。根据《碳排放权交易管理办法(试行)》第 5 条规定,生态环境部组织建立全国碳排放权注册登记机构和全国碳排放权交易机构,组织建设全国碳排放权注册登记系统和全国碳排放权交易系统。

虽然政府的监管能在一定程度上维持市场的运行和发展,但其中也不可避免地有一些阻碍其发展的负面因素:首先,对特殊领域的经济与环境效果的监督与评估管理需要具有专业知识的人员操作,这就意味着把这项工作全部交给政府实施是不现实的,此时需要建立专门的海岸带蓝色碳汇交易专家监督管理平台以达到更好地服务于市场管理的目的。专家监督管理平台能使政府部门避免出现"独揽大权"情况,同时为政府的相关干预行为提供专业的指导和建议,也能更好地展现海岸带蓝色碳汇交易监管机制的公平性;其次,面对政府内部可能出现的责任推诿、工作效率低下等情况需要作出科学、合理的应对措施;最后,政府作为监督报告的制定者和执行者,这两种身份可能会使政府的自我监管水平丧失其公信力。

当然,除了政府部门之外,还可以考虑建立一个中立的民间组织,专门负责监督海岸带蓝色碳汇交易行为。例如,可以借鉴肯尼亚米可可项目中的 NGOs 组织"维沃计划"(Plan Vivo)与当地加济湾社区签订了生态服务付费(PES)协议,该组织管理这些信用额度并进行长达 5 年的有关碳储存潜力的研究;[①]印度桑德曼红树林恢复项目中,《公约》向一个名为"生计"(livelihoods)的公益组织发放了减排信用额度;马达加斯加蓝色森林项目中,为了防止风暴和侵蚀,蓝色风投公司(Blue Ventures)开展的"蓝色森林"倡议与当地社区合作,实施碳融资项目,通过保护红树林以支持可持续社区发展,"蓝色森林"旨在将红树林保护和恢复项目纳入国家 REDD+战略,并在多个项目点使用自愿碳市场标准实施红树林保护项目。以上这些中立的公益组织和公司,不仅拥有海岸带蓝色碳汇核证减排量额度计算的各种技术手段,也有比较丰富的国际交易经验,可以委托其进行监督。我国可以成立类似的组织和公司,以提

---

① Abdalla S, Kairo J G, Huxham M, et al. 2016 Plan Vivo Annual Report: Mikoko Pamoja [J]. *Plan Vivo Foundation*, *Edinburgh*, UK, 2015.

高工作效率和监督透明。当然,这样也会带来一定的问题,因为民间组织作为交易监督机构缺乏一定的法律支持和依据,而且其公信力也不如国家特定政府部门,因此构建政府—市场—社会多元共治的监管机制便应运而生。

首先,政府作为海岸带蓝色碳汇交易监管主体,对海岸带蓝色碳汇核证减排量交易活动及其相关的海岸带蓝色碳汇项目运行实施监督和管理。对于碳汇交易行为的监管,由于政府及其工作人员的专业能力及其人力资源有限,政府难以直接监测海岸带蓝色碳汇项目业主产生的具体核证减排量,也难以直接对监测数据进行一一核查。尽管第三方核查机构的引入可以对监测行为进行一定程度的监管,但政府本身依然承担着对海岸带蓝色碳汇项目业主和核查机构的监督和管理职责。因此,政府在其中发挥着重要的作用,充当和碳汇(或者碳排放)交易监管制度中最终监管者的角色。

其次,核查机构、交易机构等主体为海岸带蓝色碳汇交易活动提供服务,并同时为政府部门的宏观调控、市场监督等提供信息服务和辅助,[1]在碳汇交易监管中发挥着各自重要的作用。例如,在具体监管中引入第三方核查机构,可以增强对海岸带蓝色碳汇监管活动的有效性和科学性。这是一种新型的公私合作模式(Public-Private Partnership,PPP),政府监管主体和私营部门通过特定安排来进行相互协作。而且,由海岸带蓝色碳汇项目业主自行监测和报告数据,可以将与遵约相关的文书工作、任务及相应成本负担从政府转移到项目业主身上,可以使政府将有限的执法资源集中在加强违法监管、惩罚及履约激励等措施上。[2]

最后,参与海岸带蓝色碳汇交易的其他市场活动主体及其他社会组织也发挥着重要的社会监督作用。由于碳排放和碳汇活动本身会因其外部性而对整个环境质量产生直接或者间接的影响,各类环境保护组织、社会公众等都是重要相关者,可以对海岸带蓝色碳汇项目业主、第三方核查机构、交易所等的行为进行必要的监督和管理。因此,社会监管也是海岸带蓝色碳汇交易监管

---

[1] 程信和.经济法中主体权利设置的走向[J].社会科学家,2014(12):87-94.
[2] 陈惠珍.中国碳排放权交易监管法律制度研究[M].北京:社会科学文献出版社,2017.

中的重要组成部分,而且社会监管通过其主体的多样性、手段的多元性,可以在一定程度上弥补政府监管在手段、效果等方面的不足。

(二) 建立完善的海岸带蓝色碳汇交易信息披露法律制度

市场经济的飞速发展要求我们在任何交易中都应该具备完善的交易信息披露制度,碳汇交易市场也不例外。作为海岸带蓝色碳汇项目许可的条件,监管机构通常需要评估环境影响,特别是披露负面影响。作为项目规划和实施的一部分,重要的是要充分注意确保各方的利益得到均衡和保护。一些国家颁布了州或联邦法规来保护海岸带蓝色碳汇生态系统,在项目规划和实施过程中必须遵守这些规定的要求。因此,需要相关政府监督主管部门起到主要引导作用,搜集有效信息后创建所有交易主体的档案库,方便市场中的参与者进行查询和参考。资料库建立后可以先让没有直接利害关系的独立第三方机构进一步测评,其后由第三方机构向交易双方的上级部门对测评结果组织汇报,最后由专业的审核部门对汇报结果进行评估,将通过审核的数据上传入档案管理系统。与此同时,政府也应建立一套完善的海岸带蓝色碳汇交易信息披露制度,并严格按照文件要求将此数据库的内容整合后定期向社会公开,并不断对各种信息数据进一步地完善与更新,时刻紧跟市场变动,保证数据库中的信息具有高度有效性,从而巩固海岸带蓝色碳汇交易所带来的经济与环境效益。有效的信息披露制度,一方面,可以让身处其中的交易主体明确自身在市场中的定位,掌握最新的市场动态和信息变动,从而保证使其不会被日新月异的市场所淘汰,不断创新以提升企业的市场竞争力,使低碳经济得到持续发展;另一方面,可靠的信息披露制度能为所有交易主体提供最新的市场信息,使各企业更好地把握市场发展趋势,利于企业做出更合理准确的决策。对于那些高排放、高污染的企业来说,则可以利用市场公开的信息,寻求更优价格,降低企业运营成本。

(三) 明确海岸带蓝色碳汇交易核查机构的法律责任

在海岸带蓝色碳汇监管法律制度中,一方面需要核查机构发挥主动监管的作用;另一方面也需要对该机构进行规制。在《碳排放权交易管理办法(试行)》中规定,如果核查机构自身存在违法行为,需要根据相关法律,追究其民事、行政或者刑事责任。① 通常,核查机构的法律责任主要集中在民事和行政责任两方面,只有在极为特例的情况下才会承担刑事责任。如果核查机构出现违法行为,一方面可以由政府的监管部门进行处理,主要追究其行政责任;另一方面如果造成海岸带蓝色碳汇项目业主的经济损失,该核查机构也需要主动进行民事赔偿。

1. 行政法律责任

在执行核查业务的过程中,核查机构的工作人员应该依法履行相关程序,确保自身行为的合法性、公正性和独立性;所提交的核查报告必须准确、规范和真实;对于核查过程和结果需要履行保密的义务,同时要主动接受社会监督,并承担相应的法律责任。如果核查机构违反上述原则和规定,政府监管部门需要及时纠正并进行处罚。② 一旦核查机构出现违法行为,需要从如下几个方面追究其法律责任:

(1) 如果核查报告违反了真实和准确性的原则,存在虚假或者重大错误的情形,需承担相应的行政法律责任。当然,要求核查报告具有百分之百精确度是不现实的,因此存在一定范围的误差是可接受的。但是如果数据出现的错误超过误差允许的范围,从而存在严重不实或者重大错误嫌疑,监管部门需要对出具报告的机构进行处罚。需要指出的是,在具体执行过程中,不同的交易试点的内部规章和相关地区的行政规定存在部分差异。比如,依据《深圳市碳排放权交易管理暂行办法》的规定,如果核查报告存在虚假情况或者重大失

---

① 《碳排放权交易管理办法(试行)》第 37 条规定:生态环境部、省级生态环境主管部门、设区的市级生态环境主管部门的有关工作人员,在全国碳排放权交易及相关活动的监督管理中滥用职权、玩忽职守、徇私舞弊的,由其上级行政机关或者监察机关责令改正,并依法给予处分。第 38 条规定:全国碳排放权注册登记机构和全国碳排放权交易机构及其工作人员违反本办法规定,有下列行为之一的,由生态环境部依法给予处分,并向社会公开处理结果:(1) 利用职务便利谋取不正当利益的;(2) 有其他滥用职权、玩忽职守、徇私舞弊行为的。全国碳排放权注册登记机构和全国碳排放权交易机构及其工作人员违反本办法规定,泄露有关商业秘密或者有构成其他违反国家交易监管规定行为的,依照其他有关规定处理。

② 《广东省企业碳排放信息报告与核查实施细则(试行)》第 23 条。

实,首先需要由广东省主管部门责令该机构限期改正,同时作出罚款决定;[①]另外,根据上级主管部门的建议,深圳市市监局可以对其作出除名处理。又如,根据《广东省碳排放管理试行办法》的规定,如果核查报告出现虚假或者重大不实,由省主管部门责令其改正,同时作出行政罚款决定;根据情形严重性差异,罚款金额可以在3万元以上,但以5万元为上限。在作出相关处罚决定时,只需要审查违法行为事实和结果,相关部门并不需要考察造成违法行为的原因,也不需要区分相关机构及其工作人员的主观动机。[②]根据《广东省企业碳排放信息报告与核查实施细则(试行)》的规定,如果发现核查报告存在重大过失或者错误,由省发改委对其进行通报处理;如果违法行为严重,可以处以3万元以上的罚款,并且做出行业禁止规定;根据情节严重程度,可以禁止该机构在3年以内不得在本省范围内从事相关工作。[③]由此可见,如果因为核查机构的过失而造成报告错误,同样需要进行罚款和其他相关的行政处罚。从法学原理来看,这符合"举轻以明重"的立法原则。然而深圳市和广东省的上述规定是存在争议的,如果对故意违法行为作出严重处理是可以理解的,这也更符合法学中的比例原则。然而,广东省的规定未将不同的违法行为进行区分;对于虚假和重大失实的核查报告,应该按照何种标准进行处罚,也未明确表述。按照比例原则,在研究制定相关责任制度时,需要根据不同情况作出相应处理。如果发现核查报告存在错误或者不实,在分析原因后,发现是过失造成的,进行通报和行政罚款,也可以作出在一段时间内禁止性从业的规定;但如果是由于核查机构故意造成的错误,如果要符合比例原则,应该进行更加严重的处罚。比如,如果存在串通捏造数据的情形,严重程度显然要甚于过失行为,对这种故意的违法行为,应该在进行声誉处罚的同时,提升行政罚款的额度范围,同时还可以吊销其相关资质。然而从部分交易试点的情况来看,并没有体现出比例原则。比如,根据深圳市的相关规定,如果出现核查报告失实或

---

① 《深圳市碳排放权交易管理暂行办法》(2014)第72条。
② 《广东省碳排放管理试行办法》(2014)第39条。
③ 《广东省企业碳排放信息报告与核查实施细则(试行)》(2014)第23条。

者重大错误,无论是由于过失还是重大故意,进行行政处罚的措施是一致的。因此,对于相关的法律责任设置,需要进一步改善。

(2) 为了确保核查机构工作的独立、公正和有序性,需要确保该机构与海岸带蓝色碳汇项目业主以及排放单位不存在利害关系。如果存在利害关系,则调查过程和结果的独立性就很难得到保障;如果存在利害关系,仍然进行相关的业务操作,需施以行政处罚。比如,依据《深圳市碳排放权交易管理暂行办法》的有关规定,如果核查机构在业务执行的过程中,与排放单位存在利害关系,或者存在其他有可能妨碍公平竞争的情形,需要责令限期改正;如果相关核查工作已经结束,或者正在进行,可处以5万—10万元的行政罚款;如果情形严重,由市监部门作出除名处理。[1]

(3) 如果核查机构没有履行保密义务,非法发布和使用相关信息,须进行行政处罚。比如,根据广东省试点的相关规定,如果核查机构非法使用相关数据或者侵犯商业秘密,可能面临3万—5万元的行政罚款,而且会被处以3年的行政禁止规定;[2]根据深圳试点的相关规定,出现上述违法行为,面临5万元的罚款,并被除名处理,违法行为情节严重的行政罚款金额可达10万元。[3] 为解决这一问题,《碳排放权交易管理条例(送审稿)》尝试对相关的处罚标准予以统一,并且将该类违法行为的处罚标准与虚假和不实报告的处罚标准相一致。即,由国务院主管部门责令其改正;逾期未改正的,作出10万—100万元的行政罚款;存在严重违法情节,可暂停核查业务,并最终取消其资质;如果造成经济损失,需要向碳排放单位承担民事赔偿。[4] 但遗憾的是,2021年施行的《碳排放权交易管理办法(试行)》并未将核查机构的法律责任规定在内。

2. 民事法律责任

项目业主和排放单位具有的权利和义务取决于由民事法律责任核查机构

---

[1]《深圳市碳排放权交易管理暂行办法》第73条。
[2]《广东省碳排放管理试行办法》(2014)第39条。
[3]《深圳市碳排放权交易管理暂行办法》第63条、第74条。
[4]《碳排放权交易管理条例(送审稿)》第33条。

出示的核查报告。① 为提供实事求是及精准负责的核查报告,核查机构在核查时,不应受到外部干预或作出轻率的核查行为。如上所述,在核查机构认证制度的约束下,核查机构的专业能力得到保证,核查行为也通过核查规定、核查合同等得到规范,且核查结果监督制度在一定程度上筛除了错误的核查报告。但是项目业主或排放单位仍然由于核查机构各种有意或无意造成的违规核查行为及错误核查结果而蒙受直接或间接的损失。譬如,在项目业主向核查机构提交了规定所需的报告资料后,由于核查员的敷衍态度或违规行为仍可能造成失实乃至漏洞百出的核查报告。当排放单位由于核查机构的违规行为而承担不良后果,对项目业主及排放单位的法律地位及后果便需重新评估。

一旦海岸带蓝色碳汇项目业主或排放单位遭受因核查机构过失或核查报告纰漏而造成的损失,核查机构需依法对排放单位进行赔偿。排放单位和核查机构双方通常签订核查服务合同,规定在排放单位由于核查机构的失误蒙受损失时,能够凭借该合同使核查机构承担法律后果以维护自身权益。一些可能会发生的违约行为及可能承担的损失状况一般会在排放单位事先预估风险后,在合同中被声明,同时针对违约情况规定对应的如赔偿经济损失等违约责任。核查机构与项目业主或排放单位、政府监管部门间的法律关系,与核查机构的类型相关,针对核查机构所设置的民事责任、追究条件因此也可能存在差异。譬如,当由政府指定的核查机构因其过失使排放单位蒙受损失,该核查单位的法律问题便需进一步考量。欧盟《欧盟排放交易指令》《认证和核查条例》均无针对这类事件的具体规定,这往往需要成员国自身拟定、执行。德国便存在着政府部门需替核查机构承担后果这一条例而备受瞩目。在德国,如经政府指定的专家因其过失给排放单位造成不良后果,政府将被法院依据公共责任原则判决承担专家过失所引发的法律责任。② 以此为鉴,我国需在对责任问题进行深入探讨后,再考虑是否仍旧延续"政府指定相应的核查机构进行

---

① 《碳排放权交易管理暂行办法》第30条、第31条。
② 陈惠珍.中国碳排放权交易监管法律制度研究[M].北京:社会科学文献出版社,2017.

核查"这一模式。毕竟完善的保障模式需要明确相应法律责任的监管及政府采购合同的合力约束。

二、海岸带蓝色碳汇交易风险防范制度的法律构建

(一) 我国海岸带蓝色碳汇交易风险产生的原因

随着"碳达峰""碳中和"的迫切要求以及气候变化的紧迫性和严峻性,海岸带蓝色碳汇交易将以一种新型价值符号的状态成为讨论的焦点。事实上,国际碳汇交易及碳汇交易市场在"全球蓝色碳市场计划"被联合国五大机构提出前已经开始发展,部分发达国家更是投入大量资金着手建立自己的海岸带蓝色碳汇交易市场。尽管我国也已开始初步建立自己的林业碳汇交易——在北京、上海、天津等城市建立交易所并尝试运营,然而完备的碳汇交易市场仍未构建,加之未能及时出台政策,制约了我国仍处于摸索状态之中的海岸带蓝色碳汇交易市场的发展,降低了企业参与海岸带蓝色碳汇交易的积极性。具体而言,我国海岸带蓝色碳汇交易风险产生的原因具体包括两个方面,项目运行阶段的风险和交易阶段的风险。

1. 海岸带蓝色碳汇交易对象不足的风险

海岸带蓝色碳汇以其强大的储碳、贮存的生态服务功能而开始受到世界环保团体的关注,同时其也是最具经济价值的生态部分,海岸带蓝色碳汇交易也是建立在海岸带蓝色碳汇项目的开展之上。正如前文已述,海岸带蓝色碳汇交易对象——海岸带蓝色碳汇核证减排量,主要来源于以保护和恢复海岸带生态系统要旨的海岸带蓝色碳汇项目。成功的海岸带蓝色碳汇项目可以保障充足的海岸带蓝色碳汇交易量。但是由于自然生态以及技术方面的原因,使得海岸带蓝色碳汇项目的成功将面临很大风险。例如,虽然海岸带蓝色碳汇生态系统可以长时间储存二氧化碳,但其也可能受到广泛的威胁。与陆地碳汇项目可能遇到的丛林火灾、滥伐森林等的主要直接威胁不同,海岸带生态系统可能受到间接来自遥远陆地上的活动的影响。例如,红树林、盐沼、海草

可能会受到围海造田、农业污染、水分清澈度降低等的影响,这给海岸带蓝色碳汇恢复项目带来相当大的困难。由此,失败的风险可能性很大。红树林的恢复已在全球范围内大规模地进行。[1] 尽管对如何实现成功恢复的经验越来越丰富,但恢复红树林的大部分努力已经完全或部分宣告失败。同样,尽管恢复海草草地在技术上也是可行的,但是恢复项目的成功往往会受到海草内部动态环境的影响。最近研究发现,海草、红树林、盐沼项目恢复的生存率分别为38%、51.3%、64.8%,[2] 如此低的恢复率,也会海岸带蓝色碳汇项目业主能否继续经营蓝碳项目带来很大挑战。

2. 海岸带蓝色碳汇交易市场不稳定的风险

目前我国仍缺乏完备的碳汇交易市场以及相应政策对海岸带蓝色碳汇交易进行扶持,加之对碳汇交易的法律依旧处于初步研究状态,在对市场监管的约束方面也不甚明朗,更未构建"海岸带蓝色碳汇项目"及"海洋固碳储碳功能"等方面的制度体系,这些均遏制了海岸带蓝色碳汇交易的顺利发展,阻碍了保护及发展海岸带蓝色碳汇资源潜力的进程,造成了低效的碳汇资源配置的现状。就现实层面而言,海岸带蓝色碳汇交易缺乏政府相应的扶持措施,又因大多数企业在海岸带蓝色碳汇交易中往往面临信息不对等的难题,且无法通过准确有效的信息判断碳汇交易市场的形势,缺乏主动权。抽象层面而言,海岸带蓝色碳汇交易本就具有无形性——人们无法预估其潜在蕴含的环境、经济价值。基于以上两个方面,多数企业对海岸带蓝色碳汇交易望而却步,缺乏投资热情。除此之外,海岸带蓝色碳汇交易市场的有效信息难以捉摸,这更造成了交易价格的波动不定。

另外,正如前文所述,发展海岸带蓝色碳汇交易的资金成本涵盖了交易成本以及启动海岸带蓝色碳汇项目前的各项机会成本,正是这些难题阻碍了交

---

[1] Bell J. Legal frameworks for unique ecosystems — how can the EPBC Act offsets policy address the impact of development on seagrass? [J]. *Environmental and Planning Law Journal*, 2014, 31: 34-46.

[2] van Katwijk M M, Thorhaug A, Marbà N, et al. Global analysis of seagrass restoration: the importance of large-scale planting[J]. *Journal of Applied Ecology*, 2016, 53(2): 567-578.

易过程的顺利发展。具体而言,发展海岸带蓝色碳汇项目成本要求颇多：一是需要投入大量科研支持对海洋或海岸带进行监管及保护;二是需要投入大量的资金来提升技术和培养人才。另外,在交易过程中,双方为达成自身目的而谈判,这一活动需要建立在各类文件、设计、批准、检测核实、认证成本的基础之上,远远超出了简单的交易过程。因此,为避免可能产生的风险及消除潜在威胁,在发展海岸带蓝色碳汇交易时,必须把交易过程所涵盖的各类成本纳入考量范围。除此之外,我国虽在林业碳汇测量及认证技术两方面有一定成果,然而在对海岸带蓝色碳汇的测量与认证技术仍有待提高,这种失衡的状况造成我国海岸带蓝色碳汇交易的被动局面,即无法精准迅速地完成交易来规避风险。

(二) 对我国蓝色碳汇交易风险防范法律制度的建议

1. 对海岸带蓝色碳汇交易对象不足的风险防控

海岸带蓝色碳汇交易对象不足,主要是由于海岸带蓝色碳汇项目的成功率太低,而其风险防控可以借鉴澳大利亚对于海岸带蓝色碳汇纳入《减排基金》的"永久性"和"交易成本"分析。例如,对于红树林恢复项目,应特别注重适宜的水温和项目的长期监测等;[1]对于海草恢复项目,大面积的碳汇恢复项目更有可能成功;对于盐沼项目,当地来源的物种比进口物种更容易生存。[2] 此外,最重要的是,确定科学法定的蓝碳方法学,蓝碳方法学应对这些挑战至关重要。

首先,确保项目不会发生碳泄漏,即在一个地方保护红树林不会导致其他地方砍伐红树林。例如,在肯尼亚的米可可项目中,社区已经努力通过在红树林项目地点外种植松树来避免渗漏,为社区提供替代木材来源,以帮助防止红树林砍伐。在桑德斯坦群岛,由于水产养殖和捕捞活动,新种植或受保护的红

---

[1] Bayraktarov E, Saunders M I, Abdullah S, et al. The cost and feasibility of marine coastal restoration[J]. *Ecological Applications*, 2016, 26(4): 1055–1074.

[2] van Katwijk M M, Thorhaug A, Marbà N, et al. Global analysis of seagrass restoration: the importance of large-scale planting[J]. *Journal of Applied Ecology*, 2016, 53(2): 567–578.

树林有时会退化,这表明项目业主可能希望考虑更多的可持续生计选择,如可持续的养虾,以帮助确保红树林的长期可持续性碳项目。①

其次,应当包含"逆转缓冲风险",即由一个项目产生的单位数量将减少5%,因为有些项目可能因为支持者无法控制的影响而失败。考虑5%是否为海岸带蓝色碳汇项目的缓冲区,或者是否需要不同的缓冲区,这需要谨慎考量。然而,这应以不会降低海岸带蓝色碳汇项目对支持者的吸引力的方式来进行管理,否则在这个领域的投资可能不会发生。② 因此,在制定海岸带蓝色碳汇相关立法时,可以考虑设定海岸带蓝色碳汇项目的缓冲区。

再次,政府为鼓励投资,可以考虑采取一些激励措施,使其更具竞争力。例如,海岸带蓝色碳汇项目在拍卖过程中可以赋予其更高的比例,这会使它们同时不会完全消除成本标准。或者,政府可以重新引入生物多样性基金,允许支持者获得资金用于改善原生植被。③ 在这样一个政策中,参与者可以获得资金来开展海岸带蓝色碳汇项目,从而降低每吨二氧化碳的减排成本。

2. 对海岸带蓝色碳汇交易市场不稳定性的防控

作为海岸带蓝色碳汇资源的管理者,海岸带蓝色碳汇项目开发与设计、海岸带蓝色碳汇交易的监管者乃至可能的参与者,政府在发展海岸带蓝色碳汇项目及蓝色碳汇交易过程中发挥着主导作用,占据着无可替代的地位。所以政府首先应测量、统计、摸清我国潜在的海岸带蓝色碳汇资源,加快对海岸带蓝色碳汇监测技术的研发并制定相应的交易市场法规,让企业重视海岸带蓝色碳汇交易。

其次,为避免出现价格战的恶劣局面,政府需介入交易,营造合理的交易氛围,并对海岸带蓝色碳汇交易的价格进行适度调控。除此之外,为鼓励海岸带蓝色碳汇交易,政府需出台相应的扶持政策——针对减排与海岸带蓝色碳

---

① Wylie L, Sutton-Grier A E, Moore A. Keys to successful blue carbon projects: lessons learned from global case studies[J]. *Marine Policy*, 2016, 65: 76-84.
② Bell-James J. Developing a framework for blue carbon in Australia: legal and policy considerations[J]. *UNSWLJ*, 2016, 39: 1583.
③ Department of the Environment (Cth), Biodiversity Fund: Frequently Asked Questions (18 July 2013).

汇交易相对突出的企业,给予资金、税收、技术等方面的支持,以推动技术进步、资源减排,发展海岸带蓝色碳汇交易。政府在保障海岸带蓝色碳汇交易的同时也应适当放松对其的限制,这将有利于政府掌控海岸带蓝色碳汇交易的价格,且能解决目前随意开发利用海岸带蓝色碳汇生态系统的问题。海岸带蓝色碳汇计划的提出,本是为缓解越来越严峻的全球变暖局面,其主张企业抵消自身的二氧化碳排放量从而维持大气中二氧化碳的总量并稳定在合适的范围之内。由此,我们需要构建适用于海岸带蓝色碳汇交易各个流程的法律体系,使二氧化碳排放的许可、收费、管理、交易等各个流程有法可依、有章可循,同时政府需加紧出台监管海岸带蓝色碳汇交易的法律规范,使融资活动规范化。

再次,构建针对海岸带蓝色碳汇交易的风险保障制度能极大地推动海岸带蓝色碳汇交易市场的建立与发展。由于海岸带蓝色碳汇交易风险较大,可以尝试建立海岸带蓝色碳汇交易保险制度,分担企业可能承受的经济损失。虽说这项制度无异于蓝色碳汇基金制度,属于亡羊补牢的应急手段,但它同时具有类似于环境责任保险制度的性质——在保护海岸带蓝色碳汇交易的同时间接保护海岸带蓝色碳汇生态系统。当然,并不是所有在理论上可保的风险在现实中都可保,也要看现实条件是否满足。在确定我国海岸带蓝色碳汇交易保险的范围以及可行性考察时,应当综合考虑受害者、保险人、被保险人的利益,通过海岸带蓝色碳汇交易责任保险的实施,真正达到"分担风险、保护受害者、维护社会和国家利益的目的"。[1] 如果投保范围过窄,对海岸带蓝色碳汇项目业主的风险转移得太少,赔付率太低,项目业主就没有积极性投保海岸带蓝色碳汇交易险。因此,必须结合我国经济和保险业发展的实际情况,在保险范围、保额等方面做出科学合理的规定。而一旦确立该制度,交易产生的损害赔偿责任即具有社会性,投保人无需独自承担压力,而能将此移交保险公司,后者再按合同支付赔偿。综上,此项制度不仅能够有效降低交易的风险,防止

---

[1] 贾爱玲.环境责任保险制度研究[M].北京:中国环境科学出版社,2010.

投保人承担过度的压力,还能使受损的海岸带蓝色碳汇生态系统得到一定程度的保护。

本 章 小 结

本章主要从海岸带蓝色碳汇市场机制和配套机制的法律构建,阐述了如何构建海岸带蓝色碳汇交易运行的法律机制。首先,我国海岸带蓝色碳汇交易市场机制的法律构建,是海岸带蓝色碳汇交易过程中交易主体需要遵守并执行的法律规范,主要包括:(1)应当选择自愿交易和强制交易相结合的法律交易模式;(2)交易的主体,主要包括国家、企业、自然人等主体;(3)交易对象主要是海岸带蓝色碳汇核证减排量,对象的来源是通过海岸带蓝色碳汇项目产生,而海岸带蓝色碳汇项目的开发与设计应当符合一定规范和要求;(4)交易的价格规则应当以政府指导价为主;(5)交易合同应当适用合适的准据法,保证合同有效性,以及规范一定的违约救济。其次,海岸带蓝色碳汇配套机制的建立,主要包括海岸带蓝色碳汇交易监管法律机制和风险防范法律机制。前者主要包括构建多元共治的海岸带蓝色碳汇交易法律监督制度、建立完善的海岸带蓝色碳汇交易信息披露法律制度、明确海岸带蓝色碳汇交易核查机构的民事、行政和刑法律责任;后者针对海岸带蓝色碳汇交易对象不足和海岸带蓝色碳汇交易市场不稳定的风险,分别提出相应的风险防控法律应对机制。

第六章　海岸带蓝色碳汇交易的立法建议

目前,中国及国际社会都将减排与应对气候变化作为经济社会可持续发展的重要战略安排。中国作为重要的海洋大国,具有丰富的海岸带蓝色碳汇生态资源。海岸带蓝色碳汇是基于自然方案保护和恢复生态环境、缓解和适应气候变化的最佳路径。海岸带蓝色碳汇交易主要依靠项目的运行,而海岸带蓝色碳汇项目的运行离不开法律规范的保障。本章首先提出我国海岸带蓝色碳汇项目运行的立法建议,主要包括衔接性立法、专项立法以及地方立法。其次,强调海岸带蓝色碳汇立法应保持与其他法律规范的协调并与现行法规保持协调一致,包括与国际环境法、与国家海洋环境保护法以及海域使用管理法的协调;最后,还应考虑海岸带蓝色碳汇项目的关键法律制度安排,如海岸带蓝色碳汇环境影响评价制度、自然保护区制度以及综合生态系统管理制度等。

第一节　海岸带蓝色碳汇交易立法路径选择

一、海岸带蓝色碳汇交易的衔接性立法

全球气候变化已成不争事实,充分发挥市场机制在碳排放权资源配置方

面的基础性作用,是以较低成本有效完成国内减排目标和国际减排承诺的重要举措。[①] 2017年年底,全国碳排放权交易市场的建立,对海岸带蓝色碳汇交易的建立提供了必要的前提基础。对于海岸带蓝色碳汇交易的当务之急是确立"自上而下"的立法模式,从而推动我国海岸带蓝色碳汇交易市场与国家统一碳排放权交易立法进程的相互衔接。如前文所述,我国目前与碳交易有关的法律规范,包括2021年2月1日开始实施的《碳排放权交易管理办法(试行)》以及用于指导自愿型碳交易市场的《温室气体自愿减排交易管理暂行办法》。同时,2021年1月,生态环境部也将应对气候变化立法纳入重点领域,以推进气候变化相关立法进程。中国核证自愿减排量(CCER)作为以配额为主的碳交易市场的重要补充,对完善和扩大我国碳交易市场意义重大。但在理论和实践中,还未建立专门针对CCER的开发和运行、可能的风险、法律应对策略等的成熟机制。从国内外碳交易的体量来看[②],作为抵消机制,碳汇交易所占碳交易市场份额相对较小。

根据《联合国气候变化框架公约》以及有关碳交易的相关国内外制度安排,能够交易的海岸带蓝色碳汇应当是按照相关规则以及被批准的经蓝碳方法学开发后的海岸带蓝色碳汇项目所产生的那些净碳汇量,也就是基于"基线"的、具有"额外性的"、除去"碳泄漏"的碳汇增加量。这里的"额外性"是指,碳汇的增加一定是依靠海岸带蓝色碳汇项目中项目业主依据特定的方法学标准和程序[③]对海岸带蓝色碳汇生态系统进行保护和恢复,并且通过科学手段进

---

① 冷罗生.中国自愿减排交易的现状、问题与对策[J].中国政法大学学报,2012(03):35-45,159.

② 《联合国气候变化框架公约》CDM项目数据库显示,截至2017年9月5日,全球共有66个林业碳汇项目获得CDM执行理事会批准注册。其中,中国有5个CDM林业碳汇项目获得注册,分布情况为广西壮族自治区2个、四川省2个、内蒙古自治区1个,注册造林面积约31万亩(1亩合666.7平方米)。注册的CDM项目总数为7730个,但是注册的CDM林业碳汇项目,却不到其总数的1%,所产生的碳汇交易量也不大。根据中国自愿减排交易信息平台CCER项目备案通知和备案项目数据,获得国家主管部门备案的CCER项目中,截至2017年9月5日,共有15个CCER林业碳汇项目(专业领域14个)获得主管部门批准注册,其中3个项目已签发首期减排量。获得备案林业碳汇项目占总备案项目数量项的2%,签发交易的减排量也还不多。参见孙永平.碳排放权交易蓝皮书:中国碳排放权交易报告(2017)[M].北京:社会科学文献出版社,2017.

③ 碳汇项目开发中至关重要的"方法学",是指用来确定项目的基准线、计算减排量、论证额外性、制订监测计划等的方法指南。方法学,为我们提供了可以开发CCER林业碳汇项目的依据和标准。

行检测和计量,进而产生的海岸带蓝色碳汇"增加量"。换言之,如果没有该项目,或者没有相关主体的保护和恢复行为,则不会产生"额外性"。同时,海岸带蓝色碳汇核证减排量经具备资格的第三方审定核证合格且获得主管机构签发后才能进行碳汇交易。虽然目前 CCER 碳汇市场仅规定了林业碳汇项目,但是根据前述海岸带蓝色碳汇项目的介绍,海岸带蓝色碳汇项目也可以纳入中国核证自愿减排量(CCER)的领域,既可以参与资源市场的信用交易,也可以作为配额市场的抵消机制,从而促进碳排放权交易市场的进一步完善。

(一) 目前阶段 CCER 碳汇项目开发与交易流程

CCER 作为我国温室气体自愿减排以及碳交易市场抵消机制的重要制度安排,在我国推进"碳达峰""碳中和"战略目标以及应对气候变化的进程中意义重大。也有学者从国家清洁发展机制和中国碳配额市场建设等角度就碳市场建设展开研究,[1]为 CCER 项目开发提供了一定决策参考。

CCER 碳汇项目开发流程可归纳为以下 7 个步骤:项目设计(指相关技术支持机构按照国家规定进行设计,并取得环评文件)、项目审定(国家发改委按照一定项目方法学要求进行审定)[2]、项目备案(国家发改委按照专家评估意见对符合条件的项目予以备案)、项目实施(依据项目设计文件、项目方法学等要求,对项目开展实施)、项目监测(通过备案的文件、监测手册进行监测,并测量项目实际产生的碳汇量)、减排量核证及其备案签发(在国家发改委备案的核证机构接受业主或咨询机构的委托,进行独立核证,对符合要求的项目给予减排量备案签发)。其余类型的碳汇项目开发步骤与此相类似,如 CDM 碳汇项目在提交联合国注册前需要获得国家发改委的批准函,而 VCS 碳汇项目则不需要国家发改委的批准,其差异主要在于项目审定核证机构和项目注册与签

---

[1] 羊志洪,鞠美庭,周怡圃,王琦.清洁发展机制与中国碳排放交易市场的构建[J].中国人口·资源与环境,2011,21(08):118-123.
[2] 根据《温室气体自愿减排项目审定与核证指南》(2012年),审定机构应按照规定的程序进行审定,主要步骤包括合同签订、审定准备、项目设计文件公示、文件评审、现场访问、审定报告的编写及内部评审、审定报告的交付等步骤。审定机构可以根据项目的实际情况对审定程序进行适当的调整,但调整理由需在审定报告中予以说明。

发部门的差异。

有关CCER碳汇交易流程,主要有以下两种方式:一是项目碳汇CCER获得国家发改委备案签发后,在碳交易所交易,用于控排单位履约或者有关组织开展碳中和等自愿履行减排的社会责任;二是项目备注注册后,项目业主与买家签署订购协议,支付定金或预付款,每次获得国家主管部门签发减排量后交付买家碳汇CCER。[1]

目前阶段CCER碳汇交易的特点包括以下方面[2]:一是项目的开发地与备案和交易地存在显著地区差异。中国自愿减排量开发的地区大多为自然生态资源丰富的西部偏远地区,其项目备案的成功率也较低。而碳市场试点主要集中于经济发展水平较高的大城市,其备案成功率自然也较高;二是目前的项目减排类型中,有关风电、生物质能源等的减排项目较多,但是与林业碳汇相关的造林、在造林项目比较少,而与海岸带蓝色碳汇相关的碳汇项目,更是无从涉及;三是CCER项目的风险较大、影响因素较多,缺乏一定稳定性,例如碳市场的价格波动、碳配额的初始分配原则和比例等。以上因素一定程度上影响了海岸带蓝色碳汇项目的顺利运行。因此,应当制定相对完善的法规和政策,给予海岸带蓝色碳汇项目业主一定的金融补贴等优惠。

(二) CCER海岸带蓝色碳汇交易的优势和前景

海岸带蓝碳生态系统可以吸收和存储从大气和海洋捕获的二氧化碳等温室气体从而减缓气候变化的影响,它们比单位面积的陆地森林有明显较高的封存碳比例。虽然海岸带蓝色碳汇生态系统的总面积相当于热带森林总面积的2%—6%,但它们的退化占全球森林砍伐碳排放量的19%。每年估计有

---

[1] 张颖,曹先磊.中国自愿减排量的开发及其发展潜力的经济学研究[C]//温室气体建减排与碳市场发展报告.北京:世界知识出版社,2017.
[2] 基于中国自愿减排交易信息平台数据库,在对CCER开发流程介绍的基础上,就CCER项目的地区分布、备案类别分类和减排量类型进行简单描述性统计分析,并对CCER开发的优势与潜力进行定性评价。

0.15亿—1.02亿吨二氧化碳从森林砍伐和海岸带蓝色碳汇生态系统退化中释放出来。[1] 许多国家尚未准备和实施针对海岸带蓝碳生态系统的气候变化和碳汇交易的法规与政策。需要对海岸带生态系统地下生物量进行科学研究,并评估海平面上升等影响。

海岸带蓝色碳汇保护、恢复以及与应对气候变化的协同作用已经开始为世界各国的决策者提供重要参考。脆弱敏感的海岸带生态系统的保护、恢复与可持续利用具有储存碳和提高抵御气候变化能力的多重作用。[2] 在《巴黎协定》序言中,缔约方指出"确保所有生态系统,包括海洋的完整性和保护生物多样性的重要性"。此外,全文保留给缔约方承诺"酌情保存和加强温室气体的汇和库",具体提及《联合国气候变化框架公约》第4.1(d)条,其中列出了生物量、森林和海洋以及其他陆地、沿海和海洋生态系统。[3] 同时,《巴黎协定》还规定:各国应采取行动保护以及增强森林碳库和碳汇,并鼓励"减少毁林及森林退化排放并通过可持续经营增加森林碳汇的行动(REDD+)"。[4] 目前,我国已将林业CCER作为抵消机制纳入国家碳排放权交易体系。综上,国内外形势与实践基础都有利于中国CCER海岸带蓝色碳汇交易的开展。因此,我国应考虑通过完善相关立法的方式,推进海岸带蓝色碳汇交易的发展。

(三) 将海岸带蓝色碳汇交易纳入CCER立法的相关建议

全国碳排放权交易市场的建立,为海岸带蓝色碳汇交易市场机制的发展提供了重要契机,将海岸带蓝色碳汇交易纳入与CCER相关的立法规范,是推动我国海岸带蓝色碳汇交易市场与国家统一碳排放权交易立法相互衔接的重

---

[1] Pendleton L, Donato D C, Murray B C, et al. Estimating global "blue carbon" emissions from conversion and degradation of vegetated coastal ecosystems[J]. PloS one, 2012, 7(9): e43542.

[2] Sutton-Grier A E, Moore A K, Wiley P C, et al. Incorporating ecosystem services into the implementation of existing US natural resource management regulations: operationalizing carbon sequestration and storage[J]. Marine Policy, 2014, 43: 246-253.

[3] 张颖,曹先磊.中国自愿减排量的开发及其发展潜力的经济学研究[C]//温室气体建减排与碳市场发展报告.北京:世界知识出版社,2017.

[4] International Partnership for Blue Carbon. Coastal blue carbon: an introduction for policy makers provides an introduction to the concept of blue carbon and coastal blue carbon ecosystems-mangroves, tidal marshes and seagrasses[R]. Australia: International Partnership for Blue Carbon, 2017.

要手段,也是实现"碳达峰""碳中和"目标的重要抓手。为此,笔者建议可从以下方面着手:

第一,鉴于海岸带蓝色碳汇项目具有显著的多重效益,建议国家主管部门在制定抵消机制政策时适当向海岸带蓝色碳汇项目倾斜,鼓励重点排放单位(控排企业单位)优先购买并使用合格的海岸带蓝色碳汇CCER进行减排履约,支持海岸带生态建设,促进国家可持续发展。

第二,中国核证自愿减排量政策的制定既要在应对气候变化战略目标下考虑碳排放权交易市场的建设,也要兼顾初始分配政策对CCER的影响。例如,如果将海岸带蓝色碳汇纳入CCER,并作为抵消机制参与配额市场交易的话,应当制定全国统一的抵消比例,建议在5%—10%取一确定数值。①

第三,建议在2021年1月公布的《湿地保护法(草案)》中,增加"应对气候变化"的条款。目前,我国并无与海岸带蓝色碳汇生态系统保护直接相关的法律规范,但是从广义而言,红树林、盐沼、海草床也属于"湿地"的范畴。虽然《湿地保护法(草案)》对"红树林""沼泽湿地"的保护作出规定,但却忽视了湿地在储碳、固碳等缓解气候变化方面的重要价值。

第四,建议海岸带蓝色碳汇项目业主和技术咨询机构,按照国家有关政策法规、规则程序和CCER方法学的要求,认真组织海岸带蓝色碳汇项目的开发和管理,切实采取真实有效的海岸带蓝色碳汇增汇减排技术措施,严格按照批准的海岸带蓝色碳汇项目设计文件(PDD)实施海岸带蓝色碳汇项目,确保项目合法合规、真实有效,实现项目预期的保护和恢复海岸带蓝色碳汇生态系统的计划,达到项目预期的增汇和多重效益的目标。

第五,建议海岸带蓝色碳汇项目审定与核证机构,按照国家有关政策法规、温室气体自愿减排项目审定与核证指南和所选用的CCER海岸带蓝色碳汇项目方法学的要求,严格审核程序,严格维护经国家机关授权委托的独立审

---

① 根据前文分析,我国七试点省市有关碳排放权交易地方性法律文件对抵消比例分别作了规定,但并不统一,分别为:天津、广东、湖北、深圳均为10%;北京规定的抵消比例为5%;上海和重庆为"一定比例"。

核机构的权威性和CCER的公信力。

第六,建议有关科研、咨询机构,针对海岸带蓝色碳汇发展的实际需求,根据国家有关政策规则,组织开发生产实践中确实需要的新的海岸带碳汇项目方法学,为海岸带碳汇项目提供方法指南和标准依据。

二、海岸带蓝色碳汇交易的专项立法

对海岸带蓝色碳汇项目及其市场建设进行专项立法也是推进我国海岸带蓝色碳汇市场建设的主要立法模式之一,包括考虑制定《海岸带蓝色碳汇交易条例》、有关CDM海岸带蓝色碳汇交易立法以及海岸带蓝色碳汇交易基金专项立法等。

(一)制定《海岸带蓝色碳汇条例》

海岸带蓝色碳汇属于新生事物,与此相对应的海岸带蓝色碳汇权也属于一种新型权利。对于新型权利的保护,可以通过法律方式予以保护,也可以不通过法律方式予以保护。但是,只有以法律规范的方式予以确定的民事权利,才能使该新型权利主体对权利的拥有更稳定、更安全;使权利主体具有消极权能,对权利的侵害方可以请求其排除妨碍和停止侵害等法律救济。对于新型权利的法律保护,主要有两种方式:一种是通过利用现有的法律权利对特定主体的法律权益进行保护;另一种是创设一种新的法律权利对其予以保护。[1] 虽然新型权利的产生并非一蹴而就,其实现方式也相对漫长曲折,但却是最立竿见影的方式。因此,为了实现海岸带蓝色碳汇生态系统的保护与恢复以及温室气体减排的双赢,创设海岸带蓝色碳汇权,并予以法律规制是直接有效的方式之一。

1. 明确海岸带蓝色碳汇权的属性

第一,海岸带蓝色碳汇权为准物权,拥有排他性。排他性是指海岸带蓝色

---

[1] 羊志洪,鞠美庭,周怡圃,王琦.清洁发展机制与中国碳排放交易市场的构建[J].中国人口·资源与环境,2011,21(08):118-123.

碳汇所有权主体拥有的、可以独立享受某种权利的自由,同时也享有对海岸带蓝色碳汇核证减排量占有、使用、收益及处分的权利。海岸带蓝色碳汇经核证减排量,通过中立第三方或者行政主体的登记、认证、签发和公示后,海岸带蓝色碳汇项目业主,即海岸带蓝色碳汇所有权主体,对该海岸带蓝色碳汇权拥有排他性,在海岸带蓝色碳汇权主体未将其核证减排量进行交易之前,享有对该核证减排量完全的占有,可以排除其他主体对其权利的非法干涉。

第二,海岸带蓝色碳汇所有权具有可让渡性,亦即可交易性。海岸带蓝色碳汇权自产生之日起,最主要的功能便是交易。在强制市场上,交易的双方主体,一方是因保护和恢复海岸带蓝色碳汇而开展海岸带蓝色碳汇项目的项目业主;另一方则可能是具有温室气体强制减排义务的排放者,主要包括一些污染企业等,可以通过购买海岸带蓝色碳汇核证减排量抵消自身的减排义务。当然,强制市场中的抵消机制必须规定一定的比率,不能超过一定的范围,否则会影响排放企业的实际减排效果。抵消机制是对温室气体减排强制市场的重要补充机制,也是既能实现减排又能保障发展权的重要机制。对于自愿市场而言,海岸带蓝色碳汇权的可交易性主要体现在项目业主与自愿减排主体之间。海岸带蓝色碳汇权的交易,涉及比较复杂的制度和规则,包括交易模式的选择、交易主体的确定、交易客体的界定、交易合同的订立等诸多方面,以上内容均应在《海岸带蓝色碳汇条例》中予以规定。

第三,海岸带蓝色碳汇所有权的明晰性。清晰的所有权是保证市场机制得以顺利流通的重要前提。海岸带蓝色碳汇所有权的清晰,不仅只是权利主体的确定唯一,而且还包括内容的确定。由于海岸带蓝色碳汇权的客体是核证减排量,其核证主体是法律规定的行政机关或者中立的第三方机构,其计量依据是经审核的方法论、计量和监测体系与技术,所有这些环节都必须科学明确,以确保海岸带蓝色碳汇权利客体的明确。因此,要保证海岸带蓝色碳汇所有权的边界清晰,确定的核证机关、完善的碳汇监测和计量体系缺一不可。

2. 规定海岸带蓝色碳汇权的权能与义务

第一,海岸带蓝色碳汇权的权能。权能,即所有人为利用所有物以实现其对所有物的独占利益,而于法律规定的范围内可以采取的手段和方式。① 只有在准确分析海岸带蓝色碳汇权所具有的权能的基础上,才能理解海岸带蓝色碳汇权是怎样的权利,才能判断海岸带蓝色碳汇权人的行为是否是其有权为之。前文已阐述,海岸带蓝色碳汇权是一种准物权。因此,海岸带蓝色碳汇权虽然不具有占有权能,但可以享有准占有权能。海岸带蓝色碳汇权的客体海岸带蓝色碳汇核证减排量,虽不是"有体",但却是真实存在的。海岸带蓝色碳汇权人在利用海岸带蓝色碳汇项目业主通过保护和恢复红树林、盐沼、海草床等海岸带生态系统而获得海岸地蓝色碳汇核证减排量,即对该客体进行利用的过程中,并不会发生损毁或变更。因此,海岸带蓝色碳汇权的使用是海岸带蓝色碳汇权人获得经核证减排量所有权的手段。

"收益权能,是指收取由原物产生出来的新增经济价值的权能。"②收益权能是区分海岸带蓝色碳汇权与湿地、海域使用权的关键。不可否认,湿地、海域使用权人所开展的碳汇活动主要还是基于海岸带蓝碳生态系统的光合作用原理,必然涉及对大气温室气体资源的使用。但是,湿地或海域使用权人并不能因此就取得海岸带蓝色碳汇经核证减排量。基于海岸带蓝色碳汇权的收益权能,海岸带蓝色碳汇权人通过一定的技术手段,并在履行一系列的法定程序后,取得了具体数量的海岸带蓝色碳汇经核证减排量的所有权。"海岸带蓝色碳汇的价值和作用不仅在于拥有,更重要的是在于交易和利用。"③由于海岸带蓝色碳汇经核证减排量具有可交易性,权利人可以通过出售海岸带蓝色碳汇经核证减排量的方式,来实现经济上的收益。因此,海岸带蓝色碳汇权应当具有收益权能。

海岸带蓝色碳汇权的处分权能并不是自由行使的,而要受到很大限制。处分,是指决定物在法律上或事实上的处分。决定物在事实上的命运,成为事实上的处分,是指在事实上改变所有物的性状。显然,海岸带蓝色碳汇权人无

---

① 崔建远.物权法(第四版)[M].北京:中国人民大学出版社,2017.
② 杨利雅,马秋.对矿业权权能的分析[J].辽宁大学学报(哲学社会科学版),2003(05):162-164.
③ 陈英.林业碳汇交易法律制度研究[M].北京:法律出版社,2012.

法对权利的客体进行事实上的处分。所谓法律上的处分,是指决定物在法律上的命运。[1] 就海岸带蓝色碳汇权而言,权利人在法律上的处分问题,主要是指海岸带蓝色碳汇权是否能够转让。海岸带蓝色碳汇权是权利人基于指定国家主管机构的批准而取得的权利,具有严格的条件限制,不能被随意转让。

第二,海岸带蓝色碳汇权人的义务。首先,不得擅自转让海岸带蓝色碳汇权。前文已述,CCER机制下海岸带蓝色碳汇权的取得,需要经过特定程序、严格审查的国家特定行政部门的行政许可。目前,尚无法律或行政法规允许以CCER碳汇项目为基础获得的行政许可以进行转让。因此,海岸带蓝色碳汇权人负有未经特定程序不得向其他民事主体转让海岸带蓝色碳汇权的义务。同时,立法者可以在今后的《海岸带蓝色碳汇条例》或相关立法中明确规定"海岸带蓝色碳汇权,在符合法律规定的条件和程序下,可以进行买卖、租赁、抵押、质押等"。当然,为避免权力滥用,立法也可以规定转让的条件,如接受转让的主体是否符合一定资质,需要排除恶意倒卖的非法转让主体,但是应以立法的明确规定为前提。

其次,接受指定国家主管机构监督。对于清洁发展机制碳汇项目来说,国家发改会是有权实施行政许可的行政机关。根据《行政许可法》第61条以及《清洁发展机制项目运行管理办法》在第23条规定,实施行政许可的行政机关需要履行监督被行政许可人从事行政许可事项活动的职责。对海岸带蓝色碳汇项目而言,也可按照以上法律规范,规定海岸带蓝色碳汇权利人应该接受国家发改会等国家主管机构监督,以防其通过不正当的手段谋取非法利益,破坏碳汇交易市场的有序进行。

最后,明确主管机构的监督职能和程序。立法应当考虑在未来的《海岸带蓝色碳汇条例》中确定并列举指定国家主管机构对清洁发展机制海岸带蓝色碳汇项目的监督职权,以防指定国家主管机构对海岸带蓝色碳汇项目正常经营活动的过度干扰,也能敦促国家主管机构尽职履行监督职能。指定国家主

---

[1] 崔建远.物权法(第四版)[M].北京:中国人民大学出版社,2017.

管机构的监督对象应当包括海岸带蓝色碳汇项目业主和辅助机构等两大类。如果清洁发展机制海岸带蓝色碳汇项目涉及技术转移的,应当指定国家主管机构监督落实转移气候友好型技术承诺的情况。指定国家主管机构对辅助机构的监督,包括辅助机构是否符合相关资质、辅助机构的辅助行为是否符合相关的法律规范的规定等事项。

著名法学家耶林认为,没有强制力的法律规则是一把未燃烧的火,一缕不发亮的光。[1] 的确,缺少必要的惩罚机制,将会在很大程度上限制国家主管机构的监督功能的彰显。因此,指定国家主管机构在行使监督权的同时,也应当享有相应的行政处罚权。从总体上说,《清洁发展机制项目运行管理办法》的规定过于模糊,限制了指定国家主管机构监督职能的发挥。[2] 因此,可以考虑制定《海岸带蓝色碳汇条例》,并规定国家主管机构对前述监督事项中的违法行为具有处罚权。指定国家主管机构可以通过"警告、责令停止违法行为、责令限期限改正、恢复原状、罚款"等行政处罚方式,使项目业主对其违法行为承担行政责任。《海岸带蓝色碳汇条例》应当规范主管机构对清洁发展机制海岸带蓝色碳汇项目行使监督权的程序。缺少法律程序的保障,实体法中的立法目的难以真正实现,亦难以有效发挥调节社会关系的作用。以行政执法为例,"行政机关的法定权力不能正常行使,与没有行政程序保障有关;而行政裁量的滥用,又因欠缺行政程序规范之故"[3]。且不论法律程序自身是否具有程序公正、程序效率等内在价值,仅从工具主义程序理论来看,法律程序就具有保障实体法上的权利义务实现的价值。因此,立法者有必要在赋予指定国家主管机构监督权的同时,规范其行使监督权所应遵守的法定程序。

指定国家主管机构行使监督权的法定程序可以包括法定监督程序的具体程序、监督程序违法的法律责任、法律救济等。首先,法定监督程序的具体规

---

[1] [德] 耶林.为权利而斗争[M].郑永流,译.北京:法律出版社,2007.
[2] 《清洁发展机制项目运行管理办法》第32条规定:"项目实施机构伪造、涂改批准函,或在接受监督检查时隐瞒有关情况、提供虚假材料或拒绝提供相关材料的,国家发展和改革委员会依法给予行政处罚;构成犯罪的,依法追究刑事责任。"但是,该管理办法仅规定指定国家主管机构对项目业主的"隐瞒有关情况、提供虚假材料或拒绝提供相关材料"的行为具有行政处罚权,范围相对较窄。
[3] 应松年,章剑生.行政程序法[M].北京:法律出版社,2009.

定可包括以下内容：(1) 监督主体的法定组成。(2) 监督权行使的方式。(3) 监督权行使的步骤。(4) 监督权的行使期限。以监督权行使的方式为例，《海岸带蓝色碳汇条例》可以规定监督程序的启动遵循"主动启动为主，被动启动为辅"的模式；监督的方式可以确定为书面调查方式和实地检查方式，定期检查和随机抽查相结合的方式。其次，监督程序违法的法律责任，应当包括指定国家主管机构的监督程序违法的法律责任和具体行使监督权的指定国家主管机构的公务人员程序违法的法律责任。最后，针对指定国家主管机构违反监督程序的行为，清洁发展机制项目业主应当享有获得法律救济的权利。清洁发展机制项目业主应当有权通过申请听证、行政复议、行政赔偿等法律救济方式，来维护自身的合法权益。

(二) 海岸带蓝色碳汇交易基金专项立法

目前，我国对以森林为主体的绿色碳汇保护、开发和利用形成了较为完整的管理体制和法律体系，国家林业局应是森林碳汇管理的主管和协调部门，依托中国绿化基金会的绿色碳基金是重要的支持性机构，配套法律文件包括《中国绿色碳基金碳汇项目管理暂行办法》《中国绿色碳基金管理暂行办法》《中国绿化基金会专项基金管理规则》等。[①] 海岸带蓝色碳汇交易市场机制的设计初衷，一方面是节能减排减缓气候变化，另一面是为海岸带蓝色碳汇生态系统的保护和恢复提供充足的资金保障。但是，由于目前海岸带蓝色碳汇项目不足、海岸带蓝色碳汇交易是市场机制不健全、相关法律法规缺失等问题造成海岸带蓝色碳汇交易市场难以开展。因此，健全的资金法律保障机制，是海岸带蓝色碳汇项目取得成功的重要前提。海岸带蓝色碳汇交易市场机制的建立也可以采取类似绿碳的专项立法模式，由生态环境部或自然资源部，成立相关部门管理海岸带生态系统碳汇项目，制定《海岸带蓝色碳汇基金项目管理规则》，成立海岸带蓝色碳汇基金。通过海岸带蓝色碳汇基金的支持及其法律制度的完

---

① 邹丽梅，王跃先.中国林业碳汇交易法律制度的构建[J].安徽农业科学，2010,38(05).

善,是海岸带蓝色碳汇交易专项立法的必由之路。①

1. 设立海岸带蓝色碳汇基金的目的

气候变化已成为目前全球严重的环境问题之一。我国作为温室气体排放大国,虽然作为发展中国家无需承担强制的温室气体减排任务。但为了实现绿色、低碳经济的可持续发展以及对外体现大国担当,我国一直采取积极措施应对气候变化,并且对世界宣布我国将努力实现"2030 碳达峰"和"2060 碳中和"的雄伟目标。作为重要的碳汇来源,海岸带生态系统也受到了极大关注和重视。对于海岸带系统的保护,我们需找到一条可行的发展路径切实解决目前海岸带所面临的一系列问题,包括我国近海很多海区富营养化严重而导致赤潮频发,生态系统受到严重威胁,因乱垦滥伐而造成天然红树林面积急速下降等。面对这些问题需从资金和制度层面予以考量。一方面,设立海岸带蓝色碳汇基金(或蓝碳基金)为开展海岸带蓝色碳汇项目、保护海岸带蓝色碳汇提供资金来源与保障。蓝碳基金可由市场机制的方式来增加保护海洋碳汇的资金来源,而不是仅仅依靠政府的公共服务资金,这样可以最大限度地调动社会资本保护海岸带生态系统;另一方面,蓝碳基金可为我国海岸带蓝色碳汇交易市场的构建与发展提供制度保障。我国已经成立了专门保障林业碳汇发展的绿色碳汇基金会,其主要职责包括碳汇计量、监测以及相关标准制定,现已成为国内以造林增加碳汇、保护森林减少排放等措施开展碳补偿、碳中和的专业权威机构。以绿碳基金为参考,建议设立蓝碳基金,不仅可以通过基金项目起到带头作用,还能作为海岸带蓝色碳汇项目的具体实施提供相关政策的引导,使我国海岸带蓝色碳汇的保护从制度层面予以规范。

2. 对我国蓝碳基金制度具体设计思路的构想

在蓝碳基金制度的设立方面,首先,需设立一个蓝碳基金会,在机构设定及人员组成上充分考虑、吸纳各政府部门以及当地社会服务机构参与进来。

---

① 例如,中国第一个全国性的公募基金会——中国绿色碳汇基金会于 2010 年 7 月 19 日正式成立。该基金会以增汇减排、缓解全球气候变暖为目的,最终通过开展植树造林或其他相关的增汇减排活动,来提高社会公众的环保意识。

其次,为了保障蓝碳基金运营的稳定,应倡导蓝碳基金的资金来源多元化,建立多元筹资渠道。因其属于公募基金,其资金的募集需调动整个社会,如国内外企业、社会组织以及公民个人的资金。同时,在蓝碳基金的运作方面,需保障其具有规范的管理模式以及培育良好的管理信誉。国家需制定《中国蓝碳基金管理办法》,在已出台的《基金会管理条例》及《中国绿色基金会专项基金管理规则》的基础上,成立中国蓝碳基金执行委员会,主要负责监督基金出资方和使用方的基金使用情况,在保障其合法权益的基础之上,明确相关法律责任;与此同时,蓝色碳汇基金的筹集、使用与管理应当接受国家和社会舆论的监督,将基金的使用情况定期向社会披露,并接受相关部门的审计。最后,为了推动我国蓝碳基金的发展,应做好宣传培训工作,不断提高社会公众在增汇减排方面的认识水平,同时在设立蓝碳基金后进行完善的制度建设,来保障我国顺利地构建符合中国国情的蓝色碳汇交易法律制度。

三、海岸带蓝色碳汇交易的地方立法

我国从中央到地方在推动应对气候变化立法中遇到的最大现实问题是选择什么样的法律路径。除了以上谈到的衔接性立法、专项立法之外,还可以借鉴《巴黎协定》选择的"自下而上"的路径[1],即可以通过地方立法,先行先试,在总结一定经验教训的基础上进行国家统一立法。

以我国沿海城市为例,由于其在地理位置上,拥有更多的海岸带蓝色碳汇资源,其理应具有先行先试的立法空间,可以在国家层面对于海岸带蓝色碳汇相关法律规范还未出台的情况下,率先出台适合其自身区域海岸带蓝色碳汇市场建设的地方性法律规范,以此作为我国应对气候变化跨区域实现"地方自主贡献"的法律路径创新。[2] 以森林碳汇资源的开发为例,其地方立法主要集

---

[1] 潘晓滨.中国地方应对气候变化先行立法研究[J].法学杂志,2017,38(03):132-140.
[2] 李丽红,杨博文.京津冀区域性碳排放权交易立法协调机制研究[J].河北法学,2016,34(7):129-137.

中于我国的中西部地区,而引申至海岸带蓝色碳汇资源的保护与开发也同样存在类似森林碳汇资源开发的区域特性。

例如,上海作为沿海城市,在地理位置上拥有更多的海岸带蓝色碳汇资源。上海市大陆自然岸线总长约 26 786.2 米,占上海总岸线长度的 12.57%。虽然上海市对海岸线提出严格保护、限制开发和整治修复的方案,对海岸带也进行了严格的保护措施。但是,上海海岸线环境仍然面临人工岸线不断增长、自然岸线不断减少的现状。例如宝山和金山海岸带,由于工业用地面积占比较高、滨海沿江产业的过度发展,严重影响了海岸带生态环境和生态服务价值。因此,大力开发海岸带蓝色碳汇项目,通过引入市场流通和有偿交易机制,保护和恢复海岸带蓝色碳汇生态系统,不仅有助于上海实现节能减排目标、推动上海迈进"生态之城"、建立"卓越的全球城市",更有助于我国"2030 碳达峰、2060 碳中和"宏伟目标的实现。

上海也具有先行先试的立法空间。可以率先出台适合其自身区域海岸带蓝色碳汇市场建设的地方性法律规范,也可作为市场化生态补偿机制的法律路径创新。根据我国《立法法》(2015 修正)的规定,我国省级和设区的市级人大及常委会和地方政府可以在"不同上位法相抵触"的前提下,根据具体情况和实际需要,制定地方性法规和地方政府规章。同时,《立法法》第 73 条对地方性法规的立法事项做出具体规定:一是执行上位法的规定;二是属于地方性事务;三是地方可先行先试那些中央暂时存在立法空白的立法事项。除此之外,我国《立法法》第 82 条也对地方政府在颁行政府规章的权限方面进行了规定。据此,上海根据本市环境经济发展状况运用地方立法权限细化国家环境法律法规,还可以创新国家环境法律规范和环境管理制度,适时推出新的法律制度和措施。

另外,上海也可以借鉴美国佐治亚州的成功经验即分步骤进行地方性立法。首先,将海岸带生态系统产生的 CCER 纳入碳抵消项目注册系统,并明确其法律属性和法律地位;其次,出台适合上海本地的海岸带生态系统的蓝色碳汇核算标准,通过地方性法规赋予其法律效力,依此强制性标准实施 CCER 的签发;再次,明确各方的权利和义务,包括海岸带蓝色碳汇交易购买方和销售方、监督机构、第三方检测机构等的权利义务。最后,明确规定海岸带蓝色碳汇市场项目收益的使用途径及其利益分配,并且设立永久性基金或留本基金,为海岸带蓝色碳汇交易的长期维护和管理提供资金保障。也可以规定,在本市碳汇信用额则可以供排放企业抵扣其当年应缴纳的温室气体排放税。[①]

我国其他沿海区域(包括环渤海、长三角、珠三角等),也是海岸带蓝色碳汇生态系统较为丰富的区域,可以凭借其区位优势及碳交易市场的先行经验,率先参与海岸带蓝色碳汇市场交易的法律制度建立和探索中。通过"自下而上"的地方立法推动我国海岸带蓝色碳汇市场建设不失为另一项可选的立法模式。

第二节 海岸带蓝色碳汇交易立法与其他法律规范的协调

由于气候变化的全球性以及碳交易机制的国际性,使得海岸带蓝色碳汇交易法治建设势必与国际公约、协议等国际环境法进行衔接。同时,就国内角度而言,海岸带蓝色碳汇交易也将面临需要与国家原有海洋保护、海域使用立法的冲突与协调问题。因此,需要全面协调海岸带蓝色碳汇交易的立法进程。

一、海岸带蓝色碳汇交易立法与国际环境法的协调

在海岸带蓝色碳汇项目的开发过程中,为避免海岸带蓝色碳汇开发活动对海洋及海岸带生物多样性保护的负面影响,需要引入必要的环境影响评价程序、规则,对海岸带蓝色碳汇项目进行合理规制。具体而言,应与《联合国气候变化框架公约》《生物多样性公约》《拉姆萨尔湿地公约》等保持协调。

---

① 潘晓滨.中国蓝碳市场建设的理论同构与法律路径[J].湖南大学学报(社会科学版),2018,32(01):155-160.

(一)《联合国气候变化框架公约》(UNFCCC)

UNFCCC制定了国际商定的温室气体减排措施的总体结构,并提供技术细节和专项资金,以支持包括海岸带蓝色碳汇活动在内的各种气候减缓活动。对于海岸带蓝色碳汇交易的国内立法活动应当在UNFCCC的框架之内进行。在UNFCCC范围之内,海岸带蓝色碳汇保护和恢复活动可作为独立项目启动,或作为更大的国家或次国家应对气候变化计划的组成部分。减缓项目和气候变化计划之间的区别将成为确定哪些财务机制可用于资助某些活动的因素。当其他相关领域,例如自愿碳市场在开发和实施具体工作方面更有效率时,UNFCCC最终提供关于海岸带蓝色碳汇项目如何得到融资并实施,以及根据条约在全球范围内进行整合。例如,海岸带蓝色碳汇可以进行碳抵消的具体要求和方法。

适应性海岸带蓝色碳汇项目也是如此。一些国际公约,如《生物多样性公约》《拉姆萨尔公约》提供了指导和有限的财政手段。尽管在某种程度上这是一种非自然的结构,但可以帮助海岸带蓝色碳汇项目主找到最适合的项目类型的资金或财务机制。项目和计划之间不可避免的重叠可以探索多种筹资方案,例如重复计算的问题。[①] 关于重复计算风险问题应当注意与UNFCCC的协调。一些国家将海岸带蓝色碳汇生态系统的排放和清除作为其向联合国气候变化框架公约进行提交的国家温室气体清单的一部分,而另一些国家则没有。如果碳抵消项目和国家海岸带蓝色碳汇核算计划同时进行,或同时制订相关国家计划,则可能会对温室气体的排放影响进行重复计算。因此,需要处理项目或国家一级衡量标准之间的潜在冲突,以避免温室气体变化被重复处理两次。可以通过跟踪相关规模的温室气体变化,并在国内相关立法计划中对已经在公约中进行计算的那部分温室气体予以扣除,避免该冲突。以上这些关于重复计算等方面的规定,应当与UNFCCC等相关国际公约的安排保持协调一致。

[①] Brown B, Murdiyarso D. Guiding principles for delivering coastal wetland carbon projects [R]. UNEP and CIFOR, Nairobi, Kenya and Bogor, Indonesia, 2014.

(二)《生物多样性公约》

与生物多样性保护相关的两个主要制度是《生物多样性公约》和《国际重要湿地公约》(也称为《拉姆萨尔湿地公约》)。《生物多样性公约》是为保护和更好地管理生物多样性和自然资源而制定的国际行动框架。2010年,《生物多样性公约》邀请各国将海洋和沿海生物多样性纳入国家气候变化战略和行动计划,并促进基于生态系统的气候变化减缓和适应方法。[1] 这为发展联合碳减排和生物多样性项目提供了基础并强调需要在气候变化和生物多样性保护背景下采用基于生态系统的方法,例如沿海湿地活动等国家气候变化综合方案。《拉姆萨尔湿地公约》是一个全球政府间条约,通过地方和国家行动或国际合作促进所有湿地的保护和可持续利用,该公约缔约方已经通过了一些与海岸带蓝色碳汇生态系统管理以及生物多样性和湿地管理相关的决议。在拉姆萨尔缔约方第12次会议(2015年6月)上,缔约方会议鼓励应该"酌情纳入财务和其他资源需求,将减少灾害风险的湿地保护,恢复和管理活动纳入长期投资计划,同时确保采取措施防止不利的环境或社会影响"。

在我国进行海岸带蓝色碳汇交易立法时,应考虑在海岸带蓝色碳汇项目实施前进行环境影响评价,主要包括对生物多样性的环境影响评估,以及时采取措施,尽量避免对生物多样性产生不良影响;同时立法规定,在海岸带蓝色碳汇项目中,如果破坏生物多样性,应当承担一定法律责任。在海岸带蓝色碳汇项目实施过程中,对生物多样性造成严重破坏的单位和个人,按照不同情况分别承担相应民事责任(停止侵害、排除妨碍、赔偿损失、支付违约金等)、行政责任(主要指行政处罚)或者刑事责任(主要针对情节严重者)。[2]

---

[1] 《生物多样性公约》第十次缔约方大会,有关"海洋和沿海生物多样性的保护"以及"生物多样性与气候变化"的决议。

[2] 由于目前我国《刑法》并没有这方面的相关规定,可以将生物多样性生态补偿的物资补入挪用特定款物罪的犯罪对象中,并把其作为挪用公款罪的加重情节;再如,对妨害生态环境建设、恢复的生物多样性行为也应根据情节规定刑罚等。参见陈英.林业碳汇交易法律制度研究[M].北京:法律出版社,2012.

二、海岸带蓝色碳汇交易立法与国家海洋环境保护法的协调

国内法层面,《海洋环境保护法》对海洋生态红线、海洋新物种的引入等作出明确规定。[①] 以上规定也为海岸带蓝色碳汇项目的计划与开发划定了边界,在海岸带蓝色碳汇交易市场法律规范的制定中,应避免跨越海洋生态红线,各项法律规范的制定需平衡好开发利用海岸带蓝色碳汇资源的经济价值与保护海洋生态环境并减缓气候变化的环境利益的关系。具体来说,在海岸带蓝色碳汇项目的开发运营过程中,注意利用海洋生态保护红线制度。生态红线乃是我国在区域生态保护以及管理方面的一大创新设计,除我国外还没有其他国家提出过类似概念。因此其在如何定义、所包括的内涵以及划分标准等方面,还需更多的学者给予创新型的建议,以将生态红线的发展不断推向新的高度。海洋生态红线可以体现出海洋学、生态学、地理学等学科互相融合、彼此共同发展的需求。以海洋保护区来说,政治以及法治建设的必然发展方向要求海洋保护管理向生态红线管理进行转变,这种政治与科学的融合在应对海洋生态保护方面已成为国际共识。[②] 生态红线的管理对我国资源环境发展、社会经济发展以及地表宏观格局都有深远的影响意义。其对我国陆地及海洋系统的综合性划区要求,从外部环境来说,可以更好地应对全球气候变暖及国际政治以及经济形势的变化,以此从容应对未来全球气候、政治、经济三方面的潜在变化需求,并先于世界迈出这极有价值的一步;从内部环境来说,其作为应用生态学的焦点,帮助国家、政府、民众更聚焦于国内气候、经济的可持续发展性,提高社会的认识水平与环保理念,成为将海洋生态环境真正重视起来的具有实践性和可操作性的价值范例。

[①] 《海洋环境保护法》第 3 条强调了在生态环境脆弱区以及重点海洋生态功能区等海域内划定生态保护红线并对其进行严格保护的问题;第 24 条规定任何关于海洋生态资源的开发和利用,不得逾越红线,不得破坏海洋环境;第 25 条还对海洋中引入新物种须经过严格必要的科学论证程序作出相关规定,避免对海洋生态环境产生影响。

[②] Marques A C, Carranza A. Politics should walk with science towards protection of the oceans [J]. *Marine Pollution Bulletin*, 2013, 75(1-2): 1-3.

以江苏、天津、山东、河北等省市在渤海及黄海区域作出的实践探索为例，各地相继颁布并实施了"海洋生态红线"区划，关于生态红线区内的限制开发区、禁止开发区都提出了具体的规定。天津市就将大神堂牡蛎礁国家特别保护区中的适度利用区以及生态资源恢复区划定成为海洋生态红线区中的限制开发区，而该保护区中的重点保护区被划定为海洋生态红线区中的禁止开发区。有学者提出可将海洋生态红线区划分为上文提到的两类区域，并针对不同区域生态的重要程度及管理需求，将生态红线划分为两级，即一级管控区和二级管控区，通过两区分级管理，在方法学上可以实现理论与实践的初步同意，增强了在全国范围内开展海洋生态红线区划的可行性与可操作性。维系人与自然的和谐，保护海洋生态系统完整性和连通性，维系海洋生态系统的可持续发展等是我国实施海洋生态红线区划的目的所在。过去几十年我国人与环境关系的内涵已发生了根本性的改变，因为人类活动作为生态环境变化的主导动力，已然成为海岸带和近岸海域的主要作用力，所以统筹考虑陆、海、人三者的综合区划设计成为必然。

因此，在进行海岸带蓝色碳汇项目与交易立法时，应当符合《海洋环境保护法》中关于海洋生态红线的规定，在具体开展海岸带蓝色碳汇项目时，应遵循以上海洋生态红线保护法律制度，并且对于跨越海洋生态保护红线的行为，应当承担一定法律责任。此外，《海洋环境保护法》第76条规定[①]，造成珊瑚礁、红树林等海洋生态系统破坏的，应当承担相应行政责任。也就是说，对于破坏红树林等海岸带蓝色碳汇生态系统等违法行为，《海洋环境保护法》已作出相关法律规制。因此，在《海岸带蓝色碳汇交易条例》相关法规政策的制定中，应当考虑与现有法律规定的衔接。

三、海岸带蓝色碳汇交易立法与国家海域使用管理法的协调

海岸带蓝色碳汇项目的开发与运行，离不开与海域使用相关的立法规范，

---

① 《海洋环境保护法》第76条规定，违反本法规定，造成珊瑚礁、红树林等海洋生态系统及海洋水产资源、海洋保护区破坏的，由依照本法规定行使海洋环境监督管理权的部门责令限期改正和采取补救措施，并处1万元以上10万元以下罚款；有违法所得的，没收其违法所得。

例如海域使用管理、海域规划等。我国2002年颁行的《海域使用管理法》也为海岸带蓝色碳汇项目运行的相关规定做出了重要法律支撑。但是在项目用途的规定方面，由于我国《海域使用管理法》立法时间较早，所以并未将海岸带蓝色碳汇这一新用途纳入规定，这是今后该法应当进行修订完善的地方。以下就我国海岸带开发法律规范中存在的问题进行分析并提出建议。

(一) 海岸带生态系统保护法律规制不足

1. 现有法律框架下对沿海滩涂的法律规制互相冲突

就目前调整和规制沿海滩涂的法律规范而言，诸如《宪法》《土地管理法》《海域使用管理法》《物权法》等都调整了沿海滩涂的某些领域。然而，至今我国没有统一的海岸带利用规划法，导致设计利用海岸带的各种规划无法有效的执行，致使政府主管部门无法有效地实施行政管理，最终可能导致区域生产结构及生产力布局不合理，部分海岸带及近海水域的开发利用秩序混乱，海岸带蓝色碳汇生态系统因污染或赤潮等遭到破坏，使得生物多样性下降，引起连锁反应，造成海洋资源的破坏、海平面上升与海岸侵蚀、沿岸低平原土地盐碱化等系列灾害。我国对于沿海滩涂在法律上缺失统一规范，势必影响到我国在开发海岸带蓝色碳汇项目时，对于沿海滩涂的依法有序利用和开发。

2. 开发沿海滩涂活动中造成海洋环境损害问题

对沿海滩涂过度的开发造成了严重的海洋环境的损害，随着海洋污染物逐年增加，海水水质也趋于恶化。以辽宁省大连湾为例，其海域的氮、磷等元素严重超标，非常容易造成赤潮等环境危害。再以沿海滩涂养殖为例，因为过度开发滩涂，我国贝类养殖受到严重威胁，随着滩涂养殖环境的恶化，生物病原获得大量滋生，随之影响贝类生理机能，发病率明显增加。因此，如何实现滩涂的资源开发与利用并能将其与生态环境保护有机结合起来是我国当前亟须解决的问题。[1]

---

[1] 赵一平.大连市沿海滩涂资源现状及其开发利用[J].海洋开发与管理，2005(03)：102-106.

3. 缺乏沿海滩涂综合开发管理的行政管理体制

由于海岸带蓝色碳汇生态系统如红树林、海草、盐沼大多生长于沿海滩涂,[①]所以,海岸带蓝色碳汇项目的开发也势必会涉及沿海滩涂的开发。沿海滩涂的开发利用是一项综合工程,涉及海事、渔政、边防、农业、海洋局等诸多领域。这种格局需要建构一种综合的协调机制来合理地开发,以实现沿海滩涂的可持续利用。随着经济技术的发展,海岸带经济不断向海上延伸,并且涉及多个部门的协调与管理,因此在进行滩涂资源开发时,应考虑多部门协作,合理利用资源。[②]

(二) 海岸带生态系统保护法律完善建议

部分沿海地区在沿海滩涂利用中,应当积极采取地方性的举措,努力贯彻以下原则来防范环境的损害:一是采用动态保护利用原则,了解海岸带的变化趋势,对其加以保护性地利用;二是采取科学保护开发原则,对国内国际市场进行科学预测,最终确定滩涂新的发展产业;三是采取生态保护原则,禁止大开发,实行以海岸带蓝色碳汇生态系统保护和恢复为主的碳汇项目。基于以上原则,笔者提出以下完善建议。

1. 在现有法律框架下出台规范,明确沿海滩涂的法律属性

为了解决法律之间的不协调,笔者建议,以我国目前的《物权法》和《海洋使用管理法》为依据,明确以海岸线为海陆分界线,将沿海滩涂的法律规制纳入海域管理类法律体系之下。理由是,对海域进行界定的法律是在《宪法》实施后实行的;同时,以海岸线作为海陆分界线也是目前国际通行的做法。[③] 更重要

[①] 丹·拉弗斯,加布里埃尔·格瑞斯蒂茨.海岸带典型生态系统碳汇管理[M].卢志伟,刘长安等,译.北京:海洋出版社,2016.
[②] 王娜.东港市沿海滩涂资源综合开发利用的几个问题[J].辽宁经济,2009(02):28-29.
[③] 于晓婷.我国海岸带保护法律制度研究[A].中国环境资源法学研究会、中山大学.生态文明法制建设——2014年全国环境资源法学研讨会(年会)论文集(第三册)[C].中国环境资源法学研究会、中山大学:中国法学会环境资源法学研究会,2014:4.

的是,《海域使用管理法》第 22 条①已经为修订《宪法》以及土地管理利用类法律规范准备了衔接制度。所以,立法机关依据海域管理类法律出台相关规范(如条例)不仅符合法理,而且也符合国家层面的立法趋势。根据我国沿海滩涂的分布和利用实际情形,可以根据海洋管理类法律的规定,出台相关的条例或者办法,明确沿海滩涂的潮间带部分为海域,使沿海滩涂在法律属性上的界定明确化,进而为出台具有可操作性的实施条例奠定基础。其重要意义在于,能够在一定程度上将沿海滩涂征收措施的实施范围缩小,把沿海滩涂大范围地界定为海域,即根据我国目前的法律和海域管理法的规定,海域属于国家所有,则可以在一定程度上减少征收带来的负面影响。

2. 建立沿海滩涂征收补偿的长效、合法机制

如若通过征收获取公民的不属于国家所有的那部分沿海滩涂,需具备以下 3 个法定条件:为了公共利益;依据法律规定的条件以及程序;给予补偿。沿海滩涂通常都处在我国经济比较发达的沿海城市,尽管很多经济发达的沿海城市以滩涂为客体进行了相关的规定,例如《上海市滩涂管理条例》《广东省河口滩涂管理条例》《浙江省滩涂围垦管理条例》等,但并没有特别规定滩涂征收及其补偿的相关原则、办法等。从全国来看,我国关于滩涂征收补偿的法律包括《海域使用管理法》《海洋环境保护法》《渔业法》《土地管理法》以及《土地管理法实施条例》,并没有滩涂征收及其补偿的专门性法律,这在滩涂被视为重要的可被利用的自然资源情况下,给实践操作带来了很多麻烦,例如征收补偿等程序存在诸多模棱两可状况,使得滩涂利用、征收以及补偿等程序存在很大的不确定性。②

3. 设立沿海滩涂环境保护基金并实施强制保险制度

建议构建预防沿海滩涂利用中的环境保护机制,其中成立沿海滩涂环境

---

① 《海域使用管理法》第 22 条规定:本法施行前,已经由农村集体经济组织或者村民委员会经营、管理的养殖用海,符合海洋功能区划的,经当地县级人民政府核准,可以将海域使用权确定给该农村集体经济组织或者村民委员会,由本集体经济组织的成员承包,用于养殖生产。
② 马德懿.生态海岸带发展的法律规制[M].北京:人民交通出版社,2015.

保护基金是一种维护沿海滩涂环境权益的有效机制。建议沿海滩涂环境保护基金由政府财政、沿海滩涂利用者共同出资组成,并对基金实行严格管理。此外,引入强制保险制度或者财务担保制度也是一种具有创新性的法律举措。沿海滩涂环境存在生物多样性、环境责任的复杂性以及特殊规则性等特征,实施沿海滩涂环境责任的强制保险或者财政担保制度,可以将沿海滩涂的开发主体是否进行强制保险视为市场准入的条件之一,其与前文所述建立海岸带蓝色碳汇项目保险制度相吻合,在保护海岸带蓝色碳汇交易的同时间接保护海岸带蓝色碳汇生态系统。为达到上述目的,建议相关机构进行调研,出台沿海滩涂可持续利用的法律保障条例(办法),将上述若干法律举措(建议)融入该条例(办法)之中。

4. 注重完善海洋生态损害赔偿的庭前和解机制

由于海岸带蓝色碳汇项目可能受到各种海洋污染的影响,使蓝色碳汇项目业主遭受损失,从而影响海岸带蓝色碳汇市场交易的顺利开展。例如,海洋石油污染对于保护和恢复为要旨的海岸带蓝色碳汇项目具有毁灭性的打击。但是,基于海洋石油污染损害法律赔偿的复杂性,建议各省市可以积极探索海洋石油污染损害赔偿的庭前和解机制。为此,应该明确如下事项:首先,应该明确海洋生态损害赔偿的相关程序,凡是对海洋保生态环境造成重大损失的,行使海洋环境监督管理权的政府部门可代表国家对责任人提出损害赔偿要求。其次,注意运用庭前和解机制。庭前和解是指在法庭的主持下,政府和责任人就生态损害达成和解协议,由法庭准予该协议作为处理争议的方式。最后,注重建立和解协议执行机构。中央政府和地方政府代表在双方达成和解协议后应组成临时委员会,负责监督和解决协议中资金的后续运作,保证该和解协议的顺利执行以及后续保证赔偿金被用于海洋生态环境资源的恢复。

5. 建立惩罚性损害赔偿制度

在海岸带蓝色碳汇保护领域建立惩罚性损害赔偿制度是非常有必要的,不仅可以对损害行为起到足够的威慑作用,还可以获取赔偿资金来修复被损害的蓝色碳汇生态系统。建议我国在《海洋环境保护法》等法律规范中增加惩罚性赔偿条款;建议各省市有关机构可以本着"先行先试"的原则,根据我国《立法法》规定,大胆创新,在法理和地方立法理论的指导下,尝试海洋污染损害惩罚性赔偿地方立法,为未来我国的相关立法提供和积累地方经验。

6. 构建填海造地的审慎性法律规制

我国海岸带蓝色碳汇资源损失严重,导致释放大量二氧化碳等温室气体,其主要原因是由围海造地引起的蓝碳生态系统遭到破坏。[①] 因此,立法规制围海造田对于海岸带蓝色碳汇生态系统的保护和恢复意义重大。法律对填海造地的规制,在环境权的视域下,必须严格规范填海造地,将填海造地置于国家海洋战略地位和海洋环境的可持续发展的高度上来看待。具体措施如:审慎规制填海造地;严格调控填海造地的规模;在"海变地"整个环节中强化环境评估的力度;进一步细化海域使用管理办法有关规定;增强填海造地信息公开化和透明度;尝试实行围填海的"红线"制度;积极研究推广填海造地新技术;等等。[②]

开发海岸带蓝色碳汇项目,必然会涉及海域使用问题,项目业主须经过法定程序取得使用权证之后才能在特点海域从事海岸带蓝色碳汇开发项目。另外,涉及海岸带蓝色碳汇项目的开发与设计,也应当符合以上关于沿海滩涂开发、沿海生态环境保护、生态环境损害赔偿等各项规定。

第三节 海岸带蓝色碳汇交易立法的关键法律制度安排

海岸带蓝色碳汇市场的有效运转,除了海岸带蓝色碳汇立法与国际环境法、国家海洋环境保护立法以与国家海域使用管理立法的相互协调之外,还取

[①] 王秀君,章海波,韩广轩.中国海岸带及近海碳循环与蓝碳潜力[J].中国科学院院刊,2016,31(10).

[②] 马德懿.生态海岸带发展的法律规制[M].北京:人民交通出版社,2015.

决于多方面的制度完善以及多项关键制度的法律安排,例如海岸带蓝色碳汇项目的环境影响评价制度、海岸带蓝色碳汇海洋自然保护区制度以及海岸带蓝色碳汇综合生态系统管理制度。

一、海岸带蓝色碳汇交易环境影响评价制度

环境影响评价制度是贯彻预防为主的生态法原则,将经济建设与生态环境保护相协调,防止各项政策规划、工程建设开发活动以及其他人类活动,对周围生态环境造成新的污染和破坏的一项重要法律制度,是预期性环境政策的支柱。[①]

环境影响评价制度(EIA)起源于美国《国家环境政策法》(NEPA),其要求所有联邦机构分析其行为对人类环境的影响,并鼓励公众参与决策。环境影响评价制度是预防项目开发过程中可能带来环境负面影响的重要措施。我国2017年修改的《海洋环境保护法》[②]对海洋工程建设的环境影响评价制度作出明确规定。

海岸带蓝色碳汇项目的开发,也必须在项目开始前启动环境影响评价程序。海岸带蓝色碳汇项目以减缓和适应气候变化的环境目标与最优成本增汇的经济目标作为双重价值追求,虽然其要旨为保护和恢复海岸带蓝色碳汇生态系统并实现节能减排,具有极强的正外部性;但是,海岸带蓝色碳汇项目极有可能会忽略项目实施所导致的其他环境效益减损,例如在对红树林、海草、盐沼等海岸带生态系统通过移植等科学方法进行恢复的过程中,难免对当地生物多样性造成一定程度的影响和干扰。因此,需要引入特定环评程序,作为预防海岸带蓝色碳汇生态系统遭受负面环境影响的保障机制,在环评过程中

[①] 曹明德.生态法探析[M].北京:人民出版社,2007.
[②] 《海洋环境保护法》第46条规定:"凡在海洋上有工程建设项目的单位,需首先对该片工程区域内的海洋环境进行相关科学调查,依据自然和社会条件,合理进行选址,并编制环境影响报告书(表)。该单位在建设项目开工前,需将做好的环境影响报告书(表)呈报环境保护行政主管部门进行审查批准。而环境保护行政主管部门在批准该环境影响报告书(表)之前,须征求海洋、渔业、海事等行政主管部门的意见。"

预先否定那些不利于海岸带或者海洋生态环境保护的项目。① 无论是我国环境保护国内相关立法,还是美国《国家环境政策法》(NEPA)都需要考虑对生态系统服务的影响。但目前为止,上述立法并没有对海岸带蓝碳生态系统固碳和储存生态服务作出相关规定。

正如美国学者指出,因为"我们无法找到任何将海岸带栖息地的碳服务考虑纳入 NEPA 关于沿海地区联邦行动分析的案例。陆地碳储存目前还没有在 NEPA 分析中考虑,但是否包括它们以及如何将其纳入是美国环境质量理事会正在考虑的问题"。② 但是也有专家提出将环评机制纳入海岸带蓝色碳汇项目中,有 3 种类型的文件可供参考:分类排除文件适用于联邦行动,对项目影响最小;环境评估(EA)文件准备确定联邦行动是否会导致一个或多个重大影响;环境影响评价(EIS)文件是为预计会产生重大影响的联邦行动而准备的。环境质量委员会(CEQ)负责协调联邦环境工作,并与联邦政府机构和其他白宫办事处密切合作,制定环境政策和举措。CEQ 由国会作为 1969 年《国家环境政策法案》(NEPA)的一部分在总统行政办公室内成立,1970 年的《环境质量改进法》提供了额外的责任。各机构对于考虑哪些影响以及选择哪种替代方案有很大的自由裁量权。如果联邦机构希望将碳制度化为纳入国家环境政策承诺过程中建议的 EA 或 EIS 分析的重要影响,可将其制定为政策或准则。依赖单个机构的自由裁量权也意味着依靠单个机构在 NEPA 文件中纳入海岸带蓝色碳汇的能力。这将涉及使用量化方法和评估工具,例如 MIMES③ 或 InVEST④。在各机构采取行动将海岸带蓝色碳汇纳入 NEPA 分析(包括 EAs 或 EIS)之前,他们可能需要

---

① 潘晓滨.中国蓝碳市场建设的理论同构与法律路径[J].湖南大学学报(社会科学版),2018,32(01):155-160.

② Sutley N H. Memorandum for Heads of Federal Departments and Agencies: Draft NEPA Guidance on Consideration of the Effects of Climate Change and Greenhouse Gas Emissions[J]. *Federal Register*, 2010, 75.

③ Mimes(生态系统服务的多尺度综合模型)是一套综合模型,用于评估生态系统服务的价值,旨在产生易于解释的结果,以支持决策者和自然资源管理者。生态和经济模式融合了我们对生态系统功能、生态系统服务和人类福祉的理解。

④ InVEST(生态系统服务和权衡综合评估)是一套用于测绘和评估人类从自然获得的商品和服务的工具,其包括地面和海岸以及海洋部分,并允许用户可视化不同情景的结果,以支持决策。

拥有足够的科学专业知识来评估可能受到拟议行动影响的碳封存、储存和排放。估计在合理替代品范围内可能损失或获得的碳量的方法将是必要的。为了提升各个机构将碳沿岸碳纳入 EIS 和 EAs 的能力，环境质量委员会(CEQ)就碳纳入国家环境政策分析向所有机构提供更多指导。①

在我国，如果进行海岸带蓝色碳汇项目的开发，根据《环境影响评价法》的规定，首先，应编制海域开发利用规划，并组织进行环境影响评价，编写该海域规划有关环境影响说明，对规划实施后可能造成的环境影响作出分析，提出预防的对策和措施。其次，如果项目规划的范围不在环境影响评价规划的具体范围内，需报国务院批准。② 海岸带蓝色碳汇项目属于新生事物，应该不在其范围之内，因此，需要向国务院报批。最后，应当完善公众参与制度，允许海岸带蓝色碳汇所在区域的社区居民或者社会公众参与对海岸带蓝色碳汇项目的开发以及对有关生物多样性保护等生态保护问题的环境影响评价程序。

另外，我国《海洋环境保护法》第 79 条规定，海岸工程建设项目未依法进行环境影响评价的，依照《环境影响评价法》③的规定处理。也就是说，如果海岸带蓝色碳汇项目的开发与设计没有进行环境影响评价程序，则对其相关责任人进行罚款等行政处罚。因此，对于海岸带蓝色碳汇项目的开发而言，环境影响评价尤为重要。无论是考虑将要制定的海岸带蓝色碳汇相关法律规范，还是对于已经存在并经过修正的《环境影响评价法》，希望在今后的立法实践或者相关司法解释中，着重考虑和研究对海岸带蓝色碳汇生态系统的保护以

---

① Sutton-Grier A E, Moore A K, Wiley P C, et al. Incorporating ecosystem services into the implementation of existing US natural resource management regulations: operationalizing carbon sequestration and storage[J]. *Marine Policy*, 2014, 43: 246-253.

② 《环境影响评价法》第 7 条、第 8 条。

③ 《环境影响评价法》第 31 条规定："建设单位未依法报批建设项目环境影响报告书、报告表，或者未依照本法第 24 条的规定重新报批或者报请重新审核环境影响报告书、报告表，擅自开工建设的，由县级以上环境保护行政主管部门责令停止建设，根据违法情节和危害后果，处建设项目总投资额百分之一以上百分之五以下的罚款，并可以责令恢复原状；对建设单位直接负责的主管人员和其他直接责任人员，依法给予行政处分。建设项目环境影响报告书、报告表未经批准或者未经原审批部门重新审核同意，建设单位擅自开工建设的，依照前款的规定处罚、处分。建设单位未依法备案建设项目环境影响登记表的，由县级以上环境保护行政主管部门责令备案，处五万元以下的罚款。海洋工程建设项目的建设单位有本条所列违法行为的，依照《中华人民共和国海洋环境保护法》的规定处罚。"

及海岸带蓝色碳汇项目的开发和运行。

二、海岸带蓝色碳汇交易海洋自然保护区制度

海洋自然保护区（MPAs）是支持海岸带蓝色碳汇生态系统保护的重要工具。传统上，海洋保护区被指定用于生物多样性保护、渔业可持续性、旅游业、目标物种的重要栖息地、文化或精神价值的研究和教育。[1] 在过去几年中，海洋生态系统支持固碳的潜力已得到公认。[2] 海洋保护区中海岸带蓝色碳汇生态系统的固碳储碳，最近才被作为政策重点予以强调。为了支持这些海岸带蓝色碳汇海洋保护区的更广泛实施，美国一些学者[3]审查了海洋保护区设计和管理中的共同规划步骤，提出了将海岸带蓝色碳汇纳入海洋保护区设计和管理的建议，并描述了海岸带蓝色碳汇在其中发挥的作用[4]：

（一）确定保护目标和指标

这主要包括物种、生态系统和生态系统服务等。海洋保护区通常用于实现生物多样性、渔业可持续性、气候适应等多个目标。纳入利用海岸带蓝色碳汇解决气候减缓问题的目标可能包括：减少对海岸带蓝色碳汇生态系统的威胁，以保护碳固存价值和当前的碳储量；恢复具有大量固碳潜力的已经退化的海岸带蓝色碳汇生态系统；保护海岸带蓝色碳汇生态系统附近的易受海平面上升影响的沿海缓冲区。

单独设计用于固碳和储碳价值的海洋保护区，与为其他生态系统服务设

---

[1] Salm R V, Salm R V, Clark J R, et al. Marine and coastal protected areas: a guide for planners and managers[M]. IUCN, 2000.
[2] Yang Y C E, Passarelli S, Lovell R J, et al. Gendered perspectives of ecosystem services: A systematic review[J]. Ecosystem Services, 2018, 31: 58–67.
[3] Howard J, McLeod E, Thomas S, et al. The potential to integrate blue carbon into MPA design and management[J]. Aquatic Conservation: Marine and Freshwater Ecosystems, 2017, 27: 100–115.
[4] Howard J, McLeod E, Thomas S, et al. The potential to integrate blue carbon into MPA design and management[J]. Aquatic Conservation: Marine and Freshwater Ecosystems, 2017, 27: 100–115.

计的海洋保护区不一定在相同的保护区域,而且可能不会产生相同的生物多样性或渔业利益。因此,尽管突出强调通过海洋保护区设计将海岸带蓝色碳汇作为生态系统服务进行保护具有很多优势,但在大多数情况下,碳储存并不是优先考虑的问题。随着气候影响的增强以及各国面临不断减排的压力,海岸带蓝色碳汇生态系统为减缓和适应气候变化提供了商品和服务,这在保护规划中越来越重要。因此,利益相关方参与规划和管理,对于确保其海洋保护区设计和管理行动的优先次序中所考虑的价值、需求和观点至关重要。

(二) 确定当前和潜在的对海岸带蓝色碳汇生态系统的威胁并确定其优先顺序

海洋保护区计划人员经常使用科学数据并结合当地情况,来确定保护目标当前和潜在的威胁。评估当前和潜在的固碳威胁,需要了解这些威胁如何影响海岸带生态系统。对海岸带蓝色碳汇生态系统的威胁可通过改变其总面积、组成、生长和生产力以及地上和地下生物量的分配来影响碳储存。对于试图达到减少温室气体目标的国家而言,如果保护或者回复措施得当,海岸带蓝色碳汇生态系统就是资产;如果放任不管或继续破坏,海岸带蓝色碳汇生态系统就是负债,因为其退化将会释放大量二氧化碳等温室气体。

(三) 确定海洋保护区的大小、位置和边界

海洋保护区的大小、地点和边界应该由每个海洋保护区的具体管理目标以及保护对象的物种、栖息地和服务来决定。如果管理目标是保护碳储存,那么应优先保护海洋保护区内的红树林、海草和盐沼,或者海洋保护区应扩大到可能的范围。在理想情况下,应根据碳储量潜力和储存持久性的最大可能性,优先考虑栖息地。

(四) 确定管理行为

为了保持碳封存,保护管理者必须把重点放在控制人为影响的管理行为

上,这些行为既破坏植物,又清除植被或扰乱土壤。管理这些影响通常已经包含在海洋保护区管理计划中,但可以优先考虑具体的行动,例如修订分区计划,以确保海洋保护区内外的发展远离具有大量碳储量的脆弱环境。这可能涉及重新划分海洋保护区,以确保重要碳储存区受到保护,并实施沿海缓冲区,以适应湿地在海平面上升时的内陆迁移。支持碳封存的海洋保护区的恢复活动可能包括:重新种植植被,突破堤坝和重新连接潮汐,通过疏浚材料提高土壤表面水平,通过拆除大坝来增加沉积物供应、改善水质。[1]

(五) 监测、评估和适应性管理

实施监测计划是为了监测需要管理层回应的海岸带蓝色碳汇生态系统条件变化,确定变化原因并评估管理行动的有效性。[2] 然而,管理人员往往缺乏现有海岸带蓝色碳汇生态系统范围的详细地图,因此评估这些地区随着时间的推移更具挑战性。另外,社会干扰因素往往被排除在监测计划之外。[3] 因此,未来研究的关键领域是制定指导方针和相关法律规范,帮助海洋保护区管理人员评估随着时间的推移,海岸带蓝色碳汇对应气候变化、社会经济变化和其他人为影响的变化。

适应性管理对于减缓气候变化、生态响应和管理行动有效性相关的不确定性至关重要。适应性管理是指设计、管理和监控的整合,系统地测试假设并不断调整和学习。[4] 管理方法需要灵活应对各种威胁,包括人口和社会经济变化以及物种和栖息地迁徙的变化。例如,海洋保护区管理者需要考虑改变区域划分,以适应海岸带蓝色碳汇生态系统在发展过程中受到的新威胁;新的海岸带开发造成的海岸带蓝色碳汇生态系统中的近岸污染、船舶交通造成的海

---

[1] McLeod E, Salm R, Green A, et al. Designing marine protected area networks to address the impacts of climate change[J]. *Frontiers in Ecology and the Environment*, 2009, 7(7): 362-370.

[2] Nichols J D, Williams B K. Monitoring for conservation[J]. *Trends in Ecology & Evolution*, 2006, 21(12).

[3] Hicks C C, Crowder L B, Graham N A J, et al. Social drivers forewarn of marine regime shifts[J]. *Frontiers in Ecology and the Environment*, 2016, 14(5): 252-260.

[4] Salafsky N, Cauley H, Balachander G, et al. A systematic test of an enterprise strategy for community-based biodiversity conservation[J]. *Conservation Biology*, 2001, 15(6).

草退化以及捕捞变化而引起的锚损害区域;等等。适应性管理战略也可能是针对社会和人口变化,例如与社区合作发展灵活的生计计划,并适应不断变化的社会经济发展及社区偏好。

海洋保护区一旦建成,通常会无限期的得到保护,这为确保碳融资提供了一种必要的稳定性。据统计,通过保存海岸地蓝色碳汇生态系统的碳储存和固存潜力所产生的潜在收入可以超过某些更常见的转化或退化原因的潜在收入,例如种植作物、养殖鱼塘、家畜等带来的经济收入。此外,改善沿海生态系统健康状况和可持续性以实现其碳收益的管理活动往往有可能惠及其提供的所有生态系统服务,例如渔业栖息地、沿海保护和净化水质等,使它们非常适合适应和生物多样性资助以及上述所有内容。[1] 此外,考虑到这些额外收益增加了海岸带蓝色碳汇项目的净值,从而抵消了保护和恢复的成本。通过国际公约,例如《联合国气候变化框架公约》《生物多样性公约》《拉姆萨尔湿地公约》,为海岸带蓝色碳汇确定长期存在的资金机制。根据《联合国气候变化框架公约》,减少毁林和森林退化造成的排放量(REDD+)和清洁发展机制(CDM)等资助机制可以在数年至数十年内持续提供资金。海岸带蓝色碳汇活动也可以通过"国家适当减缓行动"(NAMAs)资助。同时,也存在适应机制,如国家适应行动方案(NAPA)和国家适应计划(NAP)以及相应的融资渠道等。其他可能性包括多边开发银行的气候缓解计划。还应探索非市场机制,例如,对关注气候减缓和适应的慈善捐助者以及碳抵消借贷计划或使用直接市场接收特定活动付款的生态系统服务支付机制(PES)。

鉴于海岸带蓝色碳汇是一个相对较新的概念,并且案例有限,将海岸带蓝色碳汇纳入管理战略具有很大挑战性。然而,与海岸带蓝色碳汇相关的碳核算方法和技术已经确立,沿海生态系统的成功保护和恢复已经在海洋保护区内外得到证明。现有的海岸带蓝色碳项目提供了经验教训和最佳实践范例,然而不能保证所有海岸带蓝色碳汇项目可以取得成功。为了减少失败风险,

---

[1] Herr D, Landis E. Coastal blue carbon ecosystems. Opportunities for nationally determined contributions. Policy brief[J]. *Gland, Switzerland: IUCN. Washington, DC: TNC*, 2016.

并支持海洋保护区规划和管理中对海岸带蓝色碳汇项目更广泛的考虑，应该鼓励从业人员与区域网络分享他们的项目挑战和成功，例如蓝碳国际伙伴关系、蓝碳倡议、区域性海洋保护区网络、合作伙伴、自然资源管理者等。

　　没有适合所有情况的"放之四海而皆准"的海岸带蓝色碳汇解决方案或机制。考虑到沿海管理政策和实践已经到位，应由相关管理机构评估哪种类型的海岸带蓝色碳汇政策和财务激励措施最适合我国的具体国情。在正式海洋保护区内纳入海岸带蓝色碳汇目标可能会以多种方式为项目的实施增附加值。其纳入可以促进受保护景观和相关海域的生态系统之间具有更强的连通性。通过清晰的展示海洋保护区对国家和全球气候变化目标的贡献，我国政府可以成为支持保护工作的更强大的支持者。越来越多的国家正在探索在其国家温室气体核算中纳入海岸带蓝色碳汇生态系统。《巴黎协定》和最近关于如何将沿海湿地活动纳入国家清单的指导，便是最好例证。然而，在151个包含蓝碳生态系统的国家中，只有不到20%的国家将滨海湿地作为其较大的气候减缓战略的组成部分。[①]《巴黎协定》规定每个国家每5年审查一次减排计划，因此有机会纳入海岸带蓝色碳汇生态系统，包括促进保护和恢复，作为实现减排目标的手段，同时获得实质性的协同效益。在海洋保护区越来越期望获得经济效益的时候，市场基础上的碳保存和维护仍有很好的潜力为海洋保护区管理提供新的资金来源。在发展中国家，保护资金仍然是一项挑战，这一点尤为重要。

　　对于支持海洋保护区管理者优先考虑的海岸带蓝色碳汇项目，需要有在空间范围内运作的综合管理模式。成功的项目必须建立在科技进步、合作沟通、社区和政治意愿基础之上，来源于多种渠道的融资以及连接起来形成更大规划的项目。关于实施的技术和政策考虑很重要，但必须有效解决社会和商业问题，以便将海岸带蓝色碳汇用作更广泛的经济、社会和环境成果的杠杆点。有必要平衡国家和地区优先事项以及当地社区的优先事项，但海岸带蓝色碳汇计划在协作驱动以满足当地愿望以及更大治理优先事项时将取得最大成功。

---

① Herr D, Landis E. Coastal blue carbon ecosystems. Opportunities for nationally determined contributions[J]. *Policy Brief* (*Gland: IUCN*), 2016.

三、海岸带蓝色碳汇交易综合生态系统管理法律制度

根据蔡守秋教授的观点,"综合生态系统管理要求综合对待生态系统的各组成成分,综合考虑社会、经济、自然(包括环境、资源和生物等)的需要和价值,综合运用行政的、市场的和社会的调整机制,解决资源利用、生态保护和生态退化的问题,以实现人与自然的和谐共处"。[1] 简言之,生态系统综合管理确立了从整体上保护生态系统的思路,其对环境法的发展有着重大的影响,集中表现为向环境法奉献了新的立法思想,积极促成环境立法,由点模式向关系模式的转变。建立环境要素之间的关系模式,就是要求我们充分重视土地、淡水、大气、海洋等环境要素之间复合多维非线性的关系,对生态系统予以整体保护,保护生物多样性,维持生态系统的平衡,促进人与自然的协调发展。对于海岸带蓝色碳汇及其生态系统的保护,也可以借鉴以上综合生态系统管理的理念进行立法考量。

(一) 海岸带蓝色碳汇生态系统管理存在的问题

海岸带蓝色碳汇生态系统不仅包括海草、红树林、盐沼等地上植被,还包括土地、水域植物、动物以及微生物等单要素资源构成的综合体,是一个完整的生态系统。因此,海岸带蓝色碳汇项目必须建立在基于生态系统的综合管理基础之上,目前许多法律规范并没有认定滨海湿地或者海岸带是作为一个独立整体的保护对象,而只是把立足点放在对滨海湿地各构成要素的保护上面。即使在一些法律中,如我国的《海洋环境保护法》,虽然出现了滨海湿地的概念[2],但是条文大都具有高度的概括性,缺乏具体性和可操作性。这在一定

---

[1] 蔡守秋.论综合生态系统管理[J].甘肃政法学院学报,2006(03):19-26.
[2] 《海洋环境保护法》第20条规定:"国务院和沿海地方各级人民政府应当采取有效措施,保护红树林、珊瑚礁、滨海湿地、海岛、海湾、入海河口、重要渔业水域等具有典型性、代表性的海洋生态系统,珍稀、濒危海洋生物的天然集中分布区,具有重要经济价值的海洋生物生存区域及有重大科学文化价值的海洋自然历史遗迹和自然景观。"《海洋环境保护法》第94条:"滨海湿地,是指低潮时水深浅于六米的水域及其沿岸浸湿地带,包括水深不超过六米的永久性水域、潮间带(或洪泛地带)和沿海低地等。"

程度上,也使滨海湿地保护在现实中处于无法可依的状态,目前一些新修订的法律规范开始对湿地、海岸带、滩涂等因素进行考量,不过仍然停留在保持湿地生态未遭到破坏的前提下去更好地开发利用,而并非主动积极保护和合理利用滨海湿地或海岸带蓝色碳汇的生态功能。

与此同时,关于滨海湿地构成要素单行法的相关规定也是从保护生态的一般普遍性要求出发,没有系统的对其进行统筹考虑,因此不能完全适应海岸带蓝色碳汇生态系统保护的需要。同时,目前我国尚无一部专门的海岸带管理法,大部分关于海岸带的法律规定,是从陆上的法律规范向海洋方面简单拓展,并未真正地结合海岸带的实际情况予以定义规范;相似的情况也出现在滨海湿地保护法治领域。由于我国湿地立法严重滞后,加之海岸带管理法的尚付阙如,有关滨海湿地的法律规定甚少,更难有一部专门的法律或法规,针对滨海湿地生态系统的特点,对其进行保护与利用进行规范。有学者强调,适用于海岸带的法律制度设计,需要针对海洋生态系统与陆地生态系统相互作用的特色,[1]在法律制度的研究设计中,做到陆地生态法与海洋生态法的协调,并明确参与各方的法律责任,包括管理者、生产者、研究者等在法律生态系统方面所应承担的法律责任。海岸带管理部门也应在海岸带开发利用的项目上互通信息、保持协调,并做好开发前的基础工作,如对基本资料的相关调查等。

(二) 海岸带蓝色碳汇生态系统管理完善建议

由于海岸带较之其他区域具有十分明显的特殊性,传统的基于陆地或海洋的管理手段难以解决海岸带区域的资源冲突和利益相关者的协调,需要将沿海水域和沿海陆地在一个统一的管理计划中一并予以解决,越来越多的国家认识到海岸带综合管理在海岸线开发、海岸带蓝色碳汇生态系统保护和冲突解决中的重要性。因此,可以建立一种新的部门协调、协商机

---

[1] 田其云.海洋生态法体系研究[D].中国海洋大学,2006.

制。海岸带综合管理通过形成一种与传统管理模式不同的管理方法,可以实现不同部门、不同空间和不同管理目标的综合,部门之间的综合主要是协调陆上和海上管理部门的综合,以有效解决不同部门"条块"管理所产生的矛盾和冲突。空间上的综合,是指海岸带陆地和海洋之间的综合,考虑到海岸带的海陆交错特点,在开发海岸带蓝色碳汇项目中,必须充分考虑陆上开发建设活动对海洋的影响,以及海上开发建设活动对陆地的影响。管理目标的综合主要考虑到海岸带开发活动的多目标属性,在管理中统筹协调资源开发与环境保护间的矛盾,实现海岸带地区的可持续发展。目前主要有以下两种海岸带管理的办法可应用于海岸带管理过程中的部门协调,具体选择要根据我国现有法律的性质、海岸线的特点和存在的环境问题,具体问题具体分析。

1. 以规划或决策的方式,对现存法律的协调

每个国家都有管理其土地和海域的法律,但主要是部门法律,彼此之间独立运作。在海岸带综合管理的部门协调过程中,一个最基本的方法就是简单地协调各个权力部门的决策,并使之与一个共同的目标相一致,而这些目标和决定可以包含在相应的规划中。这种方法目前为英国所用。其优点:(1)简单,不用改变现有法律;(2)灵活,没有法定系统的框架,可以不用修改法律而灵活的改变;(3)容易接受,自愿参与,可以吸引其他部门的支持与合作。缺点是现存法律内容可能并不充足。例如,法律可能无法覆盖海岸带所有重要的土地和海域;有关部门可能会妨碍合作,因为其更关心部门利益,无法保证所有部门都遵循资源协调政策,没有法律限制他们必须遵守。另外,这种合作通常发端于自愿,可能难以获得政府的资金支持。[1]

2. 在法定框架下,对现有法律加以协调

该方法需要制定一个在现有法律条款下可以合作的框架。目前美国康涅狄格州便采用此方法,该方法的基本内容为:(1)定义海岸带。可能有不同的

---

[1] 郭振仁.海岸带空间规划与综合管理——面向潜在问题的创新方法[M].北京:科学出版社,2013.

定义,但必须能够充分覆盖海岸带影响和相互作用的区域。例如在美国佛罗里达州,整个州被定义为海岸带区域;(2)建立海岸带综合管理的广泛目标,确定负责制订海岸带管理规划的政府层次(国家区域和地方),并赋予其法律职责,所制订规划必须通过更高权力部门的批准;(3)详细理顺现有可用于海岸带综合管理的法律依据。这种方法的优点很明显,如给予海岸带综合管理以法律支持,明确海岸带综合管理的法律责任,对现有法律和程序的破坏最小,可以与海岸带之外区域的管理程序保持最大的一致性,比增加新的程序花费少。其缺点也很明显,如难以协调很多部门权力机构,现有法律可能不能涵盖海岸带区域需要管理的问题,现有法律可能无法运作。[1]

建议我国采用第二种方式对海岸带管理进行法律协调。具言之:

第一,确定海岸带的范围。目前,我国法律还没有对海岸带的范围作出明确规定,国际社会对海岸带的定义也没有统一规定[2]。我国《全国海岸带和海涂资源综合调查》规定,海岸带陆界为自岸线向陆延伸10千米处,海岸带的海界为自岸线向海延伸至水深15米处。海岸带的范围应当明确规定包括红树林、盐沼、海草床等海岸带蓝色碳汇生态系统,确保海岸带蓝色碳汇生态系统的保护与恢复有法可依。

第二,建立海岸带生态恢复的法律制度。生态修复作为一种重要的改善和维护生态系统的方法和手段,学界备受重视,但对于生态恢复和生态修复两者的区别,学者还有不同意见。有学者认为:生态恢复,主要治理受污染的环境。[3] 还有学者认为,"'恢复'包括自然恢复与人为恢复,而'修复'强调对受损生态系统的重建和改进"。[4] 也有美国学者提出,"生态修复,更注重经济价值

---

[1] 郭振仁.海岸带空间规划与综合管理——面向潜在问题的创新方法[M].北京:科学出版社,2013.

[2] 例如,联合国2001年6月《千年生态系统评估项目》将海岸带定义为"海洋与陆地的界面,向海洋延伸至大陆架的中间,在大陆方向包括所有受海洋因素影响的区域;具体边界为位于平均海深50米与潮流线以上50米之间的区域,或者自海向大陆延伸100千米范围内的低地";美国《海岸带管理法》(1972)规定,海岸带的陆侧边界为受海洋直接影响的沿海陆地,海岸带的海侧边界为美国领海的外界;美国环保署(EPA)将滨海范围明确定为与海洋有水文关联的集水区,并将此范围内的湿地定义为滨海湿地,包括赶潮的咸水或淡水湿地以及非赶潮的淡水湿地。

[3] 周启星.生态修复[M].北京:中国环境科学出版社,2006.

[4] 吴鹏.浅析生态修复的法律定义[J].环境与可持续发展,2011,36(03):63-66.

而非保护价值"。① 虽然对于生态修复和恢复存在诸多争议,但是生态修复一般以满足人类的需要为前提;而生态恢复,则侧重对生态系统原貌的复原,以保持其最初的生态功能。过度无序的人为开发是造成我国海岸带蓝色碳汇生态系统脆弱的罪魁祸首。当海岸带蓝色碳汇生态系统遭到破坏时,除了治理污染以外,最重要的是通过物理、化学、生物等多种综合的生态系统管理技术和手段,在尊重生态系统自然状态的基础上,对其进行恢复。海岸带蓝色碳交易的前提是蓝色碳汇核证减排量的产生,其产生依靠海岸带蓝色碳汇项目的开展和运行,而本书所指的海岸带蓝色碳汇项目,主要也是指对海岸带生态系统的恢复和保护。碳汇交易,只是通过引入市场机制,为海岸带蓝色碳汇项目提供更多的资金支持,吸引更多的海岸带蓝色碳汇项目主参与其中,在保护海岸带生态系统的同时,也有助于实现温室气体减排,而且还能促进碳交易市场的发展,实现环境、生态、经济的互利共赢。

第三,建立政府、市场、社会多元共治的海岸带蓝色碳汇生态保护体系。首先,明确政府的环境保护法律责任。政府作为海岸带蓝色碳汇等生态系统保护的维持者和管理者,理应成为主要责任主体。② 其次,要引入企业作为责任主体,因为根据环境法中的污染者负担原则,企业在开发利用时也应当根据利用者负担的原则保护和恢复当地的生态环境。③ 最后,公众参与机制的完善。公众参与包括信息知情权、参与决策权和利益分配以及责任分担等全方位地参与。例如,海岸带蓝色碳汇项目的开发,公众对海岸带生态系统是否受损及其受损程度有知情权,对相关项目建设以及对生态系统恢复的结果等均

---

① Higgs E. Nature by design: people, natural process, and ecological restoration[M]. MIT Press, 2003.
② 于晓婷.我国海岸带保护法律制度研究[A].中国环境资源法学研究会、中山大学.生态文明法制建设——2014年全国环境资源法学研讨会(年会)论文集(第三册)[C].中国环境资源法学研究会、中山大学:中国法学会环境资源法学研究会,2014:4.
③ 《海南经济特区海岸带保护与开发管理规定》第14、15、16条规定:省人民政府和沿海市、县、自治县人民政府应当依照本省相关规划和有关规定组织建设海岸防波堤、沿海防护林等海岸带防护设施,防止海浪、风暴潮对海岸的侵蚀;应当组织对海岸侵蚀、海水入侵、严重污染、生态严重破坏等海岸带受损或者功能退化区域进行综合治理和修复;应当主导海岸带土地一级市场开发,依据相关规划,依法有序供应土地。

可参与反馈与评价。

本 章 小 结

　　本章提出了海岸带蓝色碳汇交易的立法建议。首先,海岸带蓝色碳汇交易的立法路径包括与国内现存CCER的衔接性立法,例如建议国家主管部门在制定抵消机制政策时适当向海岸带蓝色碳汇项目倾斜,将海岸带蓝色碳汇纳入CCER,作为抵消机制参与配额市场交易,并制定全国统一的抵消比例;海岸带蓝色碳汇交易的专项立法,可以考虑制定《海岸带蓝色碳汇条例》以明确海岸带蓝色碳汇权的基本法律属性、规定海岸带蓝色碳汇权的权利与义务等;海岸带蓝色碳汇交易的地方立法,可以通过在环渤海、长三角、珠三角等海岸带蓝色碳汇生态系统资源丰富的省市先行制定海岸带蓝色碳汇交易法律规范,通过地方立法,先行先试,在总结一定经验教训的基础上进行国家立法。其次,当进行海岸带蓝色碳汇权立法时,应当遵守已经存在的相关法律规定与制度。海岸带蓝色碳汇交易立法应当与《联合国气候变化框架公约》《生物多样性公约》《拉姆萨尔湿地公约》等国际环境法相统一协调,同时也应当与规定生态红线等重要海岸带法律制度的《国家海洋环境保护法》以及与海域、土地使用等有关的《国家海域使用管理法》保持协调。最后,还应考虑海岸带蓝色碳汇项目的关键法律制度安排,如海岸带蓝色碳汇环境影响评价制度、自然保护区制度以及综合生态系统管理制度等。

结　　论

　　海岸带蓝色碳汇交易的开展以海岸带蓝色碳汇项目为前提,该项目的开展主要以保护和恢复海岸带蓝碳生态系统为基础。海岸带蓝色碳汇交易机制在很大程度上激励社会成员积极参与海岸带蓝色碳汇项目,实现生态效益与环境经济双赢。本书针对海岸带蓝色碳汇权属不清、海岸带蓝色碳汇交易运行法律规范缺失以及海岸带蓝色碳汇交易立法规范不足等3个主要法律问题,通过对主要国家海岸带蓝色碳汇交易的法律与实践分析,提出海岸带蓝色碳汇交易法律机制的完善对策,主要结论:

　　第一,海岸带蓝色碳汇权的客体为海岸带蓝色碳汇核证减排量,由于其具有"可支配性""有价值性""独立性"等特征从而具备权利客体属性。对海岸带蓝色碳汇权法律属性有很多争议,包括"用益物权说""新型财产权说""行政特许权说",由于海岸带蓝色碳汇权不仅具有物权的基本特征,而且还具有典型物权不具有的法律属性,将其定义为"准物权"的法律属性更为妥当。

　　第二,应当构建海岸带蓝色碳汇交易运行机制的法律制度。主要包括海岸带蓝色碳汇交易市场机制的法律制度以及海岸带蓝色碳汇交易监管和风险机制的法律制度。前者包括法律模式的选择、交易的主体和客体、交易的价格规则、交易的合同规则以及法律责任的承担;后者包括海岸带蓝色碳汇交易监管法律机制和风险防范机制。

　　第三,应当建立海岸带蓝色碳汇项目运行法律路径。海岸带蓝色碳汇项目立法路径的具体选择,包括海岸带蓝色碳汇项目的衔接性立法、专项立法以及地方立法;海岸带蓝色碳汇立法应保持与其他法律规范的协调,例如与《国际环境法》的协调、与《国家海洋环境保护法》《海域使用管理法》的协调;同时还应考虑海岸带蓝色碳汇项目的关键法律制度安排,如海岸带蓝色碳汇环境影响评价制度、自然保护区制度以及综合生态系统管理制度等。

对于海岸带蓝色碳汇交易,目前无论理论与实践都缺乏完善的制度安排及可资借鉴的经验。因此,以上探讨难免有疏漏和不足,但也是一种尝试与创新。随着绿色、低碳发展理念的深入推进,海岸带蓝色碳汇交易机制一定可以推广和应用。只有从法律层面对其进行明确的法律界定并规定相应的权利救济和法律责任的承担,才能保障海岸带蓝色碳汇交易机制的健康有序运行,在推进我国经济绿色、低碳、可持续发展的进程中,加速实现"碳达峰""碳中和"的宏伟目标。

参 考 文 献

[1] Abdalla S, Kairo J G, Huxham M, et al. 2016 Plan Vivo Annual Report: Mikoko Pamoja[J]. Plan Vivo Foundation, Edinburgh, UK, 2015.

[2] Abu Dhabi Global Environmental Data Initiative. Blue Carbon in Abu Dhabi — Protecting our Coastal Heritage: The Abu Dhabi Blue Carbon Demonstration Project [R]. AGEDI, 2013.

[3] Abuodha P A O, Woodroffe C D. Assessing vulnerability to sea-level rise using a coastal sensitivity index: A case study from southeast Australia[J]. Journal of coastal conservation, 2010, 14(3).

[4] Amano M, Fearnside P M, Frangi J, et al. Implications of different definitions and generic issues[M]//Land use, land-use change, and forestry. Cambridge University Press, 2000.

[5] Anderson P. Free, prior, and informed consent in REDD +: principles and approaches for policy and project development[M]. RECOFTC — The Center for People and Forests, 2011.

[6] Assessment M E. Ecosystems and human well-being: wetlands and water[M]. World resources institute, 2005.

[7] Barbier E B, Cox M. Does economic development lead to mangrove loss? A cross-country analysis[J]. Contemporary economic policy, 2003, 21(4).

[8] Barbier E B, Hacker S D, Kennedy C, et al. The value of estuarine and coastal

ecosystem services[J]. Ecological monographs, 2011, 81(2).

[9] Bayrak M M, Marafa L M. Ten years of REDD+: A critical review of the impact of REDD+ on forest-dependent communities[J]. Sustainability, 2016, 8(7).

[10] Bayraktarov E, Saunders M I, Abdullah S, et al. The cost and feasibility of marine coastal restoration[J]. Ecological Applications, 2016, 26(4).

[11] Bell J. Legal frameworks for unique ecosystems — how can the EPBC Act offsets policy address the impact of development on seagrass? [J]. Environmental and Planning Law Journal, 2014, 31.

[12] Bell S S, Middlebrooks M L, Hall M O. The value of long-term assessment of restoration: support from a seagrass investigation[J]. Restoration ecology, 2014, 22(3).

[13] Bell-James J. Developing a framework for blue carbon in Australia: legal and policy considerations[J]. UNSWLJ, 2016, 39.

[14] Best R, Zhang Q Y. What explains carbon-pricing variation between countries? [J]. Energy Policy, 2020, 143.

[15] Blandon A, Zu Ermgassen P S E. Quantitative estimate of commercial fish enhancement by seagrass habitat in southern Australia[J]. Estuarine, Coastal and Shelf Science, 2014, 141.

[16] Blue carbon: the role of healthy oceans in binding carbon: a rapid response assessment [M]. UNEP/Earthprint, 2009.

[17] Brown B, Murdiyarso D. Guiding principles for delivering coastal wetland carbon projects[R]. UNEP and CIFOR, Nairobi, Kenya and Bogor, Indonesia, 2014.

[18] Carlén B, Dahlqvist A, Mandell S, et al. EU ETS emissions under the cancellation mechanism-Effects of national measures[J]. Energy policy, 2019, 129.

[19] Carr M H, Neigel J E, Estes J A, et al. Comparing marine and terrestrial ecosystems: implications for the design of coastal marine reserves[J]. Ecological Applications, 2003, 13(sp1).

[20] Crooks S, Herr D, Tamelander J, et al. Mitigating climate change through restoration and management of coastal wetlands and near-shore marine ecosystems: challenges

and opportunities[R]. World Bank, Washington, D.C., 2011.

[21] Crooks S, von Unger M, Schile L, et al. Understanding strategic blue carbon opportunities in the seas of East Asia [J]. Silvestrum Climate Associates for PEMSEA, Conservation International and the Nature Conservancy, 2017.

[22] Cui B, He Q, Gu B, et al. China's coastal wetlands: understanding environmental changes and human impacts for management and conservation[J]. Wetlands, 2016, 36(1).

[23] Department of the Environment (Cth), Biodiversity Fund: Frequently Asked Questions (18 July 2013).

[24] Dey A, Kar A. Scaling of mangrove afforestation with carbon finance to create significant impact on the biodiversity — a new paradigm in biodiversity conservation models[J]. Field Actions Science Reports. The journal of field actions, 2013 (Special Issue 7).

[25] Donato D C, Kauffman J B, Murdiyarso D, et al. Mangroves among the most carbon-rich forests in the tropics[J]. Nature geoscience, 2011, 4(5).

[26] Douvere F. The importance of marine spatial planning in advancing ecosystem-based sea use management[J]. Marine policy, 2008, 32(5).

[27] Duffy K. Soil Carbon Offsets and the Problem of Land Tenure: Constructing Effective Cap & Trade Legislation[J]. Drake J. Agric. L., 2010, 15.

[28] Durrant N. Legal issues in biosequestration: Carbon sinks, carbon rights and carbon trading[J]. UNSWLJ, 2008, 31.

[29] Emma Xie He. Blue Carbon: How Carbon Trading Can Help Preserve Coastal Ecosystems [R]. Climate Institute, Washington, 2016.

[30] Emmer I, Needelman B, Emmett-Mattox S, et al. Methodology for tidal wetland and seagrass restoration[J]. Verified Carbon Standard. VM0033, 2015.

[31] Fang J Y, Guo Z D, Piao S L, et al. Terrestrial vegetation carbon sinks in China, 1981–2000[J]. Science in China Series D: Earth Sciences, 2007, 50(9).

[32] Greiner J T, McGlathery K J, Gunnell J, et al. Seagrass restoration enhances "blue carbon" sequestration in coastal waters[J]. PloS one, 2013, 8(8).

[33] Hammoudeh S, Lahiani A, Nguyen D K, et al. An empirical analysis of energy cost pass-through to CO_2 emission prices[J]. Energy Economics, 2015, 49.

[34] Hejnowicz A P, Kennedy H, Rudd M A, et al. Harnessing the climate mitigation, conservation and poverty alleviation potential of seagrasses: prospects for developing blue carbon initiatives and payment for ecosystem service programmes[J]. Frontiers in Marine Science, 2015, 2.

[35] Hepburn S. Carbon Rights as New Property: The benefits of statutory verification [J]. Sydney L. Rev., 2009, 31.

[36] Herr D, Agardy T, Benzaken D, et al. Coastal 'blue' carbon. A revised guide to supporting coastal wetland programs and projects using climate finance and other financial mechanisms[R]. IUCN, Washington, D.C., 2016.

[37] Herr D, Landis E. Coastal blue carbon ecosystems. Opportunities for nationally determined contributions. Policy brief[J]. Gland, Switzerland: IUCN. Washington, D.C: TNC, 2016.

[38] Hicks C C, Crowder L B, Graham N A J, et al. Social drivers forewarn of marine regime shifts[J]. Frontiers in Ecology and the Environment, 2016, 14(5).

[39] Higgs E. Nature by design: people, natural process, and ecological restoration [M]. MIT Press, 2003.

[40] Hiraishi T, Krug T, Tanabe K, et al. 2013 supplement to the 2006 IPCC guidelines for national greenhouse gas inventories: Wetlands[J]. IPCC, Switzerland, 2014.

[41] Howard J, Hoyt S, Isensee K, et al. Coastal blue carbon: methods for assessing carbon stocks and emissions factors in mangroves, tidal salt marshes, and seagrasses [R]. IUCN, Washington, D.C., 2016.

[42] Howard J, McLeod E, Thomas S, et al. The potential to integrate blue carbon into MPA design and management[J]. Aquatic Conservation: Marine and Freshwater Ecosystems, 2017, 27.

[43] Hussain S A, Badola R. Valuing mangrove ecosystem services: linking nutrient retention function of mangrove forests to enhanced agroecosystem production[J]. Wetlands Ecology and Management, 2008, 16(6).

[44] International Partnership for Blue Carbon. Coastal blue carbon: an introduction for policy makers provides an introduction to the concept of blue carbon and coastal blue carbon ecosystems-mangroves, tidal marshes and seagrasses [R]. Australia: International Partnership for Blue Carbon, 2017.

[45] Jones T G, Ratsimba H R, Ravaoarinorotsihoarana L, et al. Ecological variability and carbon stock estimates of mangrove ecosystems in northwestern Madagascar [J]. Forests, 2014, 5(1).

[46] Joosten H, Couwenberg J, von Unger M, et al. Peatlands, forests and the climate architecture: Setting incentives through markets and enhanced accounting[J]. Climate Change, 2016, 14.

[47] Kairo J G, Wanjiru C, Ochiewo J. Net pay: economic analysis of a replanted mangrove plantation in Kenya[J]. Journal of Sustainable Forestry, 2009, 28(3-5).

[48] Kamali B, Hashim R. Mangrove restoration without planting [J]. Ecological Engineering, 2011, 37(2).

[49] Kirwan M L, Megonigal J P. Tidal wetland stability in the face of human impacts and sea-level rise[J]. Nature, 2013, 504(7478).

[50] Kollmuss A, Zink H, Polycarp C. Making sense of the voluntary carbon market: A comparison of carbon offset standards[J]. WWF Germany, 2008.

[51] La Viña A G M, de Leon A, Barrer R R. History and Future of REDD+ in the UNFCCC: Issues and Challenges [J]. Research handbook on REDD - Plus and international law, 2016.

[52] Laffoley, D, Grimsditch G D et al.: The Management of Natural Coastal Carbon Sinks[R]. IUCN, 2009.

[53] Lau W W Y. Beyond carbon: Conceptualizing payments for ecosystem services in blue forests on carbon and other marine and coastal ecosystem services[J]. Ocean & Coastal Management, 2013, 83.

[54] Lee D, Pistorius T, Laing T, et al. The impacts of international REDD+ finance [R]. San Francisco: CLUA, 2015.

[55] Lewis R R. Mangrove Restoration — Costs and Benefits of Successful Ecological

Restoration, Penang, Malaysia[R]. Proceedings of the Mangrove Valuation Workshop. Universiti Sains Malaysia, Penang, 2001.

[56] Li Y, Qiu J, Li Z, et al. Assessment of blue carbon storage loss in coastal wetlands under rapid reclamation[J]. Sustainability, 2018, 10(8).

[57] Lin B, Jia Z. Impacts of carbon price level in carbon emission trading market[J]. Applied Energy, 2019, 239.

[58] Liu Z, Geng Y, Dai H, et al. Regional impacts of launching national carbon emissions trading market: a case study of Shanghai[J]. Applied Energy, 2018, 230.

[59] Livesley S J, Andrusiak S M. Temperate mangrove and salt marsh sediments are a small methane and nitrous oxide source but important carbon store[J]. Estuarine, Coastal and Shelf Science, 2012, 97.

[60] Lovell H C. Governing the carbon offset market[J]. Wiley interdisciplinary reviews: climate change, 2010, 1(3).

[61] Luisetti T, Jackson E L, Turner R K. Valuing the European "coastal blue carbon" storage benefit[J]. Marine Pollution Bulletin, 2013, 71(1-2).

[62] Marques A C, Carranza A. Politics should walk with science towards protection of the oceans[J]. Marine Pollution Bulletin, 2013, 75(1-2).

[63] McEwin A, McNally R. Organic Shrimp Certification and Carbon Financing: An Assessment for the Mangroves and Markets Project in Ca Mau Province, Vietnam.[J]. REAP Project. GiZ, SNV, 2014.

[64] Mcleod E, Chmura G L, Bouillon S, et al. A blueprint for blue carbon: toward an improved understanding of the role of vegetated coastal habitats in sequestering CO_2 [J]. Frontiers in Ecology and the Environment, 2011, 9(10).

[65] McLeod E, Salm R V. Managing mangroves for resilience to climate change[M]. Gland: World Conservation Union (IUCN), 2006.

[66] McLeod E, Salm R, Green A, et al. Designing marine protected area networks to address the impacts of climate change[J]. Frontiers in Ecology and the Environment, 2009, 7(7).

[67] Motel P C, Pirard R, Combes J L. A methodology to estimate impacts of domestic

policies on deforestation: Compensated Successful Efforts for "avoided deforestation" (REDD)[J]. Ecological economics, 2009, 68(3).

[68] Murray B C, Pendleton L, Jenkins W A, et al. Green payments for blue carbon: economic incentives for protecting threatened coastal habitats[J]. Green payments for blue carbon: economic incentives for protecting threatened coastal habitats, 2011.

[69] Murray B C, Watt C E, Cooley D M, et al. Coastal Blue Carbon and the United Nations Framework Convention on Climate Change[J]. Policy Brief from the Nicholas Institute for Environmental Policy Solutions, 2012.

[70] Murray N J, Clemens R S, Phinn S R, et al. Tracking the rapid loss of tidal wetlands in the Yellow Sea[J]. Frontiers in Ecology and the Environment, 2014, 12(5).

[71] Nichols J D, Williams B K. Monitoring for conservation[J]. Trends in ecology & evolution, 2006, 21(12).

[72] O'Connor P, Christensen S, Duncan B, et al. From rights to responsibilities: reconceptualising carbon sequestration rights in Australia [J]. Environmental and Planning Law Journal, 2013, 30.

[73] Osland M J, Spivak A C, Nestlerode J A, et al. Ecosystem development after mangrove wetland creation: plant — soil change across a 20 - year chronosequence [J]. Ecosystems, 2012, 15(5).

[74] Palmer C. Property rights and liability for deforestation under REDD+: Implications for 'permanence' in policy design[J]. Ecological Economics, 2011, 70(4).

[75] Pearson T, Casarim F, McMurray A. Guidance document: Options for nesting REDD+ Projects[R]. Winrock International, Arlington, 2016.

[76] Pendleton L H, Sutton-Grier A E, Gordon D R, et al. Considering "coastal carbon" in existing US federal statutes and policies[J]. Coastal Management, 2013, 41(5).

[77] Pendleton L, Donato D C, Murray B C, et al. Estimating global "blue carbon" emissions from conversion and degradation of vegetated coastal ecosystems[J]. PloS one, 2012, 7(9).

[78] Reich C A. The new property[J]. The Yale Law Journal, 1964, 73(5).

[79] Salafsky N, Cauley H, Balachander G, et al. A systematic test of an enterprise

strategy for community-based biodiversity conservation[J]. Conservation biology, 2001, 15(6).

[80] Salm R V, Salm R V, Clark J R, et al. Marine and coastal protected areas: a guide for planners and managers[M]. IUCN, 2000.

[81] Savaresi A. REDD+ and human rights: addressing synergies between international regimes[J]. Ecology and Society, 2013, 18(3).

[82] Serre C, Santikarn M, Stelmakh K, et al. Emissions Trading Worldwide: International Carbon Action Partnership (ICAP) Status Report 2015[J]. International Carbon Action Partnership, Berlin, Germany, 2015.

[83] Siikamäki J, Sanchirico J N, Jardine S, et al. Blue carbon: coastal ecosystems, their carbon storage, and potential for reducing emissions[J]. Environment: Science and Policy for Sustainable Development, 2013, 55(6).

[84] Sinclair E A, Verduin J, Krauss S L, et al. A genetic assessment of a successful seagrass meadow (Posidonia australis) restoration trial[J]. Ecological Management & Restoration, 2013, 14(1).

[85] Society for Ecological Restoration International Science & Policy Working Group: The SER International Primer on Ecological Restoration (Report, Version 2, October 2004).

[86] Stavins R N. A utility safety valve for cutting CO_2 [C]//The Environmental Forum. 2006, 23.

[87] Sutley N H. Memorandum for Heads of Federal Departments and Agencies: Draft NEPA Guidance on Consideration of the Effects of Climate Change and Greenhouse Gas Emissions[J]. Federal Register, 2010, 75.

[88] Sutton-Grier A E, Moore A K, Wiley P C, et al. Incorporating ecosystem services into the implementation of existing US natural resource management regulations: operationalizing carbon sequestration and storage[J]. Marine Policy, 2014, 43.

[89] Ullman R, Bilbao-Bastida V, Grimsditch G. Including blue carbon in climate market mechanisms[J]. Ocean & Coastal Management, 2013, 83.

[90] United Nations Convention on the Law of the Sea, open for signature 10 December

1982, 1833 UNTS 3 (entered into force 16 November 1994); Wyman K M. The property rights challenge in marine fisheries[J]. Ariz. L. Rev., 2008, 50.

[91] van Katwijk M M, Thorhaug A, Marbà N, et al. Global analysis of seagrass restoration: the importance of large-scale planting[J]. Journal of Applied Ecology, 2016, 53(2).

[92] Wunder S. Payments for environmental services and the poor: concepts and preliminary evidence[J]. Environment and development economics, 2008.

[93] Wylie L, Sutton-Grier A E, Moore A. Keys to successful blue carbon projects: lessons learned from global case studies[J]. Marine Policy, 2016, 65.

[94] Yang Y C E, Passarelli S, Lovell R J, et al. Gendered perspectives of ecosystem services: A systematic review[J]. Ecosystem Services, 2018, 31.

[95] Zgoda B. Standardization Of REDD Monitoring Technology To Level The Playing Field[J]. Sustainable Development Law & Policy, 2010, 10(2).

[96] Zhang Y J, Liang T, Jin Y L, et al. The impact of carbon trading on economic output and carbon emissions reduction in China's industrial sectors[J]. Applied Energy, 2020, 260.

[97] Zhang Y J, Wei Y M. An overview of current research on EU ETS: Evidence from its operating mechanism and economic effect[J]. Applied Energy, 2010, 87(6).

[98] Zhao C, Xu X, Gong Y, et al. Blue Carbon Cooperation in the Maritime Silk Road with Network Game Model and Simulation[J]. Sustainability, 2019, 11(10).

[99] [美]埃里克·波斯纳,[美]戴维·韦德巴赫.气候变化的正义[M].李智,张键,译.北京:社会科学文献出版社,2010.

[100] [美]埃莉诺·奥斯特罗姆.公共事物的治理之道[M].上海:上海三联书店,2000.

[101] [美]巴里·菲尔德.环境经济学[M].原毅军,译.北京:中国财政经济出版社,2006.

[102] 本刊特约评论员.推动海洋碳汇成为实现碳中和的新力量[J].中国科学院院刊,2021,36(03).

[103] [美]博登海默.法理学、法哲学与法律方法[M].邓正来,等译.北京:中国政法大学出版社,1999.

[104] 蔡守秋.论综合生态系统管理[J].甘肃政法学院学报,2006(03).

[105] 蔡守秋.基于生态文明的法理学[M].北京:中国法制出版社,2014.

[106] 曹明德,刘明明,崔金星等.中国碳排放权交易法律制度研究[M].北京:中国政法大学出版社,2016.

[107] 曹明德.论气候资源的属性及其法律保护[J].中国政法大学学报,2012(06).

[108] 曹明德.生态法探析[M].北京:人民出版社,2007.

[109] 曹明德.中国参与国际气候治理的法律立场和策略:以气候正义为视角[J].中国法学,2016(01).

[110] 曹明德.排污权交易制度探析[J].法律科学.西北政法学院学报,2004(04).

[111] 陈惠珍.中国碳排放权交易监管法律制度研究[M].北京:社会科学文献出版社,2017.

[112] 陈文颖,高鹏飞,何建坤.二氧化碳减排对中国未来GDP增长的影响[J].清华大学学报(自然科学版),2004(06).

[113] 陈英.林业碳汇交易法律制度研究[M].北京:法律出版社,2012.

[114] 程信和.经济法中主体权利设置的走向[J].社会科学家,2014(12).

[115] 崔建远.我国《民法总则》的制度创新及历史意义[J].比较法研究,2017(03).

[116] 崔建远.物权法(第4版)[M].北京:中国人民大学出版社,2017.

[117] 崔建远.准物权研究[M].北京:法律出版社,2003.

[118] [英]丹·拉弗斯,[肯尼亚]加布里埃尔·格瑞斯蒂茨.海岸带典型生态系统碳汇管理[M].卢志伟,刘长安等译.北京:海洋出版社,2016.

[119] 丁丁,潘方方.论碳排放权的法律属性[J].法学杂志,2012,33(09).

[120] 董恒宇,岩锦凤,王国钟.碳汇概要[M].北京:科学出版社,2012.

[121] 杜晨妍,李秀敏.论碳排放权的私法逻辑构造[J].东北师大学报(哲学社会科学版),2016(01).

[122] 高富平.浅议行政许可的财产属性[J].法学,2000(08).

[123] 高秦伟.政府福利、新财产权与行政法的保护[J].浙江学刊,2007(06).

[124] 巩固,钱水苗.中国林业应对气候变化法律问题研究[M].杭州:浙江大学出版社,2014.

[125] 巩固.自然资源国家所有权公权说[J].法学研究,2013,35(04).

[126] 郭振仁.海岸带空间规划与综合管理——面向潜在问题的创新方法[M].北京:科学出版社,2013.

[127] 郝发辉,蒋小翼.中国实施清洁发展机制的若干法律问题[J].大连海事大学学报(社会科学版),2012,11(03).

[128] 胡吕银.股权客体研究及其意义[J].法学论坛,2003(04).

[129] 胡炜.法哲学视角下的碳排放交易制度[M].北京:人民出版社,2013.

[130] 黄婧.国际温室气体减排责任分担机制研究[M].北京:中国政法大学出版社,2014.

[131] 黄祥燕.海洋碳汇标准浅析[A].中国标准化协会.标准化助力供给侧结构性改革与创新——第十三届中国标准化论坛论文集[C].中国标准化协会,2016.

[132] 黄小喜.国际碳交易法律问题研究[M].北京:知识产权出版社,2013.

[133] 贾爱玲.环境责任保险制度研究[M].北京:中国环境科学出版社,2010.

[134] 贾明明.1973—2013年中国红树林动态变化遥感分析[D].中国科学院研究生院(东北地理与农业生态研究所),2014.

[135] 江平主编.中国物权法教程[M].北京:知识产权出版社,2007.

[136] 姜明安.行政法学概论[M].山西:山西人民出版社,1986.

[137] 焦念志,李超,王晓雪.海洋碳汇对气候变化的响应与反馈[J].地球科学进展,2016,31(07).

[138] 焦念志.海洋固碳与储碳——并论微型生物在其中的重要作用[J].中国科学:地球科学,2012,42(10).

[139] 荆克迪.我国碳交易市场的国际比较与机制研究[M].北京:经济科学出版社,2016.

[140] 荆珍.REDD机制法律框架研究[M].北京:知识产权出版社,2012.

[141] [德]拉伦茨.德国民法总论(上册)[M].王晓晔,等译.北京:法律出版社,2004.

[142] 冷罗生.中国自愿减排交易的现状、问题与对策[J].中国政法大学学报,2012(03).

[143] 李传轩.碳权利的提出及其法律构造[J].南京大学学报(社会科学版),2017,54(02).

[144] 李纯厚,齐占会,黄洪辉,刘永,孔啸兰,肖雅元.海洋碳汇研究进展及南海碳汇渔业发展方向探讨[J].南方水产,2010,6(06).

[145] 李海棠.海岸带蓝色碳汇权利客体及其法律属性探析[J].中国地质大学学报(社会科学版),2020,20(01).

[146] 李海棠.完善我国渔业生态补偿制度的法律思考[J].江淮论坛,2018(01).

[147] 李静云,别涛.清洁发展机制及其在中国实施的法律保障[J].中国地质大学学报(社会科学版),2008(01).

[148] 李炯.区域碳排放权市场制度及运行模式研究[M].北京:中国社会科学出版社,2016.

[149] 李丽红,杨博文.京津冀区域性碳排放权交易立法协调机制研究[J].河北法学,2016,34(07).

[150] 李怒云.中国林业碳汇[M].北京:中国林业出版社,2007.

[151] 李森,范航清,邱广龙,石雅君.海草床恢复研究进展[J].生态学报,2010,30(09).

[152] 李威.国际法框架下碳金融的发展[J].国际商务研究,2009,30(04).

[153] 李锡鹤.物的概念和占有的概念[J].华东政法大学学报,2008(04).

[154] 李永军.民法总论[M].北京:中国政法大学出版社,2008.

[155] 李永军.民法总则民事权利章评述[J].法学家,2016(05).

[156] 李永军.海域使用权研究[M].北京:中国政法大学出版社,2006.

[157] 李永军.民法总论[M].北京:中国政法大学出版社,2008.

[158] 李挚萍.碳交易市场的监管机制研究[J].江苏大学学报(社会科学版),2012,14(01).

[159] 梁慧星,陈华斌.物权法[M].北京:法律出版社,2007.

[160] 梁慧星.民法总论[M].北京:法律出版社,2007.

[161] 廖培涛,蒋忠诚,罗为群,尹辉.碳汇估算方法研究进展[J].广西科学院学报,2011,27(01).

[162] 林光辉,刘长安,冯建祥等.滨海湿地生态修复技术及其应用[M].北京:海洋出版社,2014.

[163] 林旭霞.林业碳汇权利客体研究[J].中国法学,2013(02).

[164] 刘慧,唐启升.国际海洋生物碳汇研究进展[J].中国水产科学,2011,18(03).

[165] 刘凯湘.民法总论[M].北京:北京大学出版社,2006.

[166] 刘明明.温室气体排放控制法律制度研究[M].北京:法律出版社,2012.

[167] 刘艳红,郭朝先.生态服务付费的理论优势与现实应用[J].中国社会科学院研究生院学报,2016(03).

[168] 刘燕山,张沛东,郭栋,董晓煜.海草种子播种技术的研究进展[J].水产科学,2014,33(02).

参考文献 / 239

[169] 龙卫球.民法总论[M].北京：中国法制出版社,2002.

[170] 陆霁,张颖,李怒云.林业碳汇交易可借鉴的国际经验[J].中国人口·资源与环境,2013,23(12).

[171] 陆敏,苍玉权.中国碳交易市场减排成本与交易价格研究[M].北京：中国社会科学出版社,2016.

[172] [澳]罗伯特·凯,[加]杰奎琳·奥德.海岸带规划与管理[M].高健,张效莉,译.上海：上海财经大学出版社,2010.

[173] 马德懿.生态海岸带发展的法律规制[M].北京：人民交通出版社,2015.

[174] 梅宏.蓝色碳汇交易与滨海湿地保护[N].中国海洋报,2018-05-02(002).

[175] 梅宏.滨海湿地保护法律问题研究[M].北京：中国法制出版社,2014.

[176] 倪正茂.激励法学探析[M].上海：上海社会科学院出版社,2012.

[177] 倪正茂.论激励法的客观存在[J].上海市政法管理干部学院学报,2000(01).

[178] 潘晓滨.环渤海区域海洋碳汇市场建设的法律路径[J].天津法学,2017,33(04).

[179] 潘晓滨.中国地方应对气候变化先行立法研究[J].法学杂志,2017,38(03).

[180] 潘晓滨.中国蓝碳市场建设的理论同构与法律路径[J].湖南大学学报(社会科学版),2018,32(01).

[181] 彭本利,李爱年.排污权交易法律制度理论与实践[M].北京：法律出版社,2016.

[182] 漆雁斌.林业碳汇管理研究[M].北京：中国农业出版社,2015.

[183] [美]萨缪尔森.经济学：第10版(上册)[M].北京：商务印书馆,1979.

[184] 佘远安,孙昭宁.渔业的碳汇功能及发展渔业碳汇路径初探[J].中国水产,2010(09).

[185] 石洪华,王晓丽,郑伟,王嫒.海洋生态系统固碳能力估算方法研究进展[J].生态学报,2014,34(01).

[186] 苏燕萍.论碳排放权的法律属性[J].上海金融学院学报,2012(02).

[187] 隋彭生.天然孳息的属性和归属[J].西南政法大学学报,2009,11(02).

[188] 孙永平.碳排放权交易概论[M].北京：社会科学文献出版社,2016.

[189] 唐剑武,叶属峰,陈雪初,杨华蕾,孙晓红,王法明,温泉,陈少波.海岸带蓝碳的科学概念、研究方法以及在生态恢复中的应用[J].中国科学：地球科学,2018,48(06).

[190] 唐启升,刘慧.海洋渔业碳汇及其扩增战略[J].中国工程科学,2016,18(03).

[191] 田其云.海洋生态法体系研究[D].中国海洋大学,2006.

[192] 涂永前.碳金融的法律再造[J].中国社会科学,2012(03).

[193] 王彬辉.我国碳排放权交易的发展及其立法跟进[J].时代法学,2015,13(02).

[194] 王成荣.21世纪海上丝绸之路背景下的广东省蓝碳发展研究[J].海洋开发与管理,2017,34(08).

[195] 王冠玺.中国滨海地区法律问题研究[M].杭州:浙江大学出版社,2016.

[196] 王慧.论碳排放权的法律性质[J].求是学刊,2016,43(06).

[197] 王慧.论碳排放权的特许权本质[J].法制与社会发展,2017,23(06).

[198] 王建东,陈旭琴主编.合同法[M].杭州:浙江大学出版社,2008.

[199] 王磊.商法法典化法哲学基础的实证分析[J].理论界,2005(11).

[200] 王利明.合同法研究[M].北京:中国人民大学出版社,2002.

[201] 王利明.民法总则研究[M].北京:中国人民大学出版社,2012.

[202] 王利明.物权法研究[M].北京:中国人民大学出版社,2007.

[203] 王连昌.行政法学[M].北京:中国政法大学出版社,1994.

[204] 廖培涛,蒋忠诚,罗为群,尹辉.碳汇估算方法研究进展[J].广西科学院学报,2011,27(01).

[205] 王明远.论碳排放权的准物权和发展权属性[J].中国法学,2010(06).

[206] 王娜.东港市沿海滩涂资源综合开发利用的几个问题[J].辽宁经济,2009(02).

[207] 王伟光,郑国光,巢清尘等.应对气候变化报告(2015)[M].北京:社会科学文献出版社,2015.

[208] 王秀君,章海波,韩广轩.中国海岸带及近海碳循环与蓝碳潜力[J].中国科学院院刊,2016,31(10).

[209] 王燕,张磊.碳排放交易法律保障机制的本土化研究[M].北京:法律出版社,2016.

[210] 王泽鉴.民法物权(二)[M].北京:中国政法大学出版社,2001.

[211] 王智斌.行政特许的私法分析[M].北京:北京大学出版社,2008.

[212] 魏振瀛主编.民法[M].北京:北京大学出版社、高等教育出版社,2000.

[213] 吴鹏.浅析生态修复的法律定义[J].环境与可持续发展,2011,36(03).

[214] 吴鹏.以自然应对自然——应对气候变化视野下的生态修复法律制度研究[M].北京:中国政法大学出版社,2014.

[215] 武曙红,张小全,李俊清.CDM林业碳汇项目的泄漏问题分析[J].林业科学,2006(02).

[216] 夏梓耀.碳排放权研究[M].北京：中国法制出版社,2016.

[217] 徐海燕,李莉.论碳排放权设质依据及立法建议[J].北方法学,2014,8(01).

[218] [英]亚瑟赛斯尔·庇古.福利经济学[M].何玉长,丁晓钦,译,上海：上海财经大学出版社,2009.

[219] 颜士鹏.气候变化视角下森林碳汇法律保障的制度选择[J].中国地质大学学报(社会科学版),2011,11(03).

[220] 羊志洪,鞠美庭,周怡圃,王琦.清洁发展机制与中国碳排放交易市场的构建[J].中国人口·资源与环境,2011,21(08).

[221] 杨立新.民法总则精要10讲[M].北京：中国法制出版社,2018.

[222] 杨立新.物权法[M].北京：高等教育出版社,2007.

[223] 杨立新.中国民法总则研究(下卷)[M].北京：中国人民大学出版社,2017.

[224] 杨利雅,马秋.对矿业权权能的分析[J].辽宁大学学报(哲学社会科学版),2003(05).

[225] 杨兴.气候变化框架公约研究——国际法与比较法的视角[M].北京：中国法制出版社,2007.

[226] [德]耶林.为权利而斗争[M].郑永流,译.北京：法律出版社,2007.

[227] 叶勇飞.论碳排放权之用益物权属性[J].浙江大学学报(人文社会科学版),2013,43(06).

[228] 尹田.论中国民法典总则的内容结构[J].比较法研究,2007(02).

[229] 尹田.中国海域物权制度研究[M].北京：中国法制出版社,2004.

[230] 应松年,章剑生.行政程序法[M].北京：法律出版社,2009.

[231] 于洪贤,李友华.生物碳汇类型的特性研究[J].经济研究导刊,2010(05).

[232] 于晓婷.我国海岸带保护法律制度研究[A].中国环境资源法学研究会、中山大学.生态文明法制建设——2014年全国环境资源法学研讨会(年会)论文集(第三册)[C].中国环境资源法学研究会、中山大学：中国法学会环境资源法学研究会,2014：4.

[233] 袁杜鹃,朱伟国.碳金融：法律理论与实践[M].北京：法律出版社,2012.

[234] [美]约翰·罗尔斯.正义论[M].何怀宏,等译,北京：中国社会科学出版社,1988.

[235] 占红沣.哪种权利,何来正当性——对当代中国排污权交易的法理学分析[J].中国地质大学学报(社会科学版),2010,10(01).

[236] 张广兴.债法总论[M].北京：法律出版社,1997.

[237] 张俊浩.民法学原理(上册)[M].北京：中国政法大学出版社,2000.

[238] 张明龙.产权与所有权辨析[J].社会科学家,1999(04).

[239] 张瑞萍,杨肃昌.林业碳汇交易市场机制路径探析[J].兰州大学学报(社会科学版),2013,41(06).

[240] 张文显.法哲学范畴研究(修订版)[M].北京：中国政法大学出版社,2001.

[241] 张颖,曹先磊.中国自愿减排量的开发及其发展潜力的经济学研究[C]//温室气体建减排与碳市场发展报告.北京：世界知识出版社,2017.

[242] 张跃军,魏一鸣.化石能源市场对国际碳市场的动态影响实证研究[J].管理评论,2010,22(06).

[243] 章海波,骆永明,刘兴华,付传城.海岸带蓝碳研究及其展望[J].中国科学：地球科学,2015,45(11).

[244] 赵雪雁,徐中民.生态系统服务付费的研究框架与应用进展[J].中国人口·资源与环境,2009,19(04).

[245] 赵一平.大连市沿海滩涂资源现状及其开发利用[J].海洋开发与管理,2005(03).

[246] 赵云,乔岳,张立伟.海洋碳汇发展机制与交易模式探索[J].中国科学院院刊,2021,36(03).

[247] 郑德璋,李玫,郑松发,廖宝文,陈玉军.中国红树林恢复和发展研究进展[J].广东林业科技,2003(01).

[248] 郑姚闽,张海英,牛振国,宫鹏.中国国家级湿地自然保护区保护成效初步评估[J].科学通报,2012,57(04).

[249] 中国期货业协会.期货市场教程[M].北京：中国财政经济出版社,2013.

[250] 周晨昊,毛覃愉,徐晓,方长明,骆永明,李博.中国海岸带蓝碳生态系统碳汇潜力的初步分析[J].中国科学：生命科学,2016,46(04).

[251] 周启星.生态修复[M].北京：中国环境科学出版社,2006.

[252] 朱建庚.中国海洋环境保护法律制度[M].北京：中国政法大学出版社,2016.

[253] 邹丽梅,王跃先.中国林业碳汇交易法律制度的构建[J].安徽农业科学,2010,38(05).

[254] 邹丽梅.林业碳汇交易的法律规制[J].安徽农业科学,2012,40(17).

图书在版编目(CIP)数据

碳中和背景下海岸带蓝色碳汇交易法律问题研究 / 李海棠著 .— 上海：上海社会科学院出版社，2022
 ISBN 978 - 7 - 5520 - 3476 - 9

Ⅰ.①碳… Ⅱ.①李… Ⅲ.①海岸带—二氧化碳—排放—环境保护法—研究—中国 Ⅳ.①D922.664 ②D922.684

中国版本图书馆 CIP 数据核字(2021)第 258924 号

碳中和背景下海岸带蓝色碳汇交易法律问题研究

著　　者：李海棠
责任编辑：熊　艳
封面设计：周清华
出版发行：上海社会科学院出版社
　　　　　上海顺昌路 622 号　邮编 200025
　　　　　电话总机 021 - 63315947　销售热线 021 - 53063735
　　　　　http://www.sassp.cn　E-mail:sassp@sassp.cn
排　　版：南京展望文化发展有限公司
印　　刷：上海天地海设计印刷有限公司
开　　本：710 毫米×1010 毫米　1/16
印　　张：16
字　　数：234 千
版　　次：2022 年 2 月第 1 版　2022 年 2 月第 1 次印刷

ISBN 978 - 7 - 5520 - 3476 - 9/D • 640　　　　　　　定价：88.00 元

版权所有　翻印必究